本书是国家社科基金教育学青年项目"中小学学生信息化学习能力评价指标体系研究"（课题批准号：CCA160193）的研究成果

中小学生数字化学习能力评价指标体系

王永军 著

北京大学出版社
PEKING UNIVERSITY PRESS

图书在版编目(CIP)数据

中小学生数字化学习能力评价指标体系 / 王永军著 . —北京：北京大学出版社，2022.12

ISBN 978-7-301-33739-4

Ⅰ. ①中… Ⅱ. ①王… Ⅲ. ①数字技术 – 应用 – 中小学生 – 学习能力 – 评价指标 – 研究 – 中国 Ⅳ. ① G632.46-39

中国国家版本馆 CIP 数据核字（2023）第 018607 号

书　　　名	中小学生数字化学习能力评价指标体系 ZHONG XIAO XUESHENG SHUZIHUA XUEXI NENGLI PINGJIA ZHIBIAO TIXI
著作责任者	王永军　著
责任编辑	郭　莉
标准书号	ISBN 978-7-301-33739-4
出版发行	北京大学出版社
地　　　址	北京市海淀区成府路 205 号　100871
网　　　址	http://www.pup.cn　新浪微博：@北京大学出版社
微信公众号	通识书苑（微信号：sartspku）
电子信箱	zyl@pup.pku.edu.cn
电　　　话	邮购部 010-62752015　发行部 010-62750672 编辑部 010-62767542
印　刷　者	天津中印联印务有限公司
经　销　者	新华书店 787 毫米 ×1092 毫米　16 开本　21.75 印张　333 千字 2022 年 12 月第 1 版　2022 年 12 月第 1 次印刷
定　　　价	79.00 元

未经许可，不得以任何方式复制或抄袭本书之部分或全部内容。
版权所有，侵权必究
举报电话：010-62752024　电子信箱：fd@pup.pku.edu.cn
图书如有印装质量问题，请与出版部联系，电话：010-62756370

前　言

2007年开始，笔者在西北师范大学师从杨晓宏教授从事教育信息化理论与实践研究，期间对中小学信息化方向产生浓厚的兴趣，一直探求信息技术教育应用的原理和价值。在参与中小学信息化调研时，我们常常感叹于信息化在中小学教育教学中发挥的作用不理想，也常常听闻师兄师姐抱怨信息化在中小学并没有体现应有的价值。诚如何克抗教授所言，教育信息化应该有高产出才能与教育信息化高投入相匹配。如何让信息化在中小学发挥关键作用，实现教育跨越式发展，一直是笔者苦苦思索的问题。南国农先生曾形象地将教育信息化比作教育领域的"二炮"部队，信息化要在教育领域担任关键角色。

带着问题和疑惑，2014年笔者深入甘肃省农村中小学开展了实地田野研究，试图走进中小学，走到教师和学生身边，从教师的视角去探究信息技术教育中应用问题的答案。但是，在研究过程中，笔者发现，信息技术在中小学教育应用的核心问题，其实并不是教师的信息技术应用或校长的信息化领导。笔者并不是否定教师信息技术应用能力和校长信息化领导力的重要性，而是说，在教师和校长的背后，还有更重要的因素。这个因素，笔者认为是学生，是学生的信息化学习能力或数字化学习能力。没有学生学习的信息化，没有学生主动地使用信息技术，教师的信息技术应用必然沦为形式主义，演变为信息技术灌输式教学。在教育信息化推进过程中，如果仅仅停留在教师使用信息技术辅助课堂教学、辅助知识传授，这样的信息化注定无法实现跨越式发展的美好愿景。在这种前提下，从知识传授的效果和效率分析，信息化手段可能还不如传统手段更具优势。

我们需要追问以下关键问题：中小学信息化的目的是什么？信息化究竟为谁服务？笔者认为，教育信息化是为学生服务，培养学生适应未来社会的核心素养。教育信息化的本质应该是学生的信息化、学生学习的信息化。南国农先生早在2002年就明确指出"所谓教育信息化，是指在教育中普遍运用现代信息技术，开发教育资源，优化教育过程，以培养和提高学生的信息素养，促进教育现代化的过程"。南先生强调的教育信息化要以学生信息素养发展为目的，就目前而言应该以学生信息化学习能力或数字化学习能力发展为目的。

究竟什么是信息化学习能力，什么是学生的信息化学习能力，什么是中小学生的信息化学习能力，中小学生信息化学习能力的评价指标是什么，如何构建一个完整的评价指标体系，以解决中小学生信息化学习能力评价问题，成为解决信息技术教育应用问题的关键。遗憾的是，国内在中小学生信息化学习能力研究方面较为薄弱，笔者在文献中并没有找到答案。国内学者似乎较多关注教师信息技术应用能力（教育技术能力、信息化教学能力）、校长信息化领导力研究等，而对学生信息化学习能力评价问题明显关注不够。

自此，笔者开始关注和思考中小学生信息化学习能力评价问题，并申报和成功获批国家社科基金教育学青年项目"中小学生信息化学习能力评价指标体系研究"（课题批准号：CCA160193）。得到国家社科基金的支持，更坚定了笔者研究中小学生信息化学习能力评价问题的决心，本专著即为该社科基金项目主要结题成果，同时也是笔者长期专注该问题的所得。

研究过程中，笔者常常思索信息化学习能力的本质特征，逐渐认识到信息化学习能力，实质上是现代信息技术在学习中应用的能力，而现代信息技术本质上是数字技术。2017年年底，我国发布《普通高中信息技术课程标准（2017年版）》，提出信息技术学科四大核心素养之一——数字化学习与创新。为与实践领域相呼应，笔者将信息化学习能力概念术语更新为数字化学习能力，二者其实是一脉相承的，数字化学习能力是信息化学习能力概念术语的最新表述方式。

全书共包含六章，分别为绪论、中小学生数字化学习能力的理论基础、中小学生数字化学习能力框架、中小学生数字化学习能力评价指标开发、中小学生数字化学习能力评价指标体系应用及研究展望。所有章节由笔者统稿和撰写，课题组成员和笔者的学生参与书稿撰写工作。任怡静参与第二章的资料收集与整理工作。陈露露参与第三章的资料收集与整理工作。任怡静、王莎、陈露露、郭宏璐、郭妙、孟新月、宋霖等参与第四章的资料收集与整理、数据收集与分析工作。任怡静、陈露露、郭宏璐、郭妙、孟新月、宋霖等参与第五章的资料和数据的收集、整理和分析工作。晋中市榆社县北城学校司艳会、文水县第二高级中学王英华、西安市长安区第一中学吴晨光参与了第三章和第四章数据收集工作。司艳会负责了第四章中三个学生案例数据的收集工作。王英华和吴晨光各负责了第四章中一个学生案例数据的收集工作。西安市第二十六中学太乙分校苏帅和西安铁一中湖滨小学闫怡各负责了第四章中一个案例学生数据的收集工作。任怡静、郭宏璐、郭妙、陈露露、孟新月、宋霖等参与书稿校对工作。

受限于学术水平和撰写水平，专著难免存在纰漏。欢迎学界同仁和读者批评指正，相关问题请发送至邮箱 554657555@qq.com。

王永军

2021 年 6 月于临汾市山西师范大学

目 录

第一章 绪 论 1
第一节 中小学生数字化学习时代背景 1
第二节 研究缘起与意义 5
第三节 概念界定 8
第四节 研究现状 14
第五节 研究思路与方法 23

第二章 中小学生数字化学习能力的理论基础 28
第一节 学习能力概述 28
第二节 学习理论与数字化学习能力 36
第三节 信息技术与数字化学习能力 44
第四节 赋权学习与数字化学习能力 48

第三章 中小学生数字化学习能力框架 67
第一节 信息技术视角的学生数字化学习能力框架 67
第二节 核心素养视角的学生数字化学习能力框架 73
第三节 优势智能视角的学生数字化学习能力框架 90
第四节 两阶段三维度模型的学生数字化学习能力框架 103

第四章 中小学生数字化学习能力评价指标开发 ... 110
- 第一节 评价指标体系构建原则 ... 110
- 第二节 评价指标初拟 ... 113
- 第三节 评价指标的修订 ... 124
- 第四节 评价指标的确立 ... 137
- 第五节 评价指标权重确定 ... 139
- 第六节 评价指标体系内容解析 ... 142

第五章 中小学生数字化学习能力评价指标体系应用 ... 152
- 第一节 中小学生数字化学习能力自评问卷及访谈提纲编制 ... 153
- 第二节 中小学生数字化学习能力自评问卷应用 ... 160
- 第三节 中小学生数字化学习能力评价标准编制 ... 207
- 第四节 中小学生数字化学习能力评价标准应用 ... 210

第六章 研究展望 ... 232
- 第一节 研究成果 ... 232
- 第二节 研究不足 ... 238
- 第三节 未来展望 ... 239

参考文献 ... 242

附录 ... 252
- 附录一 中小学生数字化学习能力评价指标开发咨询问卷（第一轮专家咨询） ... 252
- 附录二 中小学生数字化学习能力评价指标开发咨询问卷（第二轮专家咨询） ... 260

附录三	中小学生数字化学习能力评价指标权重咨询问卷	270
附录四	中小学生数字化学习能力评价指标体系	281
附录五	中小学生数字化学习能力发展现状调查问卷（小学高年级学生）	283
附录六	中小学生数字化学习能力发展现状调查问卷（初中生）	287
附录七	中小学生数字化学习能力发展现状调查问卷（高中生）	292
附录八	中小学生数字化学习能力访谈提纲（学生版）	297
附录九	中小学生数字化学习能力访谈提纲（教师版）	300
附录十	中小学生数字化学习能力评价标准（小学低年级学生）	303
附录十一	中小学生数字化学习能力评价标准（小学高年级学生）	311
附录十二	中小学生数字化学习能力评价标准（初中生）	319
附录十三	中小学生数字化学习能力评价标准（高中生）	327

后　　记 335

第一章 绪 论

第一节 中小学生数字化学习时代背景

一、国际背景

20世纪70年代末,在美国,随着个人计算机的出现,计算机开始进入教育工作者的视野。1979年,在俄勒冈州尤金市,基于对计算机这种新媒体将给教与学带来的新变化的思考与展望,大卫·穆尔松(David Moursund)和一群K-12领域及俄勒冈州立大学的教育工作者成立了国际教育计算机理事会。他们希望通过协会方式,一起交流如何用计算机技术创新课堂教学,如何改变学生的学习方式,为学生赋权,让学生更好地学习和成长。国际教育计算机理事会成为全世界最早成立的中小学教育信息化协会,专门服务于中小学数字化教与学。1989年,国际教育计算机理事会与国际教育计算协会合并,成立国际教育技术协会(International Society for Technology in Education, ISTE)。20世纪90年代以来,国际教育技术协会先后发布针对教师、学生、教育管理者及计算机教师、技术教练等的信息技术标准,逐渐成为基础教育领域全世界最有影响力的中小学教育信息化专业协会,推动了全球范围内中小学教育信息化发展。

从世界范围来讲,美国是信息技术的发源地,是信息技术在生产、生活中应用最早和最广泛的国家。20世纪90年代，美国"信息高速公路"战略计划的提出，正式拉开信息技术在各行各业应用的帷幕。其他国家也相继提出各自的信息化发展战略。[①]在信息化发展浪潮中，信息技术在教育领域的应用成为信息化的重要领域之一。从这个时期开始，中小学教育信息化，尤其是教学信息化逐渐得到政府、社会及中小学的支持，不断得到发展。信息技术在中小学的应用，尤其是课堂教学中的应用，推动了中小学生的数字化学习实践。在西方社会，更多地强调学习以学生为中心、以学生为主体，所以，信息技术在中小学的应用，从一开始就伴随着学生对计算机等信息技术的使用，比如，美国的"苹果明日教室"计划，从一开始就探索课堂中学生对信息技术的使用，即学生数字化学习。在信息技术刚进入中小学时，由于计算机硬件设备价格昂贵、使用不方便、数字化学习资源匮乏等原因，学生的数字化学习实践受到一定程度的限制。

随着计算机技术和网络技术的不断发展和进步，信息化教学和学习资源的不断丰富，学生数字化学习越来越普及，尤其是21世纪以来，"千禧"一代的出生，作为数字"原住民"，他们在数字世界里耳濡目染，天然地对信息技术具有亲近感。随着笔记本电脑、平板电脑、智能手机等移动终端的出现，以及在线网络教学平台的发展，数字化学习得到大规模推广。2012年以来，在新加坡、韩国、美国等国家，一对一数字化学习、数字书包等数字化实践活动逐渐落地。同时，随着物联网、大数据、人工智能的发展，以韩国、新加坡、日本为代表，开始推广智慧教育项目，学生智慧课堂中的数字化学习也称为智慧学习。[②]智慧教育、智慧教学、智慧学习从发展起源而言，更多的是东方文化中的产物。虽然在东方文化中，智慧学习似乎代表了数字化学习的新进展，但是，本质上而言，智慧学习还是数字化学习，只是在数字化学习中从学习设备、资源和方法等各个方面强调了智能或智慧因素。而在以

---

① 何克抗，吴娟. 信息技术与课程整合：信息技术与课程深度融合的理论与实践[M]. 2版. 北京：高等教育出版社，2019.

② 祝智庭，贺斌. 智慧教育：教育信息化的新境界[J]. 电化教育研究，2012, 33(12): 5–13.

美国、欧盟等为代表的西方社会，数字化学习这种话语体系则更加占据主流。

二、国内背景

国内的中小学教育信息化基本是在 1992 年美国"信息高速公路"提出之后。在美国"信息高速公路"提出之后，我国也认识到信息技术对我国经济社会发展的重要性，在国防、工业、农业、教育等各个领域推动和发展信息化，中小学教育信息化开始逐渐推广开来。但是，我国中小学教育信息化发展与美国等西方国家的教育信息化有着较大的区别，我国教育领域受传统思想观念的影响，课堂教学多为应试教育，更多地采用以教师为中心、教师为主体的传统的教师传授知识、学生接受知识的教学形式。另外，受我国经济发展水平限制，中小学教育信息化更多地支持教师的教，而非学生的学。2012 年以来，随着我国教育信息化发展水平的提高，尤其是"三通两平台"等教育信息化实践项目的推动，以及基础教育领域新课程改革的推动，中小学生数字化学习逐渐受到重视。2014 年，《中小学教师信息技术应用能力标准（试行）》的发布，就明确提出教师要具备指导学生实施数字化学习的能力。值得一提的是，受建构主义学习理论影响，何克抗教授等从 1994 年开始，组织和实施了"小学语文'四结合'教学改革试验研究""基础教育跨越式发展创新试验"等项目，积极提倡和推广学生数字化学习，成为我国中小学数字化学习实践领域影响力最大的教育信息化项目。[1][2]

和美国等西方国家有所不同，我国中小学教育信息化发展更多的是自上而下的推动过程。我国中小学教育信息化的发展，离不开国家教育信息化政策的推动和支持。2000 年，教育部印发《中小学信息技术课程指导纲要（试行）》，标志着中小学教育信息化在全国范围内正式起步，中小学，尤其是

---

[1] 何克抗, 李克东, 谢幼如, 等. 小学语文"四结合"教学改革试验研究 [J]. 电化教育研究, 1996, (01): 12-21, 80.
[2] 何克抗, 李晓庆. 信息化教学创新理论和实践服务乡村教师跨越式教学：专访北京师范大学何克抗教授 [J]. 教师教育学报, 2021, 8(01): 1-7.

高中阶段开始开设信息技术课程，课堂教学中也开始引入多媒体教学。[1] 2003年，农村中小学现代远程教育工程启动，极大推动了农村中小学教育信息化发展。2003年—2010年，以农村中小学现代远程教育工程三种模式为代表，农村教育信息化得到快速发展。[2][3] 2012年开始，我国又相继发布《教育信息化十年发展规划（2011—2020年）》及启动"三通两平台"等中小学教育信息化项目。"班班通""校校通""人人通""中小学教育资源平台""中小学教育管理平台"等的发展，进一步推动了中小学教育信息化发展。2016年开始，《教育信息化"十三五"规划》《教育信息化2.0行动计划》《中国教育现代化2035》《教育信息化中长期发展规划（2021—2035年）》《教育信息化"十四五"规划》等一系列教育信息化政策的发布，更进一步推动中小学教育信息化深入发展。我国中小学教育信息化发展进入融合与创新时代，进一步推动中小学生的数字化学习实践。

近年来，计算机和网络技术越来越成熟，5G技术、人工智能、移动终端、区块链等新技术不断推动数字技术在各行各类的广泛应用。在信息技术不断推陈出新、越来越先进的背景下，信息技术的生产成本越来越低，加上我国国民收入水平的不断提升，国家和个人对教育信息化的不断投入，信息技术在教育教学中的使用已经成为新常态，无论是正式学习，还是非正式学习，在学习中使用数字技术或信息技术已经不再是新鲜事物，比如，中小学生常学习慕课、直播课等在线课程。在这样的历史背景下，刻意区分数字化和非数字化学习已经没有必要。

---

[1] 中小学信息技术课程指导纲要（试行）[J]. 管理信息系统, 2001, (02): 3-5.
[2] 王永军. 农村教师信息技术教育应用影响因素研究：基于甘肃省两个农村学区的实地研究[D]. 兰州：西北师范大学, 2014.
[3] 杨晓宏, 王永军, 张玲玲. 农村党员干部现代远程教育资源整合模式研究[J]. 电化教育研究, 2011, (10):44-48.

第二节 研究缘起与意义

一、研究缘起

随着教育信息化的深入发展，尤其是2018年《教育信息化2.0行动计划》文件的发布，中小学教育信息化发展全面进入融合和创新的新时代。教育信息化融合与创新的主要表现形式就是，教师在教学中全面使用信息技术，及学生在学习中全面使用信息技术。在这种情况下，就遇到了一些新问题，即在教育信息化融合和创新发展的新时代，教师会不会使用信息技术，学生会不会使用信息技术，如何评价和指导教师和学生使用信息技术，等等。

我国在2014年发布的《中小学教师信息技术应用能力标准（试行）》中，明确给出了中小学教师的信息技术应用能力评价标准，将教师的信息技术应用能力分为传统多媒体环境中的教师信息技术应用能力，和学生具备信息化学习条件下的教师信息技术应用能力，其中，第二种情况明确指出要发展教师指导学生使用信息技术的能力。[1]2019年以来，我国实施了中小学教师信息技术应用能力提升工程2.0，提出要提升教师的信息技术应用能力和学生的信息素养水平，以更好地适应中小学信息化创新发展。[2]

在全面推进教师和学生在教与学中融合和创新使用信息技术的背景下，我国有中小学教师信息技术应用能力标准，可以指导教师的信息技术应用，及信息技术应用能力提升。但是，在学生标准方面，国内还没有学生的信息技术应用能力标准，那么如何评价和指导学生的信息技术应用及数字化学习

---

[1] 祝智庭，闫寒冰.《中小学教师信息技术应用能力标准（试行）》解读[J].电化教育研究，2015, 36(09): 5-10.

[2] 教育部发布《关于实施全国中小学教师信息技术应用能力提升工程2.0的意见》[J].教育发展研究，2019, 39(07): 6.

能力提升，成为当前中小学教育信息化发展需要解决的重要问题。

正是在这一时代背景下，我们尝试开发中小学生数字化学习能力评价指标体系，以指导学生的信息技术应用和数字化学习能力提升。在中小学信息化中，一方面可以依托中小学生数字化学习能力评价指标体系，设计和开发信息技术与教学融合创新活动，以指导信息技术应用；另一方面，可以将中小学生数字化学习能力评价指标体系作为评价工具去评价学生数字化学习能力发展水平，为教师培养学生数字化学习能力提供参考。

就中小学生数字化学习能力评价指标而言，中小学生数字化学习能力评价应该有一个体系，而不是仅仅使用一些评价标准。首先，中小学生数字化学习能力评价指标体系要考虑评价指标内容，包括一级指标、二级指标和三级指标等。由于是中小学生数字化学习能力评价的工具，所以，评价指标应该尽量形象具体、易于测量。我们设计了一级指标、二级指标和三级指标，三级指标直接体现中小学生数字化学习能力评价的具体可观察指标。其次，在中小学生数字化学习能力的具体评价活动中，不能想当然地认为各个一级、二级和三级指标的评价权重是相同的，这就需要在科学研究的基础上，计算出中小学生数字化学习能力评价各个指标的权重，为中小学生数字化学习能力评价提供科学依据。再次，在中小学生数字化学习能力评价具体操作中，中小学生涉及小学生、初中生和高中生，在评价学生数字化学习能力时应该区别对待。显然，小学低年级和高中生的数字化学习能力评价具体标准不应该是统一的，这就要求我们在开发统一的中小学生数字化学习能力评价指标的基础上，结合中小学生各个年龄段的具体情况，开发适配的学生数字化学习能力评价标准。最后，中小学生数字化学习能力评价活动在具体操作过程中，还涉及具体评价工具开发的问题。对于中小学生数字化学习能力评价来说，如何评价、用什么工具评价、谁来评价也至关重要。就学校、区域层面大规模的中小学生数字化学习能力评价而言，应该采用学生问卷自评的方式进行评价，为学校或区域性的中小学生数字化学习能力发展提供参考。就个别学生等小范围的中小学生数字化学习能力评价而言，应该采用他评方式进行评价，为教学中教师培养学生数字化学习能力提供支持。

因此，中小学生数字化学习能力评价指标体系之所以称为评价指标体系，其道理就在于此。这也是本研究的缘起，是研究问题提出的出发点。通过构建全面系统的中小学生数字化学习能力评价指标体系，为中小学生信息技术应用及学生数字化学习能力发展提供支持，为教师设计、开发和实施信息技术与教学融合创新活动提供指导与支持。

二、研究意义

中小学生数字化学习能力评价指标体系研究从理论创新和实践指导两个方面讲，都具有积极的价值。

1. 理论意义

从理论创新视角分析，目前在国内还没有中小学生数字化学习能力评价指标方面的研究成果。国内中小学生数字化学习能力评价方面的研究成果主要集中于中小学生信息素养标准等。虽然，也有学生数字化学习能力评价指标之类的相关成果发表，但是，对其分析之后，不难发现，该类成果实际上是信息素养或信息技术能力方面的研究成果。相关成果聚焦于学生查找信息、存储信息、分析信息、应用信息等方面的能力，难以真正体现学生的数字化学习能力。且相关研究成果较为分散，不够系统，难以真正体现指标体系的研究价值。我们认为，中小学生数字化学习能力评价指标体系的研究具有重要的理论创新价值，能够丰富国内相关领域研究成果，促进我国中小学生数字化学习能力评价指标相关研究。

2. 实践意义

从实践价值而言，教育信息化研究的重要价值在于指导实践，我们的研究成果重在指导中小学教育信息化实践，推动中小学信息化发展。当前，中小学生数字化学习逐渐普及，建立中小学生数字化学习能力评价指标，指导中小学生数字化学习、中小学数字化教学及中小学生数字化学习能力培养，成为当前中小学教育信息化发展的重要内容。本研究开发的中小学生数字化学习能力评价指标体系能够指导中小学信息技术与教学融合创新，促进学生数字化学习能力发展等。

第三节　概念界定

一、信息技术应用能力

信息技术应用能力有时候也称为信息技术能力，其实质是使用信息技术硬件和软件的能力，包括电脑、平板、手机等信息化硬件，及操作系统和应用程序等软件。作为信息时代、数字时代甚至智能时代的公民，我们必须要具备信息技术应用能力。对于中小学生而言，为适应未来社会的生存与发展，也必须掌握信息技术应用能力。[①]另外，从学生目前的成长阶段上说，学生在生活和学习中也需要掌握信息技术应用能力，尤其是学习。学习是学生成长阶段的重要内容，因此，让学生在学习中掌握信息技术应用能力，实施信息技术与教学整合，成为当前教育信息化发展的重要内容。综合而言，信息技术应用能力是较为泛化的概念，笼统涵盖了在信息社会或数字社会生存与发展所必须具备的能力。对于学生而言，我们认为信息技术应用能力，既包括了学生在未来社会应该掌握的能力，也就是学生掌握信息技术应用能力，为社会生存与发展做准备，也涵盖了学生当前在生活和学习中，为了更好地生活和学习应该具备的信息技术应用能力。从学习的视角而言，学生的信息技术应用能力应该聚焦于学生在学习中使用信息技术的能力，毕竟，学生在学习中使用信息技术的能力，和学生在学习之外使用信息技术的能力还是有所不同。

---

① 王永军，杨晓宏. e-Learning 大讲堂现状分析及建议 [J]. 中国电化教育，2008, (10):54-59.

二、信息素养、数字素养

信息素养和数字素养其实是一回事。随着现代信息技术在社会生产生活中的广泛应用，信息成为社会生产生活中的重要元素，和能量、物质并列为自然界的三大要素。可见信息在人类生存发展中的重要价值和地位。信息逐渐受到重视主要还是因为现代信息技术的出现。实际上，自从有了人类，一直就有信息技术和信息的存在。从广义的角度讲，信息技术的发展包括了五个阶段，以五次信息技术革命为标志：第一次是语言的使用，第二次是文字的创造，第三次是印刷术的发明，第四次是电报、电话、广播和电视的发明普及，第五次是计算机技术与现代通信技术的普及应用。[1] 随着信息技术的不断发展，尤其是20世纪90年代末现代信息技术的出现，信息开始在现代信息社会中变得越来越重要，不会查找、分析、管理、综合和应用信息就无法适应信息社会并生存与发展。当然，这里的信息主要是指现代信息技术中的信息。所以，信息素养这个概念在20世纪80年代随着现代信息技术的发展开始出现。随着信息技术的不断发展，人们越来越认识到信息社会其实主要是指现代信息技术支持下的社会，信息素养主要是指现代信息技术支持下人类应该掌握的素养。信息社会的核心本质其实是数字技术，同理，信息素养的核心本质其实是使用数字技术的素养，因为，现代信息技术的本质是数字化及数字技术。因此，在学术界，开始使用数字素养代替信息素养这个概念。但是，在实践操作中，由于习惯和地域文化的差异，信息素养和数字素养这两个概念都在使用，一些领域，如图书馆等领域，仍然沿用信息素养的概念。而在一般社会领域，则开始逐渐使用数字素养概念。

信息素养概念最早出现在美国，20世纪90年代引入中国。21世纪初，西方国家，尤其是其政策文件中开始多使用数字素养这个概念。而我国一直使用信息素养概念，在官方的政策文件中也多使用信息素养的提法，数字素养的提法在政策文件中则很少出现。比如，2018年发布的《教育信息化2.0

---

[1] 黄荣怀，马丁，张进宝. 信息技术与教育 [M]. 2版. 北京：北京师范大学出版社，2008.

行动计划》就使用信息素养这个术语，而不是数字素养这个术语。

在实践中，关于信息素养和数字素养内涵的界定，由于数字素养概念来源于信息素养，所以，二者在内涵上有一定的延续性。但是，由于数字素养跳出了信息素养圈定于信息方面的素养，所以，数字素养内涵和外延都要比信息素养广一些。信息素养主要是指学生查找、搜索、存储、分析、管理、评价、综合及应用信息的意识、知识、技能和态度价值观等，集中限定于学生在信息方面的意识、知识、技能和态度价值观。数字素养包括了信息素养方面的内容，但是，数字素养不限于信息素养方面的内容，只要是在生产、生活、学习中使用数字技术的素养都可以称为数字素养。比如，学生在问题解决、交流合作、创新创造、设计开发等方面使用数字技术的素养也包括在内，甚至学生在职业生涯中使用数字技术的素养也称为数字素养。简单来说，信息素养圈于信息方面的素养，数字素养也包括信息方面的素养，但是，数字素养下的信息素养维度是数据和信息素养，甚至包括了知识素养，也就是学生使用数字技术或信息技术查找、分析、管理、评价、综合和应用数据、信息和知识的素养。在大数据时代、智能时代，数据素养变得十分重要，使用数据成为影响人类生存发展的重要素养。从这里，我们不难看出，数字素养突破了信息素养的限制，能够更好地表达未来社会中人类生存发展所需要具备的核心素养。

三、信息化学习能力、数字化学习能力

类似于信息素养和数字素养，信息化学习能力和数字化学习能力其实也是一脉相承的概念，数字化学习能力是信息化学习能力的新表述。信息化学习能力其实就是使用信息技术进行学习的能力，包括正式学习和非正式学习两种语境中的学习能力。而数字化学习能力也是使用信息技术进行学习的能力，也包括了正式学习和非正式学习两种语境中的学习能力。只是随着信息技术的发展，数字化已经成为信息社会的本质特征，以区别于传统的信息技术。所以，采用数字化这个表述，用数字化学习能力取代信息化学习能力，

成为学术界及政策领域的主要趋势。比较典型的是，在2017年发布的高中生信息技术课程标准中，学生的信息技术学科核心素养之一是数字化学习与创新，而不是信息化学习与创新。① 所以，在学术界及政策文件中，多使用数字化学习或数字化学习能力，而不是信息化学习或信息化学习能力。但是，在实践当中，两种表述方式都在使用，只是数字化学习能力逐渐占据话语表达的主流。

从字面意思来看，我们不难看出，信息化学习能力是使用信息技术进行学习的能力，而信息技术从古至今包括了五种形式的信息技术，而不仅仅是以计算机和网络技术为代表的信息技术。而数字技术则专指现代信息技术，所以数字化学习能力专指使用现代信息技术进行学习的能力。实际上，在传统的认知中，信息化学习能力也包括了使用电视、光盘等传统广播电视技术进行学习的能力。这在我国2003年实施的农村中小学现代远程教育三种模式建设中更为普遍，农村中小学现代远程教育中的模式一和模式二即为使用传统电视及光盘的教学模式，所以，这两种模式下的教与学也可以称为信息化教学和信息化学习。以南国农先生为代表的学界前辈，也将传统广播电视技术纳入信息化教学或信息化学习的技术工具范畴。② 随着现代信息技术的发展，以及学术话语的变化，尤其是政策话语的变化，数字化学习能力逐渐成为主流的学术话语表达方式。在实践中，信息化学习能力和数字化学习能力都在使用。

四、相关概念辨析

关于学生信息技术方面的能力，相关概念表述很多。除了上述的信息技术能力、信息技术应用能力、信息素养、数字素养、信息化学习能力、数字化学习能力之外，还有媒体素养、媒介素养、数字智能等概念，各个概念都

---

① 李锋，赵健.高中信息技术课程标准修订：理念与内容[J].中国电化教育，2016，(12)：4-9.
② 王永军.女性主义理论及其对教育传播的价值[J].电化教育研究，2011，(11):33-36.

有侧重点，所使用的场合自然也不同。在我们的研究语境中，我们主要是研究在信息技术与教学整合中，学生所具备的使用信息技术或数字技术进行学习的能力。从这个意义上讲，信息技术能力或信息技术应用能力，相对而言，过于泛化，且主要侧重学生的技术能力。而信息素养和数字素养则更多地侧重学生在信息方面或在现实活动中使用信息技术的能力，而并非专门针对学习方面使用信息技术的能力。媒体素养、媒介素养则主要针对学生在使用以现代信息技术为代表的媒体或媒介等方面的能力，比如，学生阅读数字媒介的能力等。而数字智能则主要指学生在数字时代所应该发展的智能或智商。比如，在网络世界中保护自己，养成健康的网络使用习惯，以及在数字世界中生活和学习等方面的智能或智商。随着数字世界的发展，学术界或实践领域更加重视学生在数字世界中的智能发展。因此，我们认为，从信息技术与教学整合的视角看，从当前教育信息化2.0创新发展的视角看，以培养和发展学生的数字化学习能力为出发点，以指导信息技术与教学整合为出发点，数字化学习能力是中小学教育信息化语境中需要重点关注的研究与实践领域。只有学生具备信息化学习能力或数字化学习能力，才能更好地谈中小学信息化发展。从教育信息化发展的出发点和落脚点而言，教育信息化的目的是培养和发展学生，而不是教师和校长等其他群体，教师和校长等也是为培养和发展学生服务的。只有界定清楚学生数字化学习能力的内涵和外延，才能更好地界定教师的信息技术应用能力和校长的信息化领导力等。

在具体概念使用方面，虽然信息化学习能力和数字化学习能力都在使用，但是，我们认为数字化学习能力概念开始逐渐受到学术界和实践领域的重视，进入主流的话语体系。所以，我们在研究中采用数字化学习能力这个概念，而不是其他概念。但是，我们采用数字化学习能力这个概念，并不代表贬低或轻视数字素养等其他概念，实际上，由于视角不同，以及应用领域的不同，每个概念都有自身独特的价值，各个概念互有交错或相互交融。对于学生而言，信息技术应用能力、信息技术能力、信息素养、数字素养、信息化学习能力、媒体素养、媒介素养、数字智能等概念或多或少都有所重合，作为学生所需要具备的能力，至少需要考虑学习是学生日常行为的重要组成部分这一事实，相关概念在界定和应用方面，至少在实践操作中，都会考虑信息技术在学习中的应用。比如，成人的数字素养显然和中小学生的数字素养要求或实践领域不同。中小学生的数字素养在内涵和外延方面，必然是和中小学生的学习活动相融合的。从培养和发展数字素养的角度而言，学生的数字素养形成过程是融入教与学活动之中的，自然也就包含了使用数字技术或信息技术进行学习的能力。这里以数字素养、信息素养、信息技术应用能力、数字化学习能力为例，我们认为这四个概念之间的关系如图1-1所示。数字素养是最具包容性的概念，包含了信息素养、数字化学习能力、信息技术应用能力概念的内容，而信息素养、数字化学习能力、信息技术应用能力则相互交叉，但又有不同。以信息技术应用能力为例，显然，除了信息方面的能力，信息技术应用能力也包含非信息方面的能力。同理，信息技术应用能力除了学习中的信息技术应用能力，也包括其他方面的信息技术应用能力。信息素养和数字化学习能力也是同样的道理，信息素养包含了数字化学习能力的一部分内容，数字化学习能力也包含了信息素养的一部分内容，显然，要学会数字化学习，必然得具备一定的信息素养，同样，要掌握信息方面的素养，必然也需要具备一定的进行数字化学习的能力。

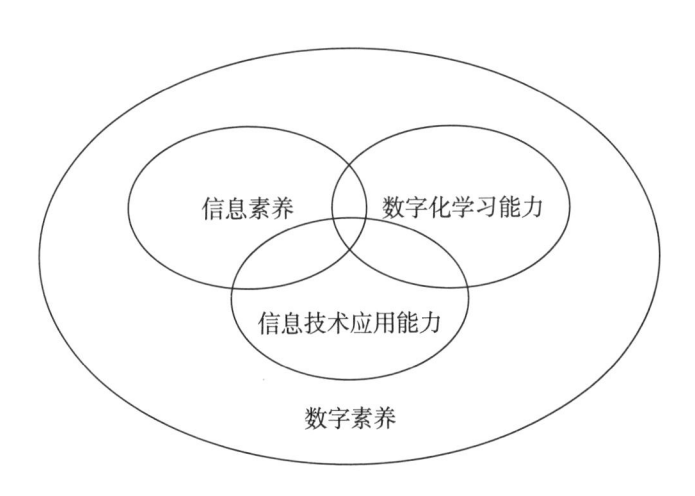

图 1-1 相关概念关系图

第四节　研究现状

一、国外研究现状

关于中小学数字化学习能力评价指标的相关研究，在国际社会有广泛影响力的是 ISTE 学生标准。ISTE 学生标准前后包括三版标准，1998 年发布第一版标准，2007 年发布第二版标准，2016 年发布第三版标准。[①] ISTE 即国际教育技术协会。国际教育技术协会自 20 世纪 80 年代创办以来，一直致力于信息技术与教学整合，先后开发了教师信息技术应用能力标准、学生信息技术应用能力标准、教育管理者信息化领导力标准、计算机教师信息技术应用能力标准、技术教练信息化能力标准等。除了开发中小学教育信息化能力标准，国际教育技术协会还组织有 ISTE 教育信息化盛会、学术期刊、培训机构、出版社等，以配套支持信息技术与教学整合。在国际教育技术协会推动信息技术与教学整合的发展愿景和方案中，学生信息技术应用能力标准是其核心和关键。国际教育技术协会认为，发展和服务学生是信息技术与教学整合的归属，同时，以学生为中心，信息技术与教学整合应该以学生的信息技术应用为核心。因此，ISTE 学生标准一直是国际教育技术协会推动信息技术与教学整合的核心，也是其开展其他工作的依托。如，国际教育技术协会的教师、教育管理者、计算机教师、技术教练等的信息化能力标准的制定就是以 ISTE 学生标准为依据的。从国际社会的影响力而言，美国是信息化发展的源头和领先者，也是教育信息化发展的领头羊，国际教育技术协会在美国中小学教育信息化领域是最有影响力的专业协会组织。经历 40 多年的发展，国际教育技术协会已经发展成一个国际性组织，

[①] 王永军. 技术赋能的未来学习者：新版 ISTE 学生标准解读及其对我国中小学学生信息化学习能力建设的启示 [J]. 中国远程教育, 2019, (04): 17–24, 92.

成为全球中小学教育信息化领域最有影响力的专业协会组织。因此，分析和研究 ISTE 学生标准，就能够代表国际社会学生数字化学习能力指标研究现状。

ISTE 学生标准自发布以来，一直就瞄准信息技术与教学整合，为信息技术与教学整合提供学生能力支持。在 1998 年，信息技术在社会生产生活及教育领域应用还不是很普遍的情况下，国际教育技术协会在 ISTE 学生标准开发思路上的核心是学习使用技术。1998 年版 ISTE 学生标准从基本操作与概念，社会、道德与人文要求，技术作为提高学习效率的工具，技术作为交流的工具，技术作为研究的工具，技术作为解决问题与决策的工具六个维度界定学生信息技术应用能力，强调学习和掌握信息技术工具，以适应未来社会发展要求。在信息技术还不普遍的 20 世纪 90 年代，信息技术对于大多数人而言，还属于较为稀缺的产品，同时，也代表了先进的生产力，掌握信息技术的工具性知识与技能，成为当时信息技术与教学整合的重要话题，因此，1998 年发布的 ISTE 学生标准侧重于学生对信息技术工具性知识、技能与态度的掌握。2007 年，信息技术在中小学教育领域逐渐普及，尤其是在学生课堂教学中得到推广应用。学生在日常生活中一定程度上接触了信息技术，也对信息技术有了了解，因此，在这个时期，信息技术与教学整合的重点演变为使用信息技术学习。2007 年发布的 ISTE 学生标准定位于学生使用信息技术进行学习的能力。2007 年版 ISTE 学生标准包括创新力与创新，交流与协作，研究和信息娴熟度，批判性思维、问题解决与决策，数字公民职责，技术操作与概念六个能力维度。2007 年版 ISTE 学生标准开始淡化信息技术操作性知识与技能，使其由 1998 年版的首要能力标准变为最次要的能力标准。2007 年版 ISTE 学生标准更加突出学生使用信息技术进行学习的能力，也就是学生的数字化学习能力。2016 年开始，随着信息技术在中小学教育领域的进一步推广，尤其是在教与学中的进一步普及与应用，国际教育技术协会逐渐认识到，信息技术与教学整合的关键是创新和变革传统教学，培养适应未来社会的人才。所以，2016 年版 ISTE 学生标准聚焦于变革学生，包括赋权学习者、数字公民、知识建构者、创新设计者、计算思维者、创意沟通者、全球合作者七大能力维度。2016年版ISTE学生标准已经不再刻意追求信息技术操作性知识与技能的掌握，而是强调学生使用技术进行主动学习的能力，以及使用信息技术进行创新创造、沟通交流、设计开发、问题解决等的能力。因此，2016年版ISTE学生标准实质上也是学生的数字化学习能力标准，只是，它更注重学生进行创新性或变革性数字化学习的能力。虽然2016年版ISTE学生标准没有刻意在七大能力维度中指出信息技术知识与技能，但是，并不是否定信息技术知识与技能在学生数字化学习能力发展中的重要性。国际教育技术协会认为，随着信息技术在日常生产、生活和学习中的广泛应用，信息技术就像空气一样弥漫在学生生活与学习之中；作为在数字时代成长起来的数字"土著"，学生天然地具备信息技术知识与技能。

从ISTE学生标准来看，我们不难发现，ISTE学生标准其实就是学生的数字化学习能力标准。尤其是2007年和2016年发布的第二版和第三版学生标准，更清楚地表明ISTE学生标准是学生使用信息技术进行学习的能力标准。不同的是，2007年发布的学生标准是进行普通学习的能力标准，而2016年发布的学生标准则是进行创新学习的能力标准。因此，ISTE学生标准是名副其实的学生数字化学习能力标准。虽然，ISTE学生标准从起源来看是学生信息技术应用能力标准，但是，ISTE学生标准瞄准的是信息技术与教学整合，也就是学生在学习中应用信息技术。因此，ISTE学生标准是学生数字化学习能力标准。作为全世界最有影响力的学生数字化学习能力标准，研究和分析ISTE学生标准，对于我国制定数字化学习能力标准具有重要的借鉴价值。

除了ISTE学生标准，在国际社会，专题研究和关注学生数字化学习能力标准的研究不多。但是，在学生数字化学习能力标准研究的相关领域，关于学生数字素养的研究则得到国际社会的广泛关注，尤其是欧盟的"公民数字素养框架"和联合国教科文组织发布的"全球数字素养框架"。虽然，学生数字素养框架并不完全对应于学生数字化学习能力标准或评价指标，但是，就学生而言，在信息技术与教学整合中，学生的数字素养框架必然涉及学生的数字化学习能力标准这一内容。实际上，为了发展学生的数字素养，欧盟同时也开发了教育者数字素养框架[①]，以指导教师在信息技术与教学整合中发展学生的数字素养。那么，当教师在信息技术与教学整合中培养学生的数字素养时，必然涉及学生的数字化学习能力发展，因为，学生在信息技术与教学整合中的数字素养发展，必然是在数字化学习能力发展中的数字素养发展。而联合国教科文组织则关注全球教育事业发展，尤其面向未来社会发展的中小学生核心素养发展，联合国教科文组织开发的学生数字素养框架其实也和学生数字化学习能力标准有着密切关系。考虑到欧盟公民数字素养框架和联合国教科文组织学生数字素养框架的广泛影响力，分析和研究两大国际组织的数字素养框架，对于认识学生数字化学习能力标准也有着积极的价值。

从两大国际组织的学生数字素养框架具体内容而言，二者的内容其实有很大的一致性。实际上，联合国教科文组织的学生数字素养框架是在欧盟的公民数字素养框架基础上开发而来的。欧盟公民数字素养框架2011年发布第一版，包括信息域、交流域、内容创建域、安全意识域、问题解决域五大能力维度，聚焦于学生在数字时代生存与发展所需具备的数字素养领域。2016年，第二版数字素养框架在第一版的基础上，根据数字时代的发展变化，对第一版内容作了调整，修改为信息与数据域、交流与合作域、数字内容创建域、安全域、问题解决域五大能力维度，以更好地反映数字时代的发展变化。[②] 2018年，为了适应知识经济时代发展，更好地培养学生的数字素养，联合国教科文组织在欧盟公民数字素养框架的基础上，增加两大能力

---

① 郑旭东，马云飞，岳婷燕. 欧盟教师数字胜任力框架：技术创新教师发展的新指南[J]. 电化教育研究，2021，42(02): 121-128.

② 郑旭东，范小雨. 欧盟公民数字胜任力研究：基于三版欧盟公民数字胜任力框架的比较分析[J]. 比较教育研究，2020，42(06): 26-34.

维度，开发了联合国教科文组织版的学生数字素养框架。该框架包括设备与软件操作、信息与数据素养、沟通与协作、数字内容创建、数字安全、问题解决、职业相关能力七大能力维度。[①]我们将欧盟和联合国教科文组织的数字素养框架与ISTE学生标准相比较，不难看出，二者之间其实有很多相似的地方，欧盟和联合国教科文组织的数字素养框架，与ISTE学生标准相类似，同样关注学生面向未来社会的关键能力，如问题解决、创新创造、沟通与协作、数字安全等。

通过分析，不难看出，在国际社会中，关注学生数字化学习能力标准或评价指标的研究成果并不多，主要集中于国际教育技术协会等中小学信息技术与教学整合的专业协会组织，但发展学生的数字素养是国际社会的普遍认知。学生数字素养和学生数字化学习能力看似不同，但是，都关注学生面向未来社会发展的核心素养。这就要求我们在开发学生数字化学习能力评价指标时，要关注学生面向未来社会发展的创新创造、问题解决、沟通合作、信息与数据素养等能力的发展。

二、国内研究现状

国内关于学生数字化学习能力评价指标的研究，主要针对学生数字化学习能力或学生信息化学习能力的要素、结构、框架、评价指标等。钟志贤等认为数字化学习能力包括运用信息工具能力、获取信息能力、处理信息能力、生成信息能力、创造信息能力、发挥信息效益能力、信息协作能力、信息免疫、信息伦理等九个要素。[②]彭绍东和徐亚苹认为数字化学习能力包括运用信息工具能力、获取信息能力、处理信息能力、表达信息能力、创新信息能力、

[①] 张恩铭，盛群力.培育学习者的数字素养：联合国教科文组织《全球数字素养框架》及其评估建议报告的解读与启示 [J].开放教育研究，2019, 25(06): 58–65.

[②] 钟志贤，杨蕾.论网络时代的学习能力 [J].电化教育研究，2001, (11): 22–27.

发挥信息作用能力、信息协作能力、信息免疫能力等八个要素。①②庄榕霞等认为中小学生数字化学习能力测评框架包括认知加工、文本阅读、富媒体整合、意愿管理、任务管理、伙伴管理、时间管理等七个维度。③王祎祺认为中学生信息化学习能力评价指标包括运用信息工具能力、信息化独立学习能力、信息化协作学习能力等三个一级指标，信息技术基本工具使用能力、计算机的基本操作能力、信息化环境下的态度、信息获取能力、信息处理能力、信息创新能力、使用工具与教师交流沟通的能力、使用工具与小组合作的能力等八个二级指标，在线交流工具的使用能力等20个三级指标。④

关于学生数字化学习能力或信息化学习能力评价指标的相关研究并不多，直接开发中小学生数字化学习能力评价指标的研究更少。就中小学生而言，学术界更加关注学生信息素养评价指标的研究，尤其是2018年《教育信息化2.0行动计划》发布以来，学术界专题开发了中小学生信息素养评价指标，比较典型的是石映辉等开发的中小学生信息素养评价指标体系，该信息素养评价指标包括信息意识与认知、信息科学与知识、信息应用与创新、信息道德与法律等四个一级指标，信息敏感性、信息应用意识、信息保健意识、信息基础知识、信息应用知识、信息的获取与识别、信息的存储与管理、信息的加工与处理、信息的发布与交流、信息的评价与创新、信息道德、信息法律与法规、信息安全等13个二级指标。⑤

对于学生信息化学习能力或数字化学习能力，国内学术界关注较少，这方面的研究还比较匮乏。另外，虽然学术界对于学生数字化学习能力评价指

---

① 彭绍东.信息技术教育学[M].长沙：湖南师范大学出版社，2002.
② 徐亚苹.泛在学习背景下大学生数字化学习能力的培养研究[D].徐州：江苏师范大学，2014.
③ 庄榕霞，杨俊锋，李冀红，等.中小学生数字化学习能力测评框架研究[J].中国电化教育，2018, (12): 1−10, 24.
④ 王祎祺.中学生信息化学习能力评价指标体系的构建与实证研究[D].临汾：山西师范大学，2020.
⑤ 石映辉，彭常玲，吴砥，等.中小学生信息素养评价指标体系研究[J].中国电化教育，2018, (08): 73−77, 93.

标开发关注较少，但是，并不表示这方面的相关研究较少。实际上，学生数字化学习能力评价指标的另一面是教师数字化教学能力、信息化教学能力评价指标。有学必有教，学生数字化学习的紧密相关面必定是教师的数字化教学。中小学教师数字化教学能力评价指标的研究一直受到学术界和实践领域的关注，比较典型的研究是我国2014年发布的中小学教师信息技术应用能力标准，明确界定了教师使用信息技术进行教学的能力。2014年发布的中小学教师信息技术应用能力标准中，关于教师的发展性要求，明确指出教师应用信息技术转变学生学习方式的能力标准，其实质即为教师培养学生数字化学习能力的评价标准。[1]

国内对于学生数字化学习能力评价指标的研究相对较少，已有研究也多聚焦于使用信息技术进行传统学习的能力。比如，钟志贤、彭绍东等学者对于学生数字化学习能力构成要素的界定，也是从信息素养的角度进行，包括运用信息工具能力、获取信息能力、处理信息能力、生成信息能力、创造信息能力、发挥信息效益能力、信息协作能力、信息免疫、信息伦理等，无疑是对学生信息素养的表述，只是使用了数字化学习能力的说法。[2][3]显然，学生学习的过程是知识获取、应用与创新的过程，而上述学者将学生数字化学习能力限定于信息方面的能力，似乎过于狭窄，因为，信息显然不能等同于知识，更不能等同于智慧，该类研究对学生数字化学习能力评价指标的界定其实和学生信息素养评价指标类似。而庄榕霞等从认知加工、文本阅读、富媒体整合、意愿管理、任务管理、伙伴管理、时间管理等维度界定学生数字化学习能力框架，将学生数字化学习能力限定为学生数字化学习的底层能力，难以体现学生数字化学习能力的数字化特色。在该界定中，除了富媒体整合，很难体现学生数字化学习能力的数字化特色。而王祎祺的研究也将学生信息

---

[1] 祝智庭，闫寒冰.《中小学教师信息技术应用能力标准（试行）》解读[J]. 电化教育研究，2015, 36(09): 5-10.

[2] 钟志贤，杨蕾. 论网络时代的学习能力[J]. 电化教育研究，2001, (11): 22-27.

[3] 彭绍东. 信息技术教育学[M]. 长沙：湖南师范大学出版社，2002.

化学习能力定位于学生使用信息技术工具独立学习和合作学习的能力。总之，我们不难看出，国内已有的学生数字化学习能力评价指标相关研究多聚焦于学生使用信息技术分析和处理信息、获取知识等方面的能力，而缺乏学生在转变学习方式、发展核心素养等方面的能力评价指标开发。在我国中小学教师信息技术应用能力标准中，已经明确指出教师要培养学生使用信息技术转变学习方式的能力，显然，学生数字化学习能力评价指标除了聚焦于传统的使用信息技术进行学习的能力，还应该聚焦于学生使用信息技术创新学习的能力。

三、研究述评

就中小学生数字化学习能力评价指标研究而言，目前，国内外在这方面的研究相对较弱。学术界或实践领域多关注学生数字素养、信息素养、信息技术工具使用能力标准等方面的研究，对于学生数字化学习能力标准的关注则相对不足。学术界或实践领域对于教师数字化教学能力、信息化教学能力或信息技术应用能力标准的研究相对较多，对于学生数字化学习能力标准的研究则相对不足。在国际或国内，关于学生能力或素养方面的研究，其实往往都较为重要，或关注度较高。比如，国内外关于学生核心素养的研究，或者学科核心素养的研究，主要关注学生能力或素养方面的标准研究。通过学生核心素养或关键能力评价标准开发，指导教与学工作的开展，一直以来是重要和主流的发展思路。但是，在信息技术与教学整合的实践领域中，我们发现，学术界或实践领域，似乎更多地关注教师数字化教学能力和校长信息化领导力的评价标准开发，而忽视学生数字化学习能力评价标准或指标的开发。我们认为，这是一种不成熟的发展思路，在信息技术与教学整合的研究领域，我们应该首先关注和开发学生的数字化学习能力评价指标或标准，在此基础上开发教师数字化教学能力标准、校长信息化领导力标准等。实际上，作为中小学教育信息化领域最负盛名的专业协会组织，耕耘40多年中小学信息技术与教学整合的中小学教育工作者专业协会组织，国际教育技术协会很早就认识到这个问题。所以，以标准引领中小学教育信息化发展，成为国际教育技术协会推动中小学教育信息化发展的核心理念，而国际教育技术协会每次更新标准都将学生数字化学习能力标准作为其开发的第一个标准，然后引导教师、教育管理者、技术教练、计算机教师的能力标准开发。当然，在国际教育技术协会最早的教育信息化能力标准开发中，其实也是重点关注教师的数字化教学能力标准开发，而忽视学生数字化学习能力标准的开发。所以，ISTE教师标准实际上是发布了五版，而非三版。在中小学信息技术与教学整合的实践中，国际教育技术协会逐渐认识到学生数字化学习能力标准开发在整个中小学信息技术与教学整合中的重要性，所以，从1998年开发，国际教育技术协会首次将学生数字化学习能力标准开发作为其首要任务，在此基础上开发教师、教育管理者、技术教练、计算机教师等的能力标准，开展其他的信息技术与教学整合实践推动工作。

综合而言，中小学生数字化学习能力评价指标开发研究有着重要的理论意义和实践价值，但是，国内在这方面的研究相对不足，相关研究较为薄弱，不能很好地满足中小学信息技术与教学整合的实践需求。在参考和借鉴国内外已有研究成果，包括数字化学习能力、信息化学习能力、数字素养、信息素养等的标准、评价指标、测评框架、指导框架、结构要素等的基础上，开发中小学生数字化学习能力评价指标，成为当前中小学教育信息化研究需要加强和完善的重要内容。因此，我们将借鉴已有成果，开发中小学生数字化学习能力评价指标体系，为促进中小学信息技术与教学整合提供帮助与支持，为我国中小学教育信息化政策落地提供帮助与支持。

第五节 研究思路与方法

一、研究思路及内容框架

中小学生数字化学习能力评价指标体系研究,从国内外而言,都属比较有创新性的研究,尤其是国内,这方面的研究很少,这就使得我们在研究中可参考可借鉴的资料比较少。所以,在研究过程中,尤其是研究思路的选取上,我们比较慎重。首先,我们梳理了学生数字化学习能力的相关术语及概念。由于学术界对于这方面的研究比较少,在这种情况下,如何去界定数字化学习能力,数字化学习能力的相关术语又有哪些,都是非常重要的。只有厘清数字化学习能力的概念,尤其是其内涵和外延,才能更好地开展后续所有的研究工作。如果没有稳妥的、能够受到学术界和实践领域认可的概念界定,那么,后续所有的研究都将成为空谈。在完成概念界定的基础上,需要分析和综合现有的研究现状。任何研究都不是空中楼阁,都建立在前人研究的基础上。虽然,国内外学术界和实践领域关于数字化学习能力的相关研究较少,但是,现有研究能够为本研究提供扎实的基础,并指明前行的方向。比如,在开发中小学生数字化学习能力评价指标体系时,应该采用什么样的研究思路和方法,可以从对前人研究的分析和综合中得到启发。

在厘清数字化学习能力概念及现有研究成果情况的基础上,我们需要分析和综合中小学生数字化学习能力的理论基础。虽然,对于学生数字化学习能力,学术界和实践领域关注得较少,但是,对于数字化学习,或数字化教学,学术界和实践领域并不陌生。自信息技术与教学整合以来,一直就有教师的数字化教学和学生的数字化学习活动存在,实际上,这个过程中,也就有学生数字化学习能力的存在。所以,数字化学习及数字化学习能力的理论基础是什么,这是首先需要解释和说明的,这样,可以让我们的研究建立在可靠扎实的理论基础上，也可以让读者更好地去理解和认识数字化学习及数字化学习能力。比如，行为主义学习理论、认知主义学习理论、建构主义学习理论和数字化学习之间是什么关系，又和数字化学习能力之间是什么关系，行为主义学习理论内涵中的数字化学习能力是什么形式的，这些都是需要首先解释清楚的，从而让我们的研究能够更好地结合理论，也能更科学地解释实践中的数字化学习及数字化学习能力。

在深入分析和综合数字化学习能力的理论基础之后，我们需要聚焦问题，聚焦于学生数字化学习能力问题。那么，这时候，就需要考虑，学生数字化学习能力的理论框架是什么，如何搭建学生数字化学习能力的理论框架。只有通过理论框架去分析和透视学生数字化学习能力，才是可靠而有效的。理论框架能够为我们找到分析问题的依据，也能提供解决问题的思路。在该部分，我们需要深入分析和综合现有数字化学习能力的相关研究，积极借鉴教师数字化教学能力等国内外相关研究成果，为我们的研究提供启发和思考的方向，构建扎实有效的，能够经得住推敲的，能够让学术界和实践领域认可的理论框架，既为他人的相关研究提供参考和基础，也为我们后续评价指标的开发提供依据和分析问题的框架。

在搭建完成学生数字化学习能力理论框架的基础上，我们将结合现有学术界及实践领域的文献资料，初步拟定中小学生数字化学习能力评价指标。然后采用德尔菲专家咨询法修正评价指标并确立评价指标权重。在此基础上完成中小学生数字化学习能力评价指标体系，并对评价指标体系作详细解释和说明。至此，我们就基本上完成了中小学生数字化学习能力评价指标体系的构建。

完成中小学生数字化学习能力评价指标体系构建之后，还应关注评价指标体系的试用和使用情况，依托评价指标体系开发相应的评价工具，并在实践中试用和完善评价指标体系。我们开发的中小学生数字化学习能力评价指标体系是整体的，也就是中小学各个学段学生共用一个评价指标体系，那么，在实践中，各个学段学生的数字化学习能力发展情况不一，有其各自的特殊性，这就需要根据各个学段的实际情况，开发相应的评价工具或评价标准。我们依托所开发的中小学生数字化学习能力评价指标体系，通过咨询中小学教师、专家及学生等，开发了小学高年级、初中、高中三个学段的学生数字化学习能力自评工具，及小学低年级、小学高年级、初中、高中四个学段的学生数字化学习能力评价标准（同时是他评工具），还有中小学生数字化学习能力评价访谈提纲教师版和学生版两个访谈工具，并在实践使用中完善评价工具。受限于研究时间和经费，我们开发的评价工具在小范围内进行了试用和使用、完善。

任何研究都存在不足和需要继续努力的方向。我们对研究进行了总结和回顾，指出了研究当中的不足，包括专家咨询范围及权威程度还有待提升、评价工具还需要进一步优化和完善，并指出，未来我们将继续完善评价指标体系，并不断完善评价工具。

综合而言，本研究具体内容框架如图 1-2 所示。

```
┌─────────────────────────────┐
│     概念界定及研究现状分析      │
└──────────────┬──────────────┘
               ▼
┌─────────────────────────────┐
│  中小学生数字化学习能力的理论基础 │
└──────────────┬──────────────┘
               ▼
┌─────────────────────────────┐
│  中小学生数字化学习能力的理论框架 │
└──────────────┬──────────────┘
               ▼
┌─────────────────────────────┐
│中小学生数字化学习能力评价指标体系的构建│
└──────────────┬──────────────┘
               ▼
┌─────────────────────────────┐
│中小学生数字化学习能力评价指标体系的应用│
└──────────────┬──────────────┘
               ▼
┌─────────────────────────────┐
│    研究总结、不足及未来展望     │
└─────────────────────────────┘
```

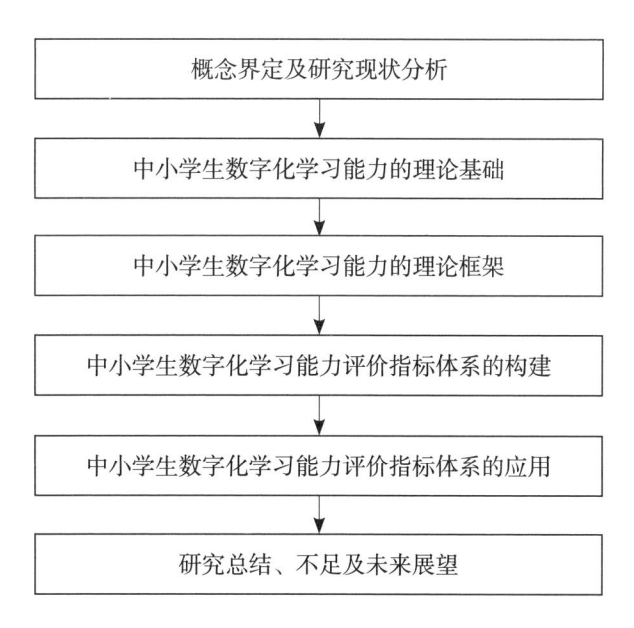

图 1-2 内容框架

二、研究方法

1. 文献法

本研究通过文献梳理和分析，整理和总结数字化学习能力概念的内涵与外延，并对相关概念作了辨析，进一步确立了数字化学习能力概念的地位和研究价值。同时，通过文献分析，梳理了中小学生数字化学习能力评价指标研究现况，为我们的中小学生数字化学习能力评价指标体系开发提供借鉴与参考。在中小学生数字化学习能力理论基础及理论框架部分，我们通过对文献的分析和综合，结合理论推演及逻辑判断，构建了其理论基础和理论框架，为后续中小学生数字化学习能力评价指标体系开发提供依据。实际上，文献法贯穿于整个研究过程之中。在研究过程中，通过与文献的不断互动，不断提升研究质量。

2. 专家咨询法

本研究的核心是开发中小学生数字化学习能力评价指标体系，如何保证评价指标体系的科学性及内容效度，是首先需要考虑的问题。我们根据前人已有研究的通用做法，采用专家咨询法确保评价指标体系的科学性及内容效度。具体而言，在依据文献初步构建中小学生数字化学习能力评价指标之后，设计了评价指标体系专家咨询问卷，选取国内在中小学信息技术与教学整合方面有广泛影响力的专家学者及一线教师，参与中小学生数字化学习能力评价指标体系修正咨询，通过两轮咨询，修正评价指标体系。在此基础上，又通过专家咨询，采用层次分析法调查中小学生数字化学习能力评价指标权重，采用AHP软件辅助分析，最终确立了中小学生数字化学习能力评价指标权重。在开发各个学段中小学生数字化学习能力评价自评问卷，及各个学段评价标准的时候，也咨询了专家学者及中小学教师，以保证评价工具及评价标准的科学性和适用性。

3. 调查法

本研究开发了各个学段的中小学生数字化学习能力自评问卷及访谈提纲，发放了小学高年级、初中、高中三个学段的学生数字化学习能力自评问卷，并配合使用中小学生数字化学习能力评价访谈提纲，对中小学生数字化学习能力发展情况作了调查。

4．评价法

我们也利用开发的小学低年级、小学高年级、初中、高中各个学段的学生数字化学习能力评价标准，采用教师评价的方式，对个案学生的数字化学习能力发展情况作了评价。在评价过程中，一方面收集整理我们开发的评价工具的反馈数据，以修正和完善评价工具，另一方面帮助教师采用我们的评价工具分析教师授课班级学生的数字化学习能力发展情况，为教师针对性地培养学生的数字化学习能力提供工具支持。

第二章

中小学生数字化学习能力的理论基础

第一节 学习能力概述

一、对能力的理解

能力是完成一项目标或者任务所体现出来的综合素质。人们在完成活动的过程中表现出来的能力有所不同。能力是直接影响活动效率，决定活动能否顺利完成的个性心理特征。能力总是和人完成一定的实践活动联系在一起。离开了具体实践，既不能表现人的能力，也不能发展人的能力。能力是在活动中形成和发展起来的，对活动过程和活动形式起稳定和调节作用的个性心理特征，是人的综合素质在现实行动中表现出来的正确驾驭某种活动的实际本领、能量和熟练水平，是实现人的价值的一种有效方式，也是左右社会发展和人生命运的一种积极的力量。①

对于能力，不同学者基于不同视角，有着不同的理解。我们认为，能力是生理能力和心理能力的综合体，生理能力更多的是先天的能力，而心理能力则是后天锻炼的结果。当然，生理能力也有后天锻炼的成分，比如，经常锻炼身体的人在身体健康方面要比不锻炼身体的人好。而心理能力则是人

---

① 韩庆祥. 能力本位 [M]. 北京：中国发展出版社，1999.

在实践中，在不断学习中成长的过程和结果。生理能力和心理能力二者其实是统一的，生理能力会影响心理能力，反过来，心理能力也会反作用于生理能力。

一个人的能力是体现在活动或行为之中的，我们说一个人是否有能力，关键要看这个人是不是能办事、能做成事情。比如，一位领导不能领导成员取得项目成功，那么他肯定没有相应能力。再如，一位教师如果不能在教学中让学生得到成长和发展，那么，他的教学能力就是有欠缺的。

能力与知识和技能紧密相关，有知识才能谈到有能力。一个人如果没有相应的知识，那么相应的能力就是空谈。知识在应用的过程中，逐渐形成技能，技能就是一个人应用知识的过程。技能包括身体技能和心理技能。身体技能比较容易理解，比如打羽毛球的技能，心理技能是指思考问题、分析问题、集中注意力、情绪控制力等方面的软技能。实际上，一个人的心理技能在一生之中所起的作用更加重要。有良好心理技能的人能够更好地控制自己的身体去完成特定任务，并持续不断地保障任务完成的质量。能力则是在掌握知识与技能的基础上，在丰富复杂的实践情境中，通过自身的身体控制和主观心理控制不断成长和发展起来的。能力与技能比较接近，但是，技能往往相对简单，是指某一领域或某一项特定的技能，而能力是在做事的具体实践中，综合应用知识与技能，不断协调和控制自己的心智过程，持续坚持地完成任务的过程和结果。

总之，能力既和先天因素有关，也与后天努力有关，和教育有着紧密的关系。我们只有在长期不断学习中，在不断实践中，通过知识、技能的不断应用，才能获得在社会中生存与发展的能力。

二、对学习能力的理解

学习可以看作是一种行为，它出现在我们生活中的各种角落，影响着我们生活的方方面面。词典将其定义为通过阅读、听讲、观察、研究、实践等途径而获得知识、技能或认知的过程。人类的学习能力不是与生俱来的，是在后天实践中形成的。目前，国内外学者对学习能力的概念还没有给出严格界定，各个领域的学者对学习能力的阐述不尽相同，关于学习能力的意义、内涵和实质，还存在很多分歧。

有学者认为学习能力是一种能力或素质，典型观点如表2-1所示。

表2-1 国内外关于学习能力的观点

研究者	观点
迪尔本（W. F. Dearborn），盖茨（A. L. Gates）	智力
时龙	核心能力
林崇德等	一般学习能力和学科学习能力
张仲明等	由学习的基能力和学习的元能力构成
李运桂	记忆力、思维能力、观察能力和想象能力是构成学生学习能力的四要素

很长一段时间以来，人们普遍认为学习能力就是智力。例如，迪尔本认为"智力是学习能力或由经验中得益的能力"，而盖茨认为"智力是关于学习能力的综合能力"。[1]

有学者认为学习能力是一种核心能力。比如，时龙认为学习能力是学生发展的核心能力。[2]

也有学者认为，学习能力是由多种能力构成的。

张仲明等认为学习能力主要由学习的基能力和学习的元能力构成。学习的基能力类似于智力结构中的认知操作性活动，主要指学习能力中的基本加工操作成分；学习的元能力是对学习的基能力加以监督和控制，目的在于对个体的学习活动做出计划，分配学习操作资源，了解学习操作的执行过程，监控学习操作的执行过程等。[3]

李运桂认为，从认知过程看，记忆力、思维能力、观察能力和想象能力

---

[1] 白学军. 智力心理学的研究进展[M]. 杭州：浙江人民出版社，1996.
[2] 时龙. 当代教育的主题和归宿：提升学生学习能力[J]. 中国教育学刊，2016,(10): 45-49.
[3] 张仲明，李红. 学习能力理论研究述评[J]. 西华师范大学学报（哲学社会科学版），2004,(04): 136-139.

是构成学生学习能力的四要素。四要素之间相互联系，相互制约，不可分割，同时又有各自的作用。① 从心理过程来看，学习能力不仅包括传统的认知过程，还应该包括操作和控制等因素。学习能力的构成包括：知觉动作综合能力，理解与记忆能力，学习计划和控制能力，学习操作能力。②

林崇德等认为：根据一般能力和特殊能力的原则，学生的学习能力分为一般学习能力和学科学习能力。③

一般学习能力，是指反映在学生学习活动过程中的一般能力。如表2-2所示，主要包括八种基本要素。

表2-2 一般学习能力的八种基本要素

基本要素	内容
感知能力	包括课堂感知能力和课外观察能力，表现为学生对学习内容、方法及学习情境的选择、理解和整体认知，对课外的信息的观察和反映。
注意力	表现为学生在学习情境下的专注水平，包括注意的范围大小、集中程度、稳定性、转移的快慢、注意分配（即同时注意两个以上的物体）的情况等。
记忆力	表现为感觉记忆、短时记忆、长时记忆的容量和保持时间，识记速度、储存牢固度、重现与再认效率、遗忘情况等。
思维能力	从思维过程上说，包括分析与综合能力、比较能力、抽象与概括能力、系统化与具体化能力；从思维方式上说，包括概念的形成与掌握能力、判断与推理能力、发散思维与辐合思维的能力等。
想象力	包括幻想能力、自由联想能力、再造想象和创造想象能力。
语言表达能力	包括口语、书面语的表达能力和内部语言的外化能力。
操作能力	从智力操作上说，表现为智力过程的速度、广度、逻辑性、灵活性、独立性、首创性等；从手工操作上说，表现为动作的反应速度、熟练性、准确性和应变性。
学习适应能力	包括学习适应与调节能力、自我反馈与评定能力、学习方法的选择与创造能力、学习心得经验的总结能力等。

---

① 李运桂.浅谈学生学习能力的培养[J].基础教育研究,1996,(04):30-31.
② 杨素娟.在线学习能力的本质及构成[J].中国远程教育,2009,(05):43-48,80.
③ 林崇德.中国独生子女教育百科[M].杭州：浙江人民出版社,1999.

早在 1997 年，林崇德就在其研究论文中指出，"学科能力，通常有三个含义：一是学生掌握某学科的一般能力；二是学生在学习某学科时的智力活动及其有关的智力与能力的成分；三是学生学习某学科的学习能力、学习策略与学习方法"。[①] 林崇德认为学科能力是学习能力的一个重要组成部分，是指学生能否顺利地完成某门科目的学习的能力。学生的学科学习能力，可从认知能力、操作能力及学习策略三个维度区分。学生的学习能力存在着个体差异。同一个人，长于此，未必长于彼；不同的人，各有其长处，亦有其短处。如，语文好的不一定数学也好，善于思考的不一定也善于动手操作。[②]

尽管上述概念界定之间存在着差异，但归纳起来，这些观点普遍认同：学习能力是一种能力或素质。学习能力是学生个体在后天的学习中不断实践形成的能力群，是由多种能力组成的一种积极的力量。

从学习过程来看，学习能力是直接影响学生学习效率、完成各项学业任务的个性心理特征。典型的观点如表 2-3 所示。

表 2-3 国内外关于学习能力的观点

研究者	观点
李宁	包括组织学习活动的能力、获取知识的能力、运用知识的能力三个成分。
王秀芳	掌握知识的能力；应用知识和技能的能力。
毕华林	是在学习活动中形成和发展起来的，是学生运用科学的学习策略去独立地获取信息，加工和利用信息，分析和解决实际问题的一种个性特征。
杨治良等	指个体从事学习活动所需具备的心理特征。
林崇德等	是学生成功地完成学习目的所必需的个性心理特征。
杨素娟	是学习者个体的综合素质在学习活动过程中的具体表现。

李宁认为学习能力包括组织学习活动的能力、获取知识的能力、运用知识的能力三个成分。[③]

---

① 林崇德.论学科能力的建构[J].北京师范大学学报（社会科学版），1997,(01)：5-12.
② 林崇德.中国独生子女教育百科[M].杭州：浙江人民出版社，1999.
③ 李佺宁.浅论学生学习能力的培养[J].安康师专学报，1999,(03)：58-59.

王秀芳认为学习能力由两大部分组成：第一部分是掌握知识的能力，包括阅读、理解、记忆、模仿和学科能力；第二部分是应用知识和技能的能力，包括解决问题、操作、表达和应试能力。①

毕华林在2000年的论文中指出，"学习能力是在学习活动中形成和发展起来的，是学生运用科学的学习策略去独立地获取信息，加工和利用信息，分析和解决实际问题的一种个性特征"。他认为学习能力的基本要素是基础知识、基本技能和基本策略。任何学习活动都以必要的知识、技能和策略的定向和调节为基础，否则学习活动的定向和执行环节就不可能实现，学习能力也就无法形成。②

杨治良等认为学习能力是指个体从事学习活动所需具备的心理特征，是顺利完成学习活动的各种能力的组合，包括感知观察能力、记忆能力、阅读能力、解决问题能力等。③学习能力是能够进行学习的各种能力和潜力的总和。对个体而言，包括能够容纳和储存知识、信息的种类和数量，行为活动模式种类，新旧信息更替的能力等，具体表现在如何、怎样学以及学习的效果等。对于种系发展而言，演化越高级，学习能力总体上越强。学习能力在有机体一生中总在变化。④

林崇德等认为学习能力是学生成功地完成学习目的所必需的个性心理特征。学习能力有两种含义：其一是指已经表现出来的实际学习能力和已经达到的某种熟练程度。如某位学生是否能解答某一类应用题，以及解答这类应用题所需要的时间长短。这种能力是很容易了解和测验的。通常学校的考试测试的都是这种能力。其二是指潜在的学习能力，它是一种尚未表现出来的心理能量，但通过学习和训练可能发展成实际的学习能力和可能达到的某种熟练程度。如某学生不会解答"行程问题"应用题，但通过老师的帮助和自

---

① 王秀芳.学习检测学[M].北京：新华出版社，1997.
② 毕华林.学习能力的实质及其结构构建[J].教育研究，2000，(07)：78-80.
③ 杨治良，郝兴昌.心理学辞典[M].上海：上海辞书出版社，2016.
④ 杨治良.简明心理学辞典[M].上海：上海辞书出版社，2007.

己的练习，他学会了解答这类应用题等。这种能力不如实际学习能力那么容易体现和测验，但它仍然是可以测量的。实际学习能力和潜在学习能力是不可分割的统一体。潜在学习能力是一个抽象的概念，是各种学习能力展现的可能性，是在遗传与成熟的基础上，通过学习训练才可能变成实际的学习能力。潜在学习能力是实际学习能力形成的基础和条件，而实际学习能力又是潜在学习能力的展现，两者不可分割。①

杨素娟在总结国内外关于学习能力的研究后，提出学习能力是学习者个体的综合素质在学习活动过程中的具体表现，包括完成学习活动的能力、本领、熟练程度等，学习者通过有效策略适应自身全面的学习需求，高效完成学习任务，进而促进个体能力发展，提高学业成绩。②

研究者尤其是教育界的研究者对学习能力的实质看法会直接影响教育实践中的教育方法和策略，最终影响学习者学习能力的养成。在这里，我们将学习能力看作是学习者的一种内在力量或内在特征，是学习者在后天的实践活动中形成的，由多种能力组成的能力群。

三、对数字化学习能力的理解

数字化学习能力是学习能力的一种表现形式，是指学习者在学习过程中，使用现代信息技术进行学习的能力。和学习能力相比，数字化学习能力体现出数字化特色，学习者在学习过程中使用了信息技术。

学习能力是能力的一种表现形式，是学习者在学习过程中形成的稳定的个性心理特征。同样，数字化学习能力是学习者在使用信息技术进行学习的过程中形成的稳定的个性心理特征。

在界定数字化学习能力时，不应该囿于数字化特性，不能说整个学习过程中，使用了信息技术的部分，才能算数字化学习能力，而没有使用信息技术的部分不算数字化学习能力。数字化学习过程是一个笼统的过程，相比

---

① 林崇德. 中国独生子女教育百科[M]. 杭州：浙江人民出版社, 1999.
② 杨素娟. 在线学习能力的本质及构成[J]. 中国远程教育, 2009, (05): 43-48, 80.

不使用信息技术的学习过程，数字化学习过程体现了信息技术的使用，但是，不能说数字化学习过程中每个阶段或环节都必须使用信息技术。比如，在数字化学习活动中，有些阶段或环节，其实是学习者进行知识内部心理加工的过程，这些阶段或环节并没有信息技术的直接参与，但是，却有信息技术的间接参与。在数字化学习过程中的知识内部心理加工中，加工的知识或信息其实是学生在前期使用信息技术参与活动获得的知识或信息，因而，数字化学习活动中学习者进行知识内部心理加工，虽然没有信息技术的直接参与，却有信息技术的间接参与。数字化学习能力是一个宽泛的定义，泛指相对于传统学习能力，学习者在学习中使用了信息技术，就可以称为数字化学习能力。因此，数字化学习能力相比传统学习能力，特色是数字化元素，也就是信息技术的参与，但是数字化学习能力的核心内容和学习能力是一致的。

四、对中小学生数字化学习能力的理解

中小学生数字化学习能力是指小学生和中学生的数字化学习能力。对于中小学生而言，学习主要是在学校等正式学习环境中发生的。当然，中小学生的学习除了正式学习环境，也有博物馆、科技馆、动物园、植物园等非正式学习环境。

中小学生的数字化学习活动主要发生在课堂中，学生主要在学校课堂环境中，在教师支持下进行知识的获取、巩固和应用，并发展适应未来社会生存与发展的能力。因此，中小学生数字化学习能力主要指课堂等正式学习环境中的学习能力。但是，学习的发生不可能仅仅限定在课堂语境中，学生的学习往往还发生在课堂之外，正式学习和非正式学习二者是统一的。中小学生的数字化学习能力自然也包括了非正式学习环境中的学习能力。[①]

中小学生数字化学习能力包括了小学、初中、高中各个学段学生的数字

---

① 庄榕霞，杨俊锋，李冀红，等.中小学生数字化学习能力测评框架研究[J].中国电化教育，2018,(12):1-10,24.

化学习能力，小学生还包括了小学低年级、小学高年级两个学段的学生。由于认知水平、知识基础等的差异，小学、初中和高中各个学段学生的学习能力发展水平是不同的，所以，各个学段学生数字化学习能力也有差异。对于小学低年级学生而言，学习能力主要体现为启蒙阶段，学生在课堂中初步培养学习能力。对于小学高年级学生而言，随着阅读能力的提升，学生开始初步掌握学习能力。对于初中生而言，由于其阅读能力、逻辑判断能力、批判分析能力的提升，学生已经相对成熟地掌握了学习能力。对于高中生而言，学生在学习方面逐步深入，尤其是在自主学习方面，学生能够主动地发起学习，学生的学习能力进入深入发展和成熟阶段。同样，中小学生数字化学习能力也应该包括小学低年级、小学高年级、初中和高中四个学段的学生数字化学习能力。小学低年级阶段的数字化学习能力主要是启蒙性质的，小学高年级阶段的数字化学习能力进入初步掌握阶段，初中阶段的数字化学习能力进入逐步成熟阶段，高中阶段的数字化学习能力进入深入发展和成熟阶段。

第二节　学习理论与数字化学习能力

学习理论主要包括行为主义、认知主义、建构主义、人本主义、联通主义等派别。不同的学习理论对学习有着不同的理解和解释，因此，不同学习理论视角下的数字化学习及数字化学习能力也有所不同。分析和剖析不同学习理论视角下的数字化学习能力，能让我们更好地理解什么是数字化学习能力。

一、行为主义学习理论与数字化学习能力

行为主义学习理论的研究者们认为学习是一种可观察的行为，他们把重点放在行为的变化上。行为主义学习理论认为个体学习的行为就是由特定条

件引起的反应，个体当前行为的后果改变了未来的行为，或者个体模仿了他人的行为。[①]华生是美国心理学家，行为主义的创始人。他是早期行为主义的代表，曾采用多种实验方法，得出了有机体的学习实际上就是通过条件作用，形成刺激与反应直接联结的过程，可以用"刺激—反应"来概括。斯金纳对华生的行为主义理论进行了修正和补充，形成了新行为主义心理学。斯金纳认为，人的行为有两种表现：一种是华生所说的"刺激—反应"模式，即行为反应是由已知刺激所引起的，是对刺激的直接应答，这种行为模式称为应答式条件反射或应答性行为，而另一种行为模式是有机体在没有与任何刺激物相关联的情况下，由有机体自身作用于环境而产生有效结果的反应，这种行为模式称为操作性条件反射或操作性行为。[②]学习者采取行为会得到结果，结果也会反过来强化学习者的行为，若结果令其愉悦，则学习者之后将更频繁地做出这种行为；反之，则会降低该行为的频率。数字化学习是使用各种技术手段开展的一种自主学习，它使学生能够在一定程度上控制学习的时间、地点、方法等，强调学习者的学习通常是自发的、自主的和自觉的。程序教学理论是指一种能让学生以自己的速度和水平去学习，学习自我教学性材料的个别化教学方法理论。在学生数字化学习过程中，程序教学理论可以指导学生根据自己的实际情况选择合适的学习内容和学习方法，从而养成良好的学习习惯。班杜拉继承和发展了行为主义学派观点，同时吸收社会认知论的相关观点，提出了社会学习理论。社会学习理论强调人不是单纯地对外部事件做出应答，而是一个有自我组织、积极进取、自我调节和自我反思的主体。班杜拉认为，人类的大部分学习不是行为结果的塑造过程，而是更有效地直接学习榜样的过程。[③]

行为主义学习理论中的学生数字化学习要求教师采用"刺激—反应—

---

① 陈琦，刘儒德.教育心理学[M].北京：高等教育出版社，2011.
② 熊应.行为主义心理学视域下的教师教育惩戒权[J].教学与管理，2021, (21): 62-66.
③ 斯莱文.教育心理学：理论与实践：第10版[M].吕红梅，姚梅林，等译.北京：人民邮电出版社，2016.

强化"的模式去教学，要求学生在数字化学习中进行不断重复练习，直到这种联系建立起来。体现在数字化学习中，其实就是使用软件不断地进行重复练习。比如，学生通过程序教学软件不断地刷题，建立题型和答案之间的自动联系。比如，学生使用软件学习知识，完成软件提供的测试题，然后根据软件提供的答案，进行相应的改进。软件在此过程中，根据学生的答题结果，给出相应的反馈结果，这样就形成"刺激—反应—强化"之间的联系。

那么，行为主义学习理论中的学生数字化学习能力，其实就是让学生学会使用软件或者说技术工具，使用技术工具学习知识，完成测试题，然后根据测试题反馈结果进行调整，不断建立"知识刺激—学生答题—软件反馈"之间的联系。从这种模式不难看出，行为主义学习理论中的数字化学习能力是一种简单的，以接受知识和巩固知识为主的数字化学习能力，适用于浅层次的数字化学习，不适用于深度数字化学习。所以，行为主义的数字化学习能力，是一种以浅层次学习为主的数字化学习能力。

二、认知主义学习理论与数字化学习能力

认知主义学习理论是在行为主义学习理论基础上的进一步研究。行为主义学习理论认为学习是受外界环境的刺激，注重外部强化，而忽视学习者的内在动机与主观能动性，而认知主义学习理论不认为学习是一种简单机械的外界环境"刺激—反应"，而是更加注重"刺激—反应"之间的内部心理过程。[1]

以布鲁纳为代表的认知主义理论认为教学的原则是在教师的教学工作中让学生能够最直接最有效地获得知识以及发展智力的一系列的重要规则，这同时也是评价教师的教学方法以及学生的学习方法的准则。认知主义理

---

[1] 郭昱麟. 浅谈认知主义学习理论的研究及其应用[J]. 黑龙江科学, 2015, 6(09): 112–113.

论中的教学原则强调学生的直觉思维，强调学生的内在动机。^①根据奥苏贝尔有意义学习理论，教师应该在掌握学生已有知识基础上，引导学生进行有意义的接受学习。数字化学习过程中，教师应分析学生已有知识结构，使用信息技术优化学生知识结构，让学生在数字化学习中更好地同化新知识，发展有意义接受学习能力。在数字化教学设计中，应该使用逐渐分化、融会贯通、序列组织、巩固性原则等同化理论教学设计原则，更好地设计数字化学习活动，让学生更好地有意义接受学习。^②在数字化学习评价中应该重视评价的积极作用，开展科学合理的评价活动，激发学生数字化学习求知欲，促进学生数字化学习。

数字化学习是一种新的学习方式，因此教师的任务不是简单地向学生灌输知识，而应首先激发学生的学习兴趣和学习动机，然后将当前的教学内容与学生原有的认知结构有机地联系起来，将数字化学习方式与学生原有的学习方式有机地联系起来。学生不再是外界刺激的被动接受者，而是主动地对外界刺激提供的信息进行选择性加工的主体。信息加工理论对学生的数字化学习有很强的支撑作用，学生学会信息加工的方法尤为重要，能在很大程度上提高学生解决问题的效率。

认知主义学习理论中的学生数字化学习，要求教师重视学生的心理内部加工过程，认识学生的动机、记忆等在学习过程中的重要作用。因此，认知主义学习理论中的数字化学习应给学生提供多媒体形式的刺激，同时，在知识呈现方面更加注重心理学规律，比如，每次只呈现4—7个知识块，每次呈现的知识都是符合学生认知要求的，也就是学生能够学懂的。同样，在学生的数字化学习中，学生要在教师指导下，根据脚手架形式的认知工具，根据自己的学习风格等，不断查漏补缺，在自己的认知范围内学习知识，同时，通过巩固练习等，不断强化知识。在这个过程中，更加突出学生的心理内部

---

① 张建伟.数学教师在使用信息技术的现状分析[J].教育现代化,2017,4(11):134-135.
② 李亚娟,李莉.奥苏贝尔有意义学习理论及对小学教学的启示[J].吉林省教育学院学报,2007,(08):3-4.

加工过程，而不是简单的"刺激—反应—强化"之间的联系。

认知主义学习理论中的学生数字化学习能力，其实也就是在教师指导下，在教师干预和安排下，学生使用信息技术工具或平台，在结合自身心理内部加工的过程中，不断同化和顺应知识的过程。在该过程中，要求信息技术充当学生内部心理加工过程的脚手架，支持更好地加工和同化知识。学生在该过程中的数字化学习能力更多地体现在内部心理活动中。

三、建构主义学习理论与数字化学习能力

建构主义与客观主义相对立，它强调意义不是独立于我们而存在的，个体的知识是由人建构起来的，对事物的理解不是由事物本身决定的，人以原有的知识经验为基础来建构自己对现实世界的解释和理解。[①]不同的个体由于原有经验的不同，对同一种事物会有不同的理解。学习是学习者积极主动地进行意义建构和与他人互动的过程。

建构主义是认知学习理论的新发展，对当前的教学改革产生了非常深远的影响，这种学习理论进一步揭示了学习者在学习过程中的主动性，突出了意义建构和社会文化互动在学习中的作用。建构主义不是一个学习理论，而是众多理论观点的统称。[②]在中小学生数字化学习的学习过程中，中小学生数字化学习的课程设计对信息技术环境下学生学习的效果和效率起着非常关键的作用。应用建构主义的主观图式连续不断的建构过程改进中小学生数字化学习设计，使学习者可以掌握主动学习的方法，教师起引导的作用，学习者在数字化学习的过程中学会发现问题，并想办法自己解决问题。教学与发展的关系主要体现在教学要时刻走在发展的前面，教师要立足于学生的最近发展区，做好教学工作。学习的社会性则更加强调外部的社会或者环境对于学生数字化学习的影响，要从外部的环境来刺激学生的数字化学习。所

---

① 陈琦，刘儒德.教育心理学[M].北京：高等教育出版社，2011.
② 同上。

以教师在进行教学设计的时候不仅要确定好教学目标和内容，更要创作符合学生心理特点的情境问题，外部的情境问题是教学设计的一个重要组成部分。①

建构主义学习理论中的学生数字化学习，其实就是让学生使用信息技术工具去交流、合作和创造，去进行问题解决等。建构主义更加重视学生自身的内部经验在知识建构中的重要性，也更加重视社会文化在知识建构中的重要性。这就要求在数字化学习中，信息技术要创设情境，让学生去建构知识，信息技术要提供合作交流的平台，让学生去应用知识等。因此，建构主义学习理论中的数字化学习更加突出学生学习的主动性和能动性，更加尊重和重视学生。

建构主义学习理论中的学生数字化学习能力，其实就是主动式的数字化学习能力。在教师创设情境和指导支持下，学生主动使用信息技术进行交流与合作，进行问题解决，进行批判思维，进行设计与创作，主动表达自己的观点和想法，主动寻求他人的反馈，在与他人协商和合作中，不断创造知识。

四、人本主义学习理论与数字化学习能力

人本主义学习理论从全人教育的视角阐释学习者整个人的成长历程以发展人性；注重启发学习者的经验和创造潜能，引导其结合认知与经验，肯定自我，进而自我实现。人本主义学习理论重点研究如何为学习者创造一个良好的环境，让其从自己的角度感知世界，发展出对世界的理解，达到自我实现的最高境界。②

教师要设身处地去理解学生，尊重学生，不评价和批评他们的思想情感或道德品性。在数字化学习中，教师要了解学习者的内在反应，了解学生的

---

① 宋欣欣.中学数学教师信息化教学技能现状调查及提升对策研究[D].延安：延安大学，2021.
② 陈琦，刘儒德.教育心理学[M].北京：高等教育出版社，2011.

学习过程，作为学生数字化学习的促进者、引导者等。我们既要强调学生的主体地位，也不能忽视教师的主导作用。人本主义学习理论提出教师在学习过程中要尊重学生，要重视学生的本性、需要、潜能和自我实现等问题。这一理论强调"以人为本"的学习理念，主张深入挖掘学生的自主学习，让学生通过学习过程最终达成"自我实现"。① 人本主义学习理论深受教育学家的认可。王彬菁在对"应用型本科师范生信息化教学能力培养模式"的研究中指出，人本主义学习理论对培养和提升学生的自主探究学习能力和批判性创新思维非常重要。② 苏莉在对"人本主义视角下导学教师的角色与目标定位"的研究中指出，教师在教学过程中应该是学生身心发展的引领者，教师应在学生学习过程中帮助他们实现自我监控、自我提升，引导学生拓宽视野，帮助提升学生的综合素质。③ 因此，人本主义学习理论是培养人全面发展的科学理论。依据这一理论指导教学活动，马吉建认为，教师与学生需要在"教"与"学"的两个心理活动中进行相互沟通和理解，具体表现为教师的教学活动要充分尊重学生的认知结构、学习目的、自我实现的心理状况。④ 人本主义学习理论对数字化教学的核心要求是教师在教学过程中注重学生的情感变化，让学生的数字化学习更有尊严，降低学生的压力，减轻学生的负担，激发学生自主学习的动力。

人本主义学习理论中的学生数字化学习，就是教师要充分尊重和重视学生的地位和作用，教学应该以发展学生为主，所以，人本主义的数字化教与学就是教师使用信息技术工具给学生提供主动发展和个性发展的机会，学生

---

① 刘晋红.人本主义学习理论述评[J].黑龙江生态工程职业学院学报，2009, 22(05): 109-111.

② 王彬菁.基于人本主义教学理论的应用型本科师范生信息化教学能力培养模式研究[J].课程教育研究，2019, (29): 21, 24.

③ 苏莉.人本主义视角下导学教师的角色与目标定位[J].广西教育学院学报，2019, (03): 51-54.

④ 马吉建.人本主义学习理论视角下信息化教学CIPP评价模式应用实践[J].教育观察，2021, 10(02): 70-72.

则使用信息技术工具实现自身的主动发展和个性化发展，充分挖掘自身的才能和优势。

人本主义学习理论中的学生数字化学习能力，其实就是学生使用信息技术主动发展和个性化发展的能力。比如，学生使用信息技术工具充分地发展自身的优势智能，或者，学生使用信息技术平台和教师进行交流，获得自身各方面的优势与不足信息，然后针对性地进行改善和提高。人本主义学习理论要求教师应对学生有耐心，不能急于求成，在学生学习的过程中给予适当鼓励，让学生感受到数字化学习的优势所在，从而在以后的学习过程中采用数字化学习方法。

五、联通主义学习理论与数字化学习能力

联通主义学习理论作为 Web 2.0、社会媒体等技术快速发展以及知识更新速度日益加快背景下催生出的重要学习理论[①]，对中小学生的数字化学习有潜在的支撑作用。随着社会的信息化、智能化、网络化，课堂建构的逻辑也发生了变化，知识成为不同来源、载体、形式、阶层的所有智慧，只要是通过学习获取的"信息、理解、技能、价值观和态度等都是知识"，造成了"知识存储的网络化、知识标准的个性化、知识颗粒的碎片化、知识载体的多模态化"等新的特性，进而改变了知识生产方式，形成了"源于问题和观点非共识的生产、基于互联网的群智协同生产、知识生产和知识传播融合并呈现非线性关系"。[②③] 在这样的知识生产逻辑中，每个学习者都参与到教学交互中来，成为知识的生产者，"草根教育草根"成为教学过程的基本形态，并在MOOC所催生的在线学习中大放异彩，逐渐引起教育研究者的关注，学界称之为"互联网＋教育"。[④] 每个参与者或群体和自身所在网络进行多层次的交

[①] 王志军,陈丽.联通主义学习理论及其最新进展[J].开放教育研究, 2014, 20(05): 11-28.

[②] 贾林祥.认知心理学的联结主义理论研究[D].南京：南京师范大学, 2002.

[③] 联合国教科文组织.反思教育：向"全球共同利益"的理念转变？[M].北京：教育科学出版社, 2017.

[④] 孙小伟.基于联通主义的高职思政课堂构建[J].教育与职业, 2021, (13): 107-112.

互，促进网络构建与互联，其本质就是互联。

联通主义学习理论中的数字化学习，其实就是建立联系，尤其是通过网络工具建立联系，建立知识之间的广泛节点和联系。联通主义认为每个人都是网络共同学习中的节点，学习者可以结成一个网络，这个网络就代表了共同的知识。因此，联通主义学习理论中的数字化学习，就是通过网络工具进行交流与互动，不断建立联系，不断在互动中建构知识联系的过程。

联通主义学习理论中的学生数字化学习能力，其实就是学生使用网络工具不断与他人沟通与互动，不断在交流与合作中建构知识的能力，因此，联通主义学习理论中的学生数字化学习能力要求学生会使用网络交流工具，也要求学生会使用信息技术工具辅助自身的知识建构，还要求学生不断进行交流与建构，形成知识网络。总之，联通主义中的学生数字化学习能力就是学生使用信息技术工具，加入网络知识建构的能力。

第三节　信息技术与数字化学习能力

信息技术在教育中的表现形式不同，划分类别的依据也不同。我们按照信息技术在教育中所发挥的作用是支持以教为中心，还是支持以学为中心，把信息技术分成以教为中心的信息技术和以学为中心的信息技术。以教为中心的信息技术在教学中使用时，更多地体现教师教的作用，学生主要是被动接受知识。以学为中心的信息技术在教学中使用时，更多地体现学生主动学的作用，教师更多是指导者、支持者和帮助者。以教为中心的信息技术和以学为中心的信息技术，对于学生而言都同样重要，各自在学生学习的不同阶段发挥着不同的作用。

一、以教为中心的信息技术与数字化学习能力

在以教为中心的信息技术中，信息技术只是教师在使用，学生使用得很

少。比如说，现在中小学都配备有多媒体教室、电子白板教室、一体机教室等，在这种数字化教学环境中，信息技术只是辅助教师的教，学生在数字化教学的过程中，被动地获取知识。学生偶尔也可以使用信息技术，比如，简单操作电子白板，或者使用实物投影仪展示作业等，但是，学生使用信息技术的情况很少。在这种数字化环境中，主要还是教师在使用信息技术，学生即使使用信息技术也是被动配合教师。又比如，教师使用PPT进行演示教学，在这个过程中，学生虽然没有使用信息技术，但是，学生也是在教师使用信息技术的环境中进行学习，也可以称之为学生的数字化学习，学生这种情况下的学习能力也可以称之为数字化学习能力。

除了上述教师使用信息技术，还有一种情况，在数字化环境中，虽然教师和学生都使用了信息技术，但是，整个信息技术与教学的整合中，信息技术发挥的是以教为中心的作用，信息技术并没有体现以学为中心的作用。比如，在多媒体网络教室中，教师使用多媒体进行演示教学，学生使用个人计算机进行学习，在这个过程中，学生自始至终主要是配合教师在进行数字化学习。比如，在该过程中，教师演示教学之后，给学生发放微课等学习资源，让学生再补充学习，或者给学生发送试题等，让学生对知识进行巩固练习。在这个过程中，学生虽然是自己在使用信息技术，但是，学生在学习中并没有主动性，多数情况下是在配合教师完成教学任务，完成知识接收和巩固。在这种情况下，教学过程由教师控制和安排，教师把传授知识作为课堂教学的主要任务，学生在学习过程中使用信息技术完成知识接收与巩固练习的任务。在整个活动过程中，信息技术始终以教师为中心、以教为中心。

显然，在以教为中心的信息技术中，学生的数字化学习能力其实是一种被动式的数字化学习能力，学生在数字化学习中只能被动地接受知识和巩固知识，学生的学习处于浅层，这种情况下的数字化学习能力可以称为浅层化的数字化学习能力。在该环境中，学生主要是使用信息技术完成接受知识和巩固知识的任务，信息技术充当了知识接收、内化和巩固的工具或者平台，学生的数字化学习能力体现在学生能使用信息技术工具或平台，完成知识吸收、内化和巩固。当然，在学生的学习中，知识吸收、内化和巩固是非常重要的，没有知识接收、内化和巩固就没有学生的深度学习，也就没有学生能力的发展。这里的主要问题是，学生在学习中，是否止步于接受知识。比较典型的是应试教育，学生的学习仅仅是为了应付考试，而没有将知识应用于实践之中，在这种情况下，信息技术发挥的作用，只是从"填鸭式教学"的"人灌"变成了用信息技术工具进行灌输，学生在吸收知识之中疲于奔命，却没有发展出真正能够在社会中生存发展的能力与素养。在以行为主义为中心的慕课学习中，就存在这种情况，虽然学生学习了慕课课程，也得到了优秀证书，但是，学生始终停留在浅层学习，仅仅掌握了知识，得到了慕课证书，能力并没有得到真正发展，不能够在实践中使用知识解决问题。掌握知识是应用知识解决问题的前提，但是，如果知识学习仅停留于应付考试，或者获取证书，则无法真正体现学习的价值，这种情况下数字化学习能力可称为被动式数字化学习能力，而不是主动式数字化学习能力。

二、以学为中心的信息技术与数字化学习能力

以学为中心的信息技术就是在教学中，信息技术的使用更多地发挥学生的主体性和能动性。信息技术不仅仅是让学生接收和内化知识，更是让学生去创造知识，去使用知识，让学生使用信息技术去交流、合作、解决问题、设计和创造等。以学为中心的信息技术体现的是深度学习，也就是深度学习的数字化学习。以学为中心的信息技术更加注重发展学生适应未来社会的关键能力或核心素养，比如，学生的批判思维、合作能力、交流能力、创造能力、问题解决能力、情绪管控能力、主动学习能力。虽然，在这个过程中，也存在教师的教，但是，教师的教更多地起指导、帮助和支持的作用。

具体而言，以学为中心的信息技术可以分为交流合作信息技术、知识建构信息技术、创新创造信息技术。在创新创造信息技术方面，比如，创客

教育，创客教育提供了学生进行设计和创造的实体工具，学生可以使用创客教室中的工具进行创造，将自己的想法创作为实体作品，同时，使用创客工具也可以创造实体产品去解决生活中的问题，学生可以将学习和生活更好地结合起来。学生学习到的知识是结合生活实际的，学生在这个过程中更愿意去主动学习，学生是在解决自己生活中的真实问题，也是自己关心的问题。当然，在创新创造的过程中，也涉及交流、合作、批判分析等高级思维的应用。

以学为中心的信息技术体现的学生数字化学习能力是一种主动学习的能力、深度学习的能力。当然，在学生使用信息技术进行主动学习的过程中，也有学生的浅层学习，只是学生学习的最终追求是深度学习。以学为中心的信息技术下的学生数字化学习能力也包括了浅层学习形式的学生数字化学习能力。

三、人工智能技术与数字化学习能力

人工智能技术是当今社会最先进的信息技术，也是影响人类社会未来发展的最有影响力的信息技术，直接推动工业4.0时代的到来。因此，我们需要对人工智能技术与数字化学习能力进行专题论述，阐释人工智能技术下的数字化学习能力新样态。

人工智能，顾名思义，就是人工的智能，是机器智能。机器具备了人的智能，也就是说，信息技术工具有了智能，能够像人一样去思考和行动，在一定程度上能够从事只有人类才能完成的事情。在数字化教与学中，人工智能技术能够承担以往只有教师、学生等人类才能承担的角色，能够模仿教师给学生教学、模仿学生给学生做学伴、模仿专家答疑等。除了承担人类的角色，人工智能技术在大数据、智能算法、学习模型等的支持下，可以对学生的学习进行个性化分析，为学生提供个性化的学习路径和支持。每个学生都可以按照适合自己的路径进行学习。

在人工智能技术支持下，学生的数字化学习将更加容易，更加智能化。

比如，在知识检索方面，学生可以通过语音搜索等实现方便快捷的知识检索，在编程和创作电子产品方面，人工智能可以辅助编程，学生只需要提供思想和思路，人工智能就可以按照学生的想法创作相应的作品，更加方便了学生的学习。

我们认为人工智能技术下的学生数字化学习能力将进一步淡化学生的操作性知识与技能，更加注重学生高级认知能力的挖掘和发展。比如，在数字化学习中，学生不仅仅是通过人工智能导师接收和内化知识，也可以利用人工智能平台去教授人工智能学生知识与技能，这样能够更好地实现学生的学习和高级认知能力的发展。因为，学生在教授机器的过程中，自身需要对所教授的知识作深入思考和分析，该过程也是培养学生表达能力的过程，学生从知识接收者演变为知识传播者，角色转变对于学生也具有积极的价值。当然，在学生教授机器知识的同时，机器反过来也可以促进学生的学习。在人工智能技术下，学生的数字化学习能力将更加淡化技术素养，更加突出学生高级认知能力发展，学生甚至成为教育者，具备一定的教学能力。如果说学习的最好方式是把知识教给别人，那么，在人工智能支持下，学生的数字化学习能力也具备了数字化教学能力的成分。

第四节 赋权学习与数字化学习能力

在信息时代、智能时代和知识经济社会，学生的学习发生了很大的变化，今天的学习更加提倡学生主动地学和能动地学。如何使用信息技术发挥学生学习的主动性和能动性，使学生在学习中掌握主动权和选择权，这是当前信息技术与教学整合中需要重点突破的问题。在研究过程中，我们提出赋权学习的思想，并构建了赋权学习理论，以指导学生的数字化学习。赋权学习也能指导学生的数字化学习能力发展，也即学生的数字化学习能力应该是赋权视域下的学习能力，以使学生更好地适应未来社会生存与发展。

一、赋权学习的时代背景

近年来，大数据、人工智能、生物医学等技术的突破性发展，给全球经济社会发展注入新的活力，社会上的行业和职业发生了巨大的变化。早在2011年，未来研究所就预测，随着大数据技术在各个领域广泛应用，自动化技术取代人工劳动，医学领域不可想象的技术进步出现，在技术不可阻挡的推动下，美国劳动力市场将发生巨大变化。[1]世界经济论坛2016年预测，65%的小学生未来将从事今天并不存在的职业。[2]经济社会的快速发展对教育系统提出了新的挑战，我们需要变革现有的教学方式以应对未来社会的挑战。由于技术突飞猛进的发展，以及对经济社会的巨大影响，未来社会充满了不确定性，我们唯一可以确定的是，未来社会技术高度发展，人类生产生活将高度依赖技术，未来社会与现在相比将发生巨大变化，并会持续发生变化，教育系统的人才培养必须为未来社会做好准备，应对未来社会的挑战。

为了迎接这种挑战，2015年5月，欧盟高等教育埃里温部长峰会明确提出要为学生学习赋权，推进以学生能动性（Student Agency）为核心的、以学生为中心的学习。[3]美国国家教育技术计划2017年更新版也提出要为学生学习赋权，培养学生的赋权感和学习信仰。[4]2016年7月，在全球K-12教育信息

---

[1] The institute for the future. Future work skills 2020[EB/OL]. [2021-06-12]. http://www.iftf.org/uploads/media/SR-1382A_UPRI_future_work_skills_sm.pdf.

[2] World economic forum. The future of jobs employment, skills and workforce strategy for the fourth industrial revolution[EB/OL]. [2021-06-12]. http://www3.weforum.org/docs/WEF_FOJ_Executive_Summary_Jobs.pdf.

[3] Klemenčič M. From student engagement to student agency: conceptual considerations of European policies on student-centered learning in higher education[J]. Higher Education Policy, 2017, 30(1): 69-85.

[4] The office of educational technology. Reimagining the role of technology in education: 2017 national education technology plan update [EB/OL]. [2021-06-12]. https://tech.ed.gov/files/2017/01/NETP17.pdf.

化领域有着广泛影响力的国际教育技术协会发布了新版学生信息技术应用能力标准,明确提出K-12领域要推进赋权学习,培养赋权学习者,发展学生的21世纪关键能力,以迎接当前和未来社会的挑战。[1]相关研究也证实赋权学习的学生,在资源获取不公平的情况下学得更好,善于个性化学习,能养成执行力、持久力、自我意识、容忍模糊等素质技能,这些素质技能对于在当前和未来社会获得成功至关重要。[2]赋权学习重在培养学生的主动性和创造性,发展学生的21世纪关键能力,让学生成为终身学习者,更好地适应未来社会发展。赋权学习成为当前教育改革制高点。本研究基于国际教育改革的这一新动态,提出赋权学习理论,以期推动我国教育改革。

二、赋权学习的内涵及概念辨析

1. 赋权学习的界定及内涵

参照国际教育技术协会和Metiri集团赋权学习者界定[3][4],这里认为,赋权学习是学生在学习过程中发挥主动性和能动性,在学习目标选择、实现和展示过程中享有充分发言权和选择权的深度学习和真实学习。

赋权学习的核心是赋权(Empowerment)。赋权的思想最早出现在商业领域,用于形容雇主与雇员之间的关系:雇主为了提高员工工作积极性,给雇员赋权,给他们更多自主性,从而调动雇员工作积极性,提高企业效益,雇主和雇员的关系也由原来的控制与被控制变为更加平等的关系。赋权的思想后来迁移到教育领域,意思是教师在教学过程中,要给学生赋权,增加学

---

[1] The international society for technology in education. ISTE standards for students[EB/OL]. [2021-06-12]. https://www.iste.org/standards/standards/for-students.

[2] The international society for technology in education. Redefining learning in a technology-driven world: a report to support adoption of the ISTE standards for students[EB/OL]. [2021-08-20]. https://cdn.iste.org/www-root/PDF/advocacy-pages/Making%20the%20Case%20for%20the%20ISTE%20Standards.pdf.

[3] The international society for technology in education. ISTE standards for students[EB/OL]. [2021-06-12]. https://www.iste.org/standards/standards/for-students.

[4] Metiri group. The empowered learner: an introduction[DB/OL]. [2021-06-12]. https://istestandardspd.org/read-empowered-learner-introduction.

生在学习过程中的发言权和选择权，让学生成为学习的主人，并承担学习的主体责任，让学生从学习目标设定、学习内容选择、学习策略选择、学习成果表达等各个环节获得控制权。

赋权学习的基础是学生学习能动性（Agency），也就是学生在学习过程中，有意识地主动参与学习活动，并具备相应的能力和倾向。这就要求学生主动参与学习，并在实践中掌握能动学习的能力。学生学习能动性的养成也是教师指导的结果，要求教师在教学设计和学习指导中更多地体现对学生学习方法的指导。

赋权学习的落脚点是深度学习和真实学习。学习过程中通过给学生赋权，实现学生对知识的深度应用、分析、评价和创造，并实现真实情境中的学习。赋权学习是学习的一个维度，教师通过给学生学习赋权，激发学生学习的能动性和主动性，让学生实现深度学习，乃至更深入的真实学习。

2. 概念辨析

这里对赋权学习与智慧学习、深度学习、混合学习、个性化学习、基于项目的学习等进行比较，进一步厘清赋权学习内涵。

赋权学习实质是在教学过程中，从为学生学习赋权这个视角去理解教与学，并展开相应的教与学的活动。而智慧学习是智慧教育匹配的学习范式，是智慧学习环境支持下的学习活动，强调人工智能、大数据、物联网、学习分析等智能技术对学习活动的支持，在教育理念上体现出学习活动中学习者自我指导、以学习者为中心的教育思想。[1][2]从技术手段讲，赋权学习并不刻意强调智能技术或智慧学习环境，但是，赋权学习一定要有信息技术支持，学生只有借助信息技术手段才能真正掌握学习活动的控制权。赋权学习强调的是一种教学法，也就是教师要把学习的权力和责任交给学生，让学生

---

[1] 陈琳, 王蔚, 李冰冰, 等. 智慧学习内涵及其智慧学习方式 [J]. 中国电化教育, 2016, (12): 31-37.

[2] 贺斌. 智慧学习：内涵、演进与趋向：学习者的视角 [J]. 电化教育研究, 2013, 34 (11): 24-33, 52.

成为学习的主人，实现以教师驱动的学习向以学生驱动的学习转变，学习活动由学习者驱动，体现以学生为中心的教学理念。智慧学习也强调以学生为中心的教学理念，但是，智慧学习的以学生为中心是以智能技术为支持的，更多地强调智能技术支持下的教学范式，是从技术的视角看学习。而赋权学习强调教学法的重要性，通过学习活动中为学生赋权的教学法的指导，实现信息技术与教学融合创新，其对技术的分类也是从信息技术支持的学习活动类型进行划分，比如知识消费技术，学习体验技术，知识内容制作、捕捉、分析、生产技术，学习反思和交流技术，学习组织和管理技术等。赋权学习中的技术使用更加突出教学法的重要性，而不刻意强调技术的智能特性。

深度学习是与浅层学习相对的概念，是从认知层次界定的概念，强调学习者在学习活动中高级认知目标的达成，包括问题解决能力、批判性思维、创新能力等学习目标的达成。赋权学习则是从为学生赋权这个视角出发，通过在学习过程中为学生赋权，充分发挥学生学习能动性，实现深度学习和真实学习，解决真实世界中的问题，实现学习和生活世界的联通，让学生更好地适应社会发展。应该说，赋权学习是实现深度学习的必然形式，并实现对深度学习的超越，走向真实学习。赋权学习并不否定浅层学习，浅层学习是实现深度学习的前提条件，从赋权学习视角而言，浅层学习是手段，是为了更好地实现深度学习。

混合学习、个性化学习、基于项目的学习等概念更多地反映了具体的学习方式。混合学习强调面授学习和在线学习方式的混合。个性化学习强调教学要依据不同学习者的学习需求、偏好和兴趣进行调整，学习目标、学习内容、学习方法、学习进度要与学习者个人实际情况相适应。基于项目的学习发生在真实问题情境中，强调学生多学科知识的应用。[①] 赋权学习作为认识学

---

① The office of educational technology. Reimagining the role of technology in education: 2017 national education technology plan update[DB/OL]. [2021-06-12]. https://tech.ed.gov/files/2017/01/NETP17.pdf.

习的一个视角，切入点是为学习者赋权，因而，不管什么样的学习方式，都可以与赋权学习视角结合，通过为学习者赋权，更好地实现学习者驱动的学习，实现深度学习和真实学习。

三、赋权学习的特征

赋权学习强调在学习目标选择、实现和展示过程中给予学生充分的选择权，体现学生对学习过程的全面掌控和主动负责。根据对赋权学习本质的理解，结合相关文献，这里给出赋权学习的六个典型特征。

1. 学习活动更多出于学生的内在动机

赋权学习是学习者主动投入的学习，是学习者自己掌控的学习，是学习者主动负责的学习，这种学习必然是学习者出于内在动机，为了满足自身的内在需求而积极投入的学习，比如说学习者出于求知好奇心，学习者结合生活情境、为解决真实问题而产生的学习动机。正是由于学习出于内在动机，而不仅仅是为了在考试中取得好成绩，学习者才能全身心地投入学习活动当中，学习者身体、情感、认知的全身心投入，是赋权学习中学习者所表现的状态，学习成为学生的内在需求，学习成为学生主动追求的结果。赋权学习中，学生自己设定学习目标，学习目标的设定必然是学习者内在学习动机的体现，学习活动更多地由学生的内在动机所驱动。[1]

2. 学习活动伴随与其他成员的积极互动

赋权学习是一种深度学习和真实学习，是基于建构主义学习理论的一种学习形态，强调对知识的深度理解、应用、分析、评价和创造，强调知识的社会性建构，要求学生建构真实的学习作品，因此，学生在赋权学习过程中，必然要与其他学生、教师、家长、领域专家等社会成员积极互动，通过社会互动完成自己的知识建构，通过互动交流，创作真实的学习产品。赋权学习

---

[1] Metiri group. The empowered learner: an introduction[DB/OL]. [2021-06-12]. https://istestandardspd.org/read-empowered-learner-introduction.

并非独立学习，相反，赋权学习强调与他人合作的重要性，强调要从社会成员中积极获取反馈，不断改善自己的学习，完成自己的知识建构，发展高级认知思维。学生良好的社会情绪技能是赋权学习的必备要素。

3. 学习过程是学习者自我指导的过程

赋权学习强调学生控制学习的主动权，包括学习主题选择、学习目标设定、学习计划安排、学习策略选择、学习过程管理、学习成果展示等。这实际上反映了赋权学习是一种自我调节、自我指导和自我管理的学习，也就是学习过程中学习者掌握主动权，在学习过程中实现自我指导和管理，这就要求学生必须具备这方面的能力，能够主动管理和指导自己的学习。比如，学习策略的选择上，学习者能够结合自己的知识基础、学习偏好、技术条件和社会环境等，主动选择适合自己的学习策略，并在学习过程中，主动调整和变换学习策略，最终达成学习目标。

4. 学生建设性地利用反馈推进学习活动

反馈在赋权学习过程中发挥着重要作用。赋权学习是学生自我指导的学习，自我指导的重要依据就是学生建设性地、积极有效地利用反馈信息，及时调整和改善学习活动。在建设性地利用反馈信息的过程中，学生可以通过技术工具和平台所具有的反馈功能，及时获得学习反馈，比如平台自带的测评反馈功能。学生也可以通过技术工具获取同伴、教师、家长、社会受众等的反馈信息，比如，学生通过社交媒体发布自己的学习成果，同伴、教师、家长和社会受众等通过社交媒体给予反馈信息，帮助该学生改善学习成果。当然，学生也可以通过面对面交流获取反馈信息。信息技术工具的使用，让学生获取反馈信息更加广泛、便捷、及时和准确。随着大数据技术的使用，学生可以通过大数据获取自己完整的学习活动反馈信息，实现个性化学习。

5. 赋权学习必须有现代信息技术的支持

赋权学习中，为学生赋权是关键，赋权之后学生能不能真正享有这份权力，实现对学习的掌控，关键是能否得到信息技术的支持，尤其是各种个性化技术工具对学习活动的支持。在赋权学习过程中，目标设定、资料收集、数据分析、结果展示、交流互动等学习环节，正是因为有技术工具的支持，学生才有了更多的选择权，才能实现自我指导的学习，真正根据自己的需求和个人偏好学习。比如，学习成果的展示，学生可以用PPT展示汇报，也可以制作宣传海报，也可以制作数字故事，也可以利用创客空间创作真实作品等，这些不同展示方式正是技术支持下实现学生赋权学习的体现。另外，学生查阅资料、交流互动、作品推广等都需要信息技术支持。当然，随着信息技术在日常生活中的普及，信息技术已经融入学生的学习和生活之中，学习过程必然有信息技术的参与。

6. 赋权学习重在为学生赋权

赋权学习实质是把学习的权力和责任交给学生，让学生掌握学习主动权，让学生在学习主题选择、学习目标设定、学习策略选择、学习成果展示等过程中享有发言权和选择权。这就要求教师在学习活动组织中给学生提供充分的机会，让学生能够享有发言权和选择权，让学生成为学习的主人，让学习活动成为学习者驱动的过程，教师则充当学生学习的指导者和支持者。如果在学习过程中，教师一味地充当知识的提供者、教学过程的控制者，更多地把学生看成知识的被动接受者，学生在学习过程中毫无选择权，那么，课堂再精彩，学生获取的知识再多，也谈不上是赋权学习。

四、赋权学习理论基础解读

1. 自我决定理论

自我决定理论认为人类有三种基本的心理需要，它们分别是自主（Autonomy）需要、胜任力（Competence）需要和关联（Relatedness）需要。[①]这三种心理需要影响人类的高质量动机，人类的行为质量与他们的内外

---

① 王婷婷，庞维国. 自我决定理论对学生学习自主学习能力培养的启示[J]. 全球教育展望，2009, 38(11): 40-43.

动机水平有关。①学生的内部学习动机往往出自学生自己的兴趣和需求，是学生在学习活动中自由选择的结果，即自我决定理论中的学生自主需要。内部动机相对外部动机而言，更能激发高质量的学习成果，一旦学生的内部动机被激发，学生将会积极发展他们的能力，享受学习过程本身的乐趣。②有内部动机的学生会主动设定学习目标，积极完成学习任务，不断获取新知识，发展他们的能力。他们的学习活动是深度学习，是有意义学习。而只有外部动机的学生的学习活动仅仅是为了满足考试评价要求，学习活动更多地停留在浅层学习中。因此，用自我决定理论的学生自主需要可以解释赋权学习中的赋权行为，学生拥有学习自主权，激发了学生的内在学习动机，支持高质量的深度学习和真实学习。自我决定理论中的胜任力需要要求学习活动安排要合理，对学生而言，既要有挑战性，又不能太难，这样才能更好地满足学生的胜任力需要，激发学生的内部学习动机。关联需要则强调生生之间、师生之间要有民主和谐的人际关系，让学生体会到安全感和归属感，激发学生积极动机，这也是赋权学习强调的平等合作的师生关系以及倡导的学生之间的合作学习。

2. 建构主义学习理论

建构主义学习理论认为学习是学生积极主动的建构过程，学生根据先前的认知结构主动地和有选择性地知觉外在信息，建构当前事物的意义。③这就说明了学生是学习过程中的主体，教师的角色是指导者、支持者和帮助者，帮助学生完成知识建构。赋权学习正是体现了建构主义理论中学生是学习主

---

① Lee E, Hannafin M J. A design framework for enhancing engagement in student-centered learning: own it, learn it, and share it[J]. Educational Technology Research & Development, 2016, 64(4): 707−734.

② Ryan R M, Deci E L. Self-determination theory and the facilitation of intrinsic motivation, social development, and well-being.[J]. American Psychologist, 2000, 55(1): 68.

③ 智库百科. 建构主义学习理论 [DB/OL]. [2021-06-12]. http: //wiki.mbalib.com/zh-tw/%E5%BB%BA%E6%9E%84%E4%B8%BB%E4%B9%89%E5%AD%A6%E4%B9%A0%E7%90%86%E8%AE%BA.

体的思想，强调学习过程是学生积极主动建构的过程。建构主义强调学习者在学习活动中，要采用探索法、发现法去建构知识意义，要求学生主动去收集并分析相关信息和资料，对所学习的问题提出各种假设并努力加以验证。赋权学习正是体现了这一点，要求学生去探索、发现、创造，提出问题，验证假设，通过学习过程中的迭代循环不断完成自己对知识的建构。建构主义的学习环境包括情境、协作、会话和意义建构四大要素。建构主义强调情境的真实性，这也是赋权学习中强调的真实学习，协作和会话则强调社会情境对知识建构的重要性，要求学生在与他人的协商会话中完成知识建构，这正是赋权学习所强调的建构个人学习网络的重要性，以及寻求建设性反馈信息的重要性，要求学生在学习过程中采用同伴学习、小组学习等形式，积极与同伴、教师、家长等成员互动，获取反馈信息，完成个人意义建构。

派珀特（Papert）的建构主义观点还强调学习要生成可供他人评论的作品，学生创作作品的过程也是学生建构知识的过程。[1]这就是赋权学习中所强调的真实学习，学生要创作真实的可应用于实践的产品。派珀特还强调情感在学生知识建构中的重要性，对学生而言，有个人价值意义的学习活动更能激发学生的参与热情，并提高学习的绩效水平，学习过程是学习者探索他们所关心的未知事物而不断发明创造的过程。学习者的学习自治至关重要，这就是赋权学习中强调的学生对学习过程的自主和自治的重要性，以及学习活动对学生个人的重要性。

3. 自主学习理论

自主学习是一种主动的、建构性的学习过程。[2]学生在活动前自己确定学

---

[1] Lee E, Hannafin M J. A design framework for enhancing engagement in student-centered learning: own it, learn it, and share it[J]. Educational Technology Research & Development, 2016, 64(4): 707-734.

[2] 李子建，尹弘飚. 课堂环境对香港学生自主学习的影响：兼论"教师中心"与"学生中心"之辨[J]. 北京大学教育评论，2010, 8(01): 70-82, 192.

习目标、制订学习计划、做好学习准备，在学习活动中对学习进展、学习方法做出自我监控、自我反馈和自我调节，在学习活动后对学习成果进行自我检查、自我总结、自我评价和自我补救。[①]"学生的自主学习既需要自我意识、内在学习动机、学习策略、意志控制等内部条件，也需要教育指导等外部条件。"[②]赋权学习强调的学习动机的激发类似于自主学习强调的内在动机，自主学习发生的内在机制可以为赋权学习的发生提供指导，自主学习中的元认知监控过程可以为赋权学习的自我指导提供解释，自主学习中的意志控制可以解释赋权学习中的学习持久性问题，自主学习中强调的教师指导类似于赋权学习中教师的指导者和支持者角色。自主学习的发生机制在一定程度上能够解释赋权学习发生过程，为赋权学习提供了理论支持。

五、赋权学习教学案例展示

赋权学习作为学习的一个维度，强调在学习活动中为学生赋权。教师可以选择在部分学习环节为学生赋权，也可以选择在所有学习环节为学生赋权。现实中的教学案例多是在部分学习环节为学生赋权，赋权学习特征体现不全面。为了更全面地展示赋权学习，这里虚构了一个教学案例，并结合赋权学习特征和理论基础进行解读，为教育工作者实践赋权学习提供参考。

1. 教学案例展示

（1）教学案例背景

这是启蒙小学刘老师在六年级一班的一次综合实践课，教学主题是培养学生提出问题和解决问题的能力，通过综合实践活动，学生能够从日常生活中提出一个问题，并创造性地解决这个问题。启蒙小学是一所学生自带设备学校，另外，学校给每位同学建有电子档案袋，学生的学习表现都记录在档案袋中。

[①] 庞维国. 论学生的自主学习 [J]. 华东师范大学学报(教育科学版), 2001, (02): 78-83.
[②] 庞维国. 论学生的自主学习 [J]. 华东师范大学学报(教育科学版), 2001, (02): 81.

（2）教学活动描述

在教学活动开始之前，刘老师分析了学生可能感兴趣的主题，提前在班级教学平台的资料库里准备了相关资料，并在教室的图书角准备了相关的图书和杂志。此外，刘老师考虑到学习活动中分析数据常要用到数据分析工具，也在班级教学平台里准备了相关的数据分析软件。上课开始，刘老师给学生讲了综合实践课的教学目的。听说让学生自己结合生活实际提出问题并解决问题，大家非常踊跃。有的学生对饮食健康感兴趣，有的学生对网络成瘾感兴趣，有的学生对学生日常消费感兴趣。学生们根据自己感兴趣的话题组成小组，每个小组都在班级教学平台里开通了小组云盘空间，用于团队协作，小组云盘空间也和刘老师的云盘空间联通。小组活动之前，刘老师通过班级教学平台给各个小组推送了本次综合实践活动的评价量规，包括知识内容、学习体验、成果展示三个方面的评价指标。

有六名学生对学生饮食健康感兴趣，他们组成了饮食健康研究小组，决定调查所在学校学生的饮食健康问题。饮食健康小组利用 Evernote 建立了自己的交流群，并在 Evernote 中管理和监督他们的学习进展情况。他们找来了老师、学生、校长、学生家长组成焦点访谈小组，用焦点访谈法了解学生饮食健康方面的问题。访谈完之后，小组成员一起反复观看访谈视频，通过视频分析发现，所有访谈对象都谈到学生饮食结构不合理现象。饮食健康小组成员聚焦该问题后，查阅相关资料，在教师帮助下，设计了学生饮食结构调查问卷。他们利用在线调查工具在启蒙小学的五个班作了调查。调查完之后，小组成员在刘老师帮助下，用数据分析软件分析了数据，并整理出启蒙小学学生早餐饮食中存在的具体问题。他们还想知道其他学校学生是否也存在类似问题，于是，他们和其他学校学生合作，利用在线调查工具调查了其他学校的早餐饮食情况，发现其他学校学生也存在类似问题。

确定问题之后，饮食健康小组开始着手解决这个问题。他们查阅资料并通过网络咨询营养学家，在此基础上，他们制定了学生早餐食谱草稿，并把食谱发布到网络上，邀请其他小组学生、教师、家长、学校厨师等提意见，并接受其他社会成员的反馈意见。在征集建议的基础上，他们完善了早餐食谱。他们把完善后的早餐食谱提交给学校食堂，邀请食堂按照他们的早餐食谱制作早餐。在收集食堂和学生反馈意见后，他们又完善了早餐食谱并最终投入使用。在教师协助下，他们在学校举办了早餐健康饮食展览活动。他们还制作了健康饮食宣传片，宣传片在校园电视台和各大视频平台播出。学习活动中，饮食健康小组还使用学习活动评价量规指导小组活动，并根据评价量规反思学习成果。

最后，刘老师对大家的学习活动作了总结，并让各小组利用学习评价量规对其他小组的活动进行评价。刘老师也请大家反思这次学习活动，为下一次的综合实践活动做准备。

2. 教学案例分析

该教学案例体现了赋权学习的所有特征。首先，从为学生赋权而言，学生可以自己选择学习主题、学习策略和学习成果展示方式，比如，饮食健康小组选择学生饮食健康主题作为学习主题，并自定步骤完成学习活动，最后通过各种方式展示学习成果。从学习动机而言，学习主题都是学生生活中关心的话题，比如饮食健康、网络成瘾等，学习是出于内在动机。在学习中，学生自主选择学习策略以及学习成果展示方式也能激发学生的内在学习动机。在学习中，学生以小组形式完成学习任务，学习过程中广泛地与小组成员、其他学生、教师、领域专家、学生家长等互动，学习过程伴随着积极的情感参与和社交互动，学生全身心地参与学习活动，比如，饮食健康小组学习过程中就有各种交流互动。案例中，学生的学习过程是自我指导的学习过程，饮食健康小组的学生利用 Evernote 软件管理小组学习活动，协商小组学习活动，通过调整不断推进学习任务完成。在学习中，学生建设性地使用反馈信息，饮食健康小组的学生从其他学生、教师、厨师等处获取反馈信息，不断改善自己的学习活动，比如，为制定有效可行的早餐食谱，多次与厨师互动，不断完善早餐食谱。另外，学生的电子档案袋也可以为学生提供个人反馈信息，促进学生的个性化学习。学习过程中伴随着信息技术的广泛使用，饮食健康小组在学习资料查找、交流互动、成果展示中都广泛使用信息技术。该案例是典型的深度学习和真实学习，案例的学习目标就是培养学生提出问题和解决问题的能力，培养学生高级认知思维，学生的学习成果可以应用到生活中，饮食健康小组为学校食堂制定了学生早餐食谱并投入使用。

该案例中，体现了自我决定理论的应用，整个学习过程中，学生自主决定学习目标、选择学习策略和学习成果展示方式。饮食健康小组在学习中，选择小组学习目标、设计与组织访谈和问卷调查、展示学习成果、为学校食堂制作早餐食谱等，体现出学生学习过程中心理需要的自主性、相关性和胜任性。案例中，学生以小组形式完成学习任务，学生充分发挥能动性，积极探索，广泛地进行社会互动，在真实情境中学习，并制作真实的社会作品，体现了建构主义的思想。案例中，学习目标激发、学习策略选择、学习动机维持、学习成果展示等都体现自主学习思想，比如，饮食健康小组选择学生感兴趣的饮食健康作为学习主题，学习活动中进行了自我管理和学习过程监控，学习结束后对自己的学习活动进行了反思，这些都体现了自主学习思想。

六、赋权学习对教学改革的意义

教学改革的实质是充分发挥学生学习能动性，培养适应未来社会发展的新型人才，其根基是学生掌握学习主动权，也就是赋权学习，这是当前教学改革成功的关键所在。这里从学生核心素养发展、深度学习、构建以学生为中心的学习方式、信息技术与教学融合创新等方面讨论赋权学习对当前教学改革的意义。

1. 赋权学习让学生学会学习，引领学生核心素养发展

赋权学习从本质上而言，实现学习控制权从教师向学生转移，学生自主选择学习目标、学习策略和学习成果展示方式等，学生成为学习的主人，学生成为自主学习者。通过赋权学习，最终培养学生学会学习的素养，使学生

具备终身学习能力。学会学习素养作为中国学生发展核心素养的六大素养之一[①]，是学生发展核心素养框架的本质和核心，引领和触发其他核心素养发展[②]。学生在学校情境中学会学习，自然会将自主学习能力迁移到生活中，学会健康生活，实现自主发展。学生具备学会学习素养，就会主动学习，主动提升自身的人文底蕴和科学精神，实现自身文化基础发展。学生将学会学习素养迁移到社会实践中，主动实践责任担当和实践创新，实现主动的社会参与，最终成为全面发展的人。因而，赋权学习通过培养学生学会学习素养，引领学生核心素养发展，支持当前教学改革。

2. 赋权学习实现深度学习和真实学习

赋权学习中，学生主动参与和掌控学习，学习者内在动机被激发，学习过程是学生全身心投入的过程，学生选择自己感兴趣的真实问题作为学习主题，自主选择学习目标、学习策略和学习成果展示方式等。显然，赋权学习中，学生对学习的态度发生了根本性逆转，学习不再是教师外在强加给学生的结果，而是学生全身心主动追求的活动，是学生积极应用所学知识解决真实问题、服务社会的过程，学生的批判思维、创造力、合作能力、沟通能力、问题解决能力等高级认识技能必然得到充分发展，学生的学习必然超越浅层学习，走向深度学习和真实学习，学生的学习活动与真实世界融为一体。

3. 赋权学习为"以学生为中心"的教与学提供指导框架

教学改革的目标是实现"以学生为中心"的教与学，使传统的"以教师为中心"的教与学方式变革为"以学生为中心"的教与学方式，以适应未来社会人才培养要求。"以学生为中心"的教与学方式实质上就是赋权学习方式，学习的主动权和控制权从教师转移给学生，学生成为学习的主人，学生自主选择学习目标、学习策略和学习成果展示方式等，学生成为学习活动中

[①] 贾绪计, 王泉泉, 林崇德. "学会学习"素养的内涵与评价 [J]. 北京师范大学学报(社会科学版), 2018, (01): 34-40.

[②] 郭文娟, 刘洁玲. 核心素养框架构建: 自主学习能力的视角 [J]. 全球教育展望, 2017, 46(03): 16-28.

的自主学习者、知识建构者、合作学习者、创意沟通者和创新设计者，使自己的能力和素养得到充分发展。教师在赋权学习过程中则成为学生学习的指导者和帮助者，教师的角色从以往的教学主宰者演变成学生主动学习的支持者，帮助学生学会学习、完成知识建构、解决真实问题、创作真实作品、学会沟通交流、学会合作。赋权学习为"以学生为中心"的教与学方式提供了指导框架。

4. 赋权学习为信息技术与教学融合创新提供指导框架

随着教育信息化2.0行动计划启动，教育信息化发展进入信息技术与教学融合创新阶段。究竟如何实现信息技术与教学融合创新，目前还缺乏可操作的指导框架，赋权学习可以为信息技术与教学融合创新提供指导框架。信息技术在教学中的应用本身并不是教育信息化的目的，使用信息技术为学生学习赋权，实现以学生为中心的教学，培养学生核心素养，这是信息技术与教学融合创新的目的，也是融合创新的精髓所在。赋权学习明确提出为学生学习赋权，就是让学生能够主动选择学习目标、学习策略和学习成果展示方式等。信息技术与教学融合创新就是充分发挥信息技术优势，支持学生主动选择学习目标、学习策略和学习成果展示方式等，实现学生主动学习，培养学生核心素养。实现赋权学习必须依赖信息技术作用的充分发挥，同时，赋权学习为信息技术与教学融合创新提供指导框架。

七、赋权学习实践建议

这里从推广赋权学习的视角，针对赋权学习实践中容易忽视的几个问题，提出以下建议，推动赋权学习落地生根。

1. 教师必须学会放权

赋权学习的关键是学习控制权从教师转移给学生，因此，教师要学会放权，让学生真正成为学习的主人。目前，我国的课堂教学还是以教师驱动为主，虽然一些教师的课堂是"以学生为中心"，实际上，只是调动了学生的学习积极性，学生参与课堂更活跃而已，学习的控制权并没有给学生。这里建议，要从"以学生为中心"的课堂，进一步向"学生驱动"的课堂转变，让课堂真正成为学生驱动的课堂，教师作为指导者、支持者、合作者参与课堂活动。

2. 赋权学习可以灵活处理

赋权学习是推动学习变革的一个维度，核心是为学生学习赋权。在赋权学习的推进过程中，可以结合实际情况灵活处理。考虑到标准化考试对学习目标的统一要求，在赋权学习中，在学习目标不能选择的情况下，可以让学生自主选择学习策略和学习成果展示方式等，这些都是为学生学习赋权的体现。另外，在推动赋权学习的开始阶段，可以采用综合实践活动课等形式，相对语数外等主科课程，综合实践活动安排相对灵活，更容易实现赋权学习。

3. 推动赋权学习要以现有教学作为出发点

学校在推动赋权学习过程中，应该以现有教学为出发点。现有的一些教学方式，或多或少都体现了赋权学习思想。[①]在推动赋权学习中，应该以现有教学方式为出发点，分析现有教学实践中的赋权学习特征，在此基础上进行完善，而不必另起炉灶。通过与既有教学实践无缝对接，赋权学习理念更容易落地生根。比如，一些学校推动的基于项目的学习，学生积极参与小组合作、自主选择学习策略、积极使用信息技术等，都体现了赋权学习理念，在此基础上，再进行完善即可。再如，混合学习中学生自主选择学习途径、积极使用信息技术也体现了赋权学习思想，在此基础上，在学习目标选择、学习成果展示等方面给予学生更多自主权，同时设计学生建设性利用反馈信息、积极与他人互动、解决真实问题、创作真实作品等学习活动，推动混合学习走向深度学习和真实学习，即可实现全面的赋权学习。

---

① Metiri group. On-ramps to the empowered learner standard[DB/OL]. [2021-06-12]. https://istestandardspd.org/read-it-on-ramps-to-the-empowered-learner-standard.

4. 赋权学习必须重视教师的指导和支持

赋权学习是学生自主设定、实现和展示学习目标，但是，赋权学习的实现离不开教师的指导和支持。赋权学习把学习权交给学生，并不是对学生学习的放任自流，而是对学生学习能动性、主动性和创造性的肯定。学生设定学习目标的过程，并不是让学生随意选择学习目标，而是教师根据学生身心发展需要，有目的地给予学生选择学习目标的机会。一个符合学生身心发展特点的学习目标优于多个不适应学生身心发展的学习目标。前者，虽然只有一个学习目标，但是，是对学生有意义有价值的学习目标，学生内在动机得到激发，学生全身心投入学习，后者，虽然给予学生很多选择机会，但是，有选择并不代表这些学习目标能被学生认可，能激发学生内在学习动机。另外，学习活动中，学习资源的提供、必要的知识讲解、学习策略指导、作品创作条件保障等，都需要教师的指导、支持和帮助。实际上，赋权学习更需要教师的指导和支持，教师角色反而更加重要。

5. 加强赋权学习资源建设

赋权学习的开展必须有信息技术的支持，必须有丰富的学习资源的支持，加强赋权学习资源建设是开展赋权学习的前提条件。当学习控制权从教师转移给学生，学生成为学习活动中的知识建构者、创新设计者、全球合作者、创意沟通者，这些角色的实现都需要相应学习资源的支持。比如，学生在赋权学习中创作真实作品可能需要创客空间的支持，学生在合作学习活动中与全球各地的学习者合作，需要社交网络技术的支持，学生在学习成果多样化展示中，需要各种媒体技术的支持，等等。

八、赋权学习视域中的数字化学习能力

从赋权学习的视角看，学生的数字化学习能力就是学生使用信息技术进行主动学习和能动学习的能力，也是学生使用信息技术进行深度学习的能力。当然，在这个过程中，不否定和排斥学生使用信息技术进行浅层学习，只是说，学生进行浅层学习的最终目的是实现深度学习。

在赋权学习视域中，学生的数字化学习能力将体现为以学生为中心的能力，也就是教学中，以学生为中心，教师指导、支持和帮助学生的发展，学生在学习中主动发展、能动发展，培养适应未来社会的关键能力或核心素养。

第三章

中小学生数字化学习能力框架

第一节　信息技术视角的学生数字化学习能力框架

一、教育信息技术发展变迁

自1946年第一台计算机发明以来，信息技术逐渐在生产生活中发挥越来越大的作用，也导致了信息革命和知识经济时代的出现。20世纪80年代个人计算机的问世，进一步让计算机进入学校、进入课堂，信息技术开始在教育教学中发挥越来越大的作用。

我们将教育中所使用的信息技术称为教育信息技术。教育信息技术在20世纪80年代开始使用，刚开始主要是个人计算机的应用，当时也仅仅是比较简单地学习和使用计算机，可以开发一些图形界面的测试题，类似于程序教学等。20世纪90年代末，开始出现笔记本电脑。由于笔记本电脑携带方便，在教学中的使用更加方便，也为教学中使用信息技术提供了便利。

21世纪初，随着美国"信息高速公路"政策的推动，再加上计算机和网络技术的日益成熟，信息技术在学校领域开始真正得到普及。2002年开始，我国在中小学推广信息技术课程教学。这段时间的教育信息技术领域，从计算机的硬件配置、软件配置到计算机网络条件等方面都有较大发展。普通教室开始安装投影机、幕布等多媒体教学设备，学生的信息技术课程教学也开始逐渐普及，学生在计算机教室学习也成为可能。

2010年开始，网络技术得到进一步发展，网络进一步提速。在教育信息技术个人终端方面，笔记本电脑逐渐成为主流，电子书包形式的平板电脑也开始在学校教育中推广应用。

2010年之后，平板电脑、智能手机、一体机、云计算等教育信息技术形式逐渐得到普及，教育领域的信息技术丰富多样。尤其是在网络教学平台、学习网站、学习软件方面有较大发展，学生可以通过丰富的网络资源进行泛在学习。

2016年开始，随着"阿尔法狗"大战李世石一举成名，人工智能、大数据、5G网络等技术开始在教育领域逐渐应用，个性化学习成为重要的学习形式。

每一次教育信息技术的发展都给教育改革与发展带来深远的影响。教育信息技术也和社会生产生活中的信息技术相辅相成。信息技术的不断成熟发展及信息技术产业的不断发展壮大，推动了信息技术在教育教学中的广泛应用。

二、信息技术与学生数字化学习能力

数字化学习能力相比于学习能力的主要特征就是数字化，强调数字化形式的信息技术在学习中的使用，也就是学生使用信息技术进行学习的能力。

在信息技术与教学整合中，如何突出学生使用信息技术进行学习的特色，或者，如何体现学生使用信息技术进行学习的价值，这是学术界和实践领域大家苦寻答案的问题。在这个过程中，学术界和实践领域将数字化学习能力定位于学习过程中的信息技术特色，其实质就是关注信息技术的工具价值和属性。随着信息技术带给生产生活革命性的变化，掌握信息技术这种工具成为信息技术与教学整合的重要内容，也是学生数字化学习能力必须具备的核心内容，进一步延伸，则为信息技术工具带来的信息革命下，学生需要具备的信息素养。也就是说信息技术与教学整合中，学生数字化学习能力聚焦于学生信息技术工具性知识与技能的掌握，以及学生信息素养的培养。

我国学者在论述数字时代学生的学习能力时，也多采用信息素养形式的数字化学习能力表述。在实践领域，我国2018年发布的《教育信息化2.0行动计划》中明确指出，在信息技术与教学融合及创新整合中，要发展学生信息素养，以支持学生数字化学习，推动信息技术与教学深度整合。就国外而言，国际教育技术协会在1998年发布的信息技术与教学整合的学生信息技术应用能力标准则主要聚焦于学生学习和使用信息技术工具。

三、信息技术视角的学生数字化学习能力框架

信息技术视角的学生数字化学习能力侧重于学生对信息技术工具的掌握，及学生信息素养的发展。比较典型的能力框架包括国际技术教育协会1998年版学生标准[①]及徐亚苹[②]、王祎祺[③]等的研究。

1998年版ISTE学生标准包含六个能力维度，分别为基本操作与概念，社会、道德与人文要求，技术作为提高学习效率的工具，技术作为交流的工具，技术作为研究的工具，技术作为解决问题与决策的工具。各个维度下的具体能力指标如表3-1所示。

---

① 张倩苇.美国国家教育技术学生标准及其对我国信息技术教育的启示[J].外国教育研究, 2003, (09): 11-15.

② 徐亚苹.泛在学习背景下大学生数字化学习能力的培养研究[D].徐州：江苏师范大学, 2014.

③ 王祎祺.中学生信息化学习能力评价指标体系的构建与实证研究[D].临汾：山西师范大学, 2020.

表 3-1　1998 年版 ISTE 学生标准

一级指标	二级指标
基本操作与概念	学生能够表现出对技术系统的本质和操作的充分理解。
	学生能够熟练地使用技术。
社会、道德与人文要求	学生能够理解与技术相关的道德、文化与社会问题。
	学生能够负责任地使用技术系统、信息与软件。
	学生对技术用于支持终身学习、协作、个人追求和提高学习效率持积极态度。
技术作为提高学习效率的工具	学生能够使用技术工具，加强学习、提高学习效率并激发创造力。
	学生能够使用高效率工具，在信息化环境中协作学习，准备出版物，制作有创新性的作品。
技术作为交流的工具	学生能通过远程通信与同龄人、专家等协作，发表作品并进行互动交流。
	学生能够使用多种媒体和方式与多种受众有效地交流信息与思想。
技术作为研究的工具	学生能够使用技术工具，从多种信息源中查找、评价和收集信息。
	学生能够运用技术工具，处理数据，报告结果。
	学生能够评价和选择新的信息资源和新技术，以完成特定的学习任务。
技术作为解决问题与决策的工具	学生能够使用技术资源，解决问题，做出合理决策。
	学生能够使用技术，发展解决实际问题的策略。

徐亚苹从信息能力的视角提出大学生数字化学习能力包括运用信息工具能力、获取信息能力、处理信息能力、表达信息能力、创新信息能力、发挥信息作用能力、信息协作能力、信息免疫能力等八个方面。各个能力维度的说明如表 3-2 所示。

表 3-2　大学生数字化学习能力框架

能力维度	维度说明
运用信息工具能力	学习者可以使用信息工具对信息进行收集、编译、传送、存储等。比如，学生使用电子邮件等交流工具的能力、使用数字图书馆的能力、使用搜索引擎的能力、使用数据库的能力、使用 PPT 等多媒体软件的能力等。

（续表）

能力维度	维度说明
获取信息能力	学习者根据学习目标主动选择和搜索信息与材料的能力。
处理信息能力	学习者对信息进行理解、归类、整理、存储、分析、筛选、综合等的能力。
表达信息能力	学习者使用多媒体工具等按照实际需求进行针对性表达的能力。
创新信息能力	学习者对信息进行分析和综合，并生成新信息的能力。
发挥信息作用能力	学习者使用信息丰富自己，最大程度发挥信息价值的能力。
信息协作能力	学习者与他人进行合作，并分享信息的能力。
信息免疫能力	学习者在网络世界中抵御有害信息等不健康信息的能力。

王祎祺结合信息技术工具和信息素养提出中学生信息化学习能力评价指标，同时也是数字化学习能力评价指标。该评价指标包含运用信息工具的能力等三个一级指标，信息技术基本工具使用能力等八个二级指标，搜索引擎工具的使用能力等20个三级指标。该评价指标具体内容如表3-3所示。

表3-3 中学生信息化学习能力评价指标

一级指标	二级指标	三级指标
运用信息工具的能力	信息技术基本工具使用能力	搜索引擎工具的使用能力
		在线交流工具的使用能力
	计算机的基本操作能力	文字处理的能力
		数据处理的能力
		多媒体制作的能力
信息化独立学习能力	信息化环境下的态度	信息化环境中的自我约束能力
		克服信息技术使用消极情绪的能力
	信息获取能力	利用信息工具收集信息的能力
		根据学习目标搜索信息的能力
	信息处理能力	信息加工能力
		信息保存与管理能力
		信息评价能力
	信息创新能力	信息应用能力
		信息迁移能力

（续表）

一级指标	二级指标	三级指标
信息化协作学习能力	使用工具与教师交流沟通的能力	使用交流工具与教师交流的能力
		使用网络工具提交作业的能力
	使用工具与小组合作的能力	与小组成员共享信息的能力
		及时给小组成员信息反馈的能力
		用信息工具表达自己观点的能力
		使用在线工具与小组成员保持联系的能力

刘飒认为数字化学习能力的构成要素包括对数字化学习环境的适应与管理能力、对数字化学习资源的获取与应用能力、对数字化学习方式的运用能力。[1]其具体内容如表3-4所示。

表3-4 数字化学习能力构成要素

构成要素	要素说明
对数字化学习环境的适应与管理能力	学习者能够积极主动地适应和使用数字化学习的设施、资源、工具、软件等，并能有效地管理数字化学习环境。
对数字化学习资源的获取与应用能力	学习者能够有效获取与利用数字化学习资源。第一，学习者具备应用信息技术的能力，包括使用搜索引擎搜索资源的能力、使用软件加工资源的能力、使用交流工具分享资源的能力等。第二，理解和评价学习资源的能力。第三，利用学习资源参与社会实践的能力。
对数字化学习方式的运用能力	学习者使用多媒体工具进行学习的能力，包括使用多媒体工具建构知识的能力。学习者使用信息技术工具进行协商、探究、讨论、个别化学习等。

通过对上述国内外已有的学生数字化学习能力标准、评价指标等相关能力框架的分析，不难看出，这些学生数字化学习能力框架的中心内容或核心思想，其实是诉求学生掌握信息技术工具性知识、技能与态度，并使用信息技术工具进行信息的搜索、存储、管理、评价、分析和综合等，进而在信息技术与教学整合中，实现学生使用信息技术工具获取、内化和巩固知识。

---

[1] 刘飒.数字化学习能力的构成要素及其关系[J].东方教育，2014，(07)：26.

第二节 核心素养视角的学生数字化学习能力框架

一、学生核心素养

在教育教学中，关于人才培养的目标一直在变化。21世纪开始，实践领域和学术界开始关注学生核心素养发展，即在学生培养中，在课程设计和开发，教育教学中，应该关注学生哪些核心素养或关键能力，学生才能更好地适应未来社会生存与发展。学生学习的目的不是学习这种形式，而是掌握知识、培养能力与素养，适应未来社会生存发展。在21世纪之前，学校教育的目的主要是适应工业社会的要求，培养学生读写算的能力，使学生能够适应工业社会的生产与生活。进入21世纪以来，国际社会，尤其是欧美发达国家，开始重新思考学生的核心素养发展。随着社会的发展，科学技术的进步，尤其是信息技术的发展及其在生产生活中的广泛应用，人类进入了信息时代和知识经济时代，这对人才培养提出了新要求。国际社会上先后开发了学生在21世纪或未来社会生存发展所需具备的各种核心素养框架，来指导学校教育工作。在这类学生核心素养研究中，比较典型的核心素养或关键能力是4C能力，也就是批判思维、创新能力、沟通能力、合作能力。

在学生核心素养研究方面，影响力较大的研究是美国21世纪技能联盟（Partnership for 21st Century Skills，简称P21）开发的核心素养框架。该核心素养框架包括学习与创新技能（创新创造能力、批判思维能力、交流能力、合作能力），信息、媒体与技术技能（信息素养、媒体素养、ICT素养），生活与职业技能（灵活性与适用性、主动性与自我导向、社会与跨文化素养、效率与责任、领导与负责）三个方面。[1]

还有经合组织的核心素养框架。该核心素养框架包括三个类别，分别为

---

[1] 靳昕，蔡敏.美国中小学"21世纪技能"计划及启示[J].外国教育研究，2011，38(02)：50-54，77.

互动地使用工具、在社会异质群体中互动、自主行动，每个分类下边又分别包含三个关键素养。互动地使用工具下的关键素养为：互动地使用语言、符号与文本，互动地使用知识与信息，互动地使用技术。在社会异质群体中互动下的关键素养为：与他人建立良好的关系、团队合作、管理与解决冲突。自主行动下的关键素养为：在复杂的大环境中行动，形成并执行个人计划或生活规划，保护及维护权利、利益、限制与需求。"①

新加坡在2010年发布核心素养框架，将价值观与态度作为首要内容，提出培养充满自信的人、能主动学习的人、积极奉献的人、心系祖国的公民。新加坡核心素养框架由内到外包含三部分内容，分别为核心价值、社交与情绪管理技能、21世纪技能。核心价值处于框架的中心，包括尊重、诚信、关爱、顽强、和谐、负责，是框架的核心与决定性因素。社交与情绪管理技能包括自我意识、自我管理、自我决策、社会意识与人际关系管理。21世纪技能包括三项，分别为交流、合作与信息技能，公民素养、全球意识与跨文化交流技能，批判性和创新性思维。②

我国2016年发布中国学生发展核心素养框架，包括文化基础、自主发展、社会参与三个方面，人文底蕴、科学精神、学会学习、健康生活、责任担当、实践创新六大素养，人文积淀、人文情怀、审美情趣、理性思维、批判质疑、勇于探究、乐学善学、勤于反思、信息意识、珍爱生命、健全人格、自我管理、社会责任、国家认同、国际理解、劳动意识、问题解决、技术应用等18个基本要点。③

总之，随着经济社会的发展，国际社会及我国都发布相应的学生发展核心素养框架，以指导课程设计与开发、课堂教学、教师专业发展、学校环境建设等。由于学生核心素养发展不同，自然，学生在学习中使用信息技术的

---

① 张娜. DeSeCo项目关于核心素养的研究及启示[J]. 教育科学研究, 2013, (10): 39-45.
② 顾秀林, 丁念金. 核心素养导向的课程改革：新加坡基础教育课程改革刍议[J]. 外国中小学教育, 2017, (04): 68-75.
③ 核心素养研究课题组. 中国学生发展核心素养[J]. 中国教育学刊, 2016, (10): 1-3.

方式不同，学生的数字化学习能力也就不同。

二、学生核心素养与学生数字化学习能力

核心素养发展是中小学课程设计与开发的参考标准，课堂教学也应该以学生核心素养发展为目标。同样，教师和学生在教学中使用信息技术，或者说学生数字化学习能力发展也应该以学生核心素养发展为目的，将核心素养培养融于学生信息技术使用之中。

学生使用信息技术只是形式，其内涵是实现学生核心素养发展。因此，从核心素养发展的角度讲，可以以学生核心素养发展为框架，设计和开发学生数字化学习能力框架。在学生数字化学习能力发展中，要体现学生核心素养发展，将学生核心素养发展融于学生数字化学习能力发展之中。

三、2016 年版 ISTE 学生标准解读

1. 背景

ISTE 学生标准是国际教育技术协会发布的学生教育技术能力标准，该标准意在为 K-12 领域教育工作者实施技术与教学整合提供指导框架，同时也是 K-12 领域学生教育技术能力建设指导标准。该标准在国际社会有着广泛影响力，被美国 50 个州和很多国家所采纳。ISTE 学生标准先后经历三个版本，包括 1998 年版本、2007 年版本和最新的 2016 年版本。1998 年版本和 2007 年版本也称为美国国家学生教育技术标准（National Educational Technology Standards for Students）。2013 年开始，随着该标准在全球各地得到越来越多国家和地区的采用，该标准正式改名为 ISTE 学生标准。研究新版 ISTE 学生标准对于我国中小学学生数字化学习能力建设有着积极的启示作用。

1998 年版 ISTE 学生标准包括六个能力维度：基本操作与概念，社会、道德和人文要求，技术作为提高学习效率的工具，技术作为交流的工具，技术作为研究的工具，技术作为解决问题与决策的工具。2007 年学生标准包

括六个能力维度：创造力与创新，交流与协作，研究和信息娴熟度，批判性思维、问题解决与决策，数字公民职责，技术操作与概念。[1] 新版学生标准包括了七大能力维度：赋权学习者、数字公民、知识建构者、创新设计者、计算思维者、创意沟通者、全球合作者。三个版本的学生标准能力维度在继承中根据时代发展不断创新。[2] 该标准每个维度下又有四个绩效指标。针对新版标准的教学使用情况，国际教育技术协会也给出了4—7岁、8—11岁、12—14岁、15—18岁四个年龄段的教学情景案例。为了使新标准更好地指导不同年龄段学生的技术与教学整合活动，国际教育技术协会分别给出了4—7岁、8—11岁、12—14岁三个年龄段差异化的学生标准绩效指标，15—18岁阶段没有单独给出绩效指标，适用总标准及具体指标。

1998年学生标准聚焦于"学习使用技术"，让学生掌握使用信息技术的能力；2007年学生标准聚焦于"使用技术学习"，让学生掌握使用技术学习的能力；新版学生标准则聚焦于"使用技术变革学习"，让学生掌握使用技术变革学习的能力。新版学生标准突出了学生教育技术能力中教学法的重要性，更像是学习标准，而非技术标准。新版学生标准最大的亮点是将"赋权学习者（empowered learner）"纳入标准中，且列为首要能力素质，该主题也贯穿于整个标准之中。关于新标准，国际教育技术协会标准资深总监认为："新标准代表了学习和教学的重大转变，2016年学生标准鲜少关注学生应该知道什么以及能够做什么，而更多的是为适应持续、快速变化的世界，我们的学生应该是什么样的，标准强调给学习者赋权，让他们充分利用数字工具主动学习。标准规范了学习实践，服务终身学习，培养学生热爱学习之心。"[3]

---

[1] 王永锋，王以宁，何克抗. 从"学习使用技术"到"使用技术学习"：解读新版美国"国家学生教育技术标准"[J]. 电化教育研究，2007, (12): 82−85.

[2] 李凌云. 美国国家学生教育技术标准新旧三版对比分析[J]. 现代教育技术，2018, 28(01): 19−25.

[3] Snelling, J. New ISTE standards aim to develop lifelong learners [EB/OL]. [2021-06-12]. https://www.iste.org/explore/articleDetail?articleid=751.

2. 标准内容及解读

以下给出2016年版ISTE学生标准的具体内容和绩效指标[①]，并对新版学生标准进行详细解读。4—7岁、8—11岁、12—14岁三个年龄段的标准与总标准内容相同，只是每个能力维度下的绩效指标不同，年龄段越小，越突出教师的指导作用。三个年龄段的差异化绩效指标不再详细解读。

（1）赋权学习者

在学习科学指引下，学生能积极利用技术选择、实现和展示学习目标。

①明确设定个人学习目标，制定利用技术去实现学习目标的策略，并且反思学习过程以提高学习效果。

②构建在线交流网络并且创造个性化学习环境，以支持他们的学习过程。

③运用技术寻求改进实践的反馈信息，并以多种方式展示自己的学习。

④了解技术操作的基本概念，展示出选择、使用和排除技术故障的能力，能够迁移当前知识以学习新技术。

标准1阐述了学生赋权学习的能力，要求学生能够使用技术积极选择学习目标，并使用技术去实现学习目标，最后使用技术展示学习成果。反映了技术支持下课堂从以往以教师为中心的传授式课堂向学生发挥能动性的以学生为中心的课堂转变，学习主动权从教师转移给学生，学生成为学习的主人。该标准同时强调，学生赋权学习是在学习科学指导下进行，突出了学习理论在技术的教学应用中的重要性，这里的学习科学主要是深度学习、真实学习等学习理论。指标①指出在学习过程中，学生主动设定学习目标，并根据学习目标，结合个人情况，制定学习策略，开展自我指导学习，学生在该过程中不断反思以提高学习效果。指标②强调了学习网络的重要性，要求学生利用技术积极构建学习网络，支持赋权学习。学生可以利用技术工具在网络上

[①] The international society for technology in education. ISTE standards for students[EB/OL]. [2021-06-12]. https://www.iste.org/standards/standards/for-students.

求助专家等资源，也可以和同伴及教师在线交流讨论。学生之间、师生之间的面对面交流也是学习网络的组成部分，但是，技术支持下，师生和生生之间的互动更加方便，更有利于个人学习网络建设。指标③突出反馈的重要性，以及学生可以使用多种方式展示学习成果。赋权学习是自我指导的学习，反馈在学习过程中发挥着关键作用，学生利用技术工具可以及时获取反馈信息，不断调整学习活动。学习成果多种展示方式则是赋权学习应有之义，学生利用技术可以使用多种方式展示学习成果，比如创作数字故事、制作宣传海报、3D打印真实作品等。指标④强调技术基础知识和技能的重要性，要求学生掌握技术操作基本概念，以及在学习活动中选择、使用和排除技术故障的能力，并且能够主动学习新技术。

（2）数字公民

学生意识到自己在互联互通的数字世界里生活、学习和工作的权利、义务和机遇，并且行为安全、合法以及合乎伦理道德。

①培养和管理自己的数字身份和声誉，意识到自己的行为活动会在数字世界里永久记录。

②在运用诸如社交网络或网络设备等技术时做到活动行为积极、安全、合法以及合乎伦理道德。

③理解并尊重使用和分享知识产权的权利和义务。

④管理个人数据以保证数字隐私和安全，并且了解用于追踪浏览痕迹的数据收集技术。

标准2反映了技术与教学整合过程中，培养学生数字公民素养的重要性。随着网络技术的发展，混合式学习在K-12教育领域逐渐普及，比如翻转课堂在中小学的使用。就像物理世界一样，数字世界也有自己的行为规范，这就要求学生学会在数字世界里互动，掌握数字世界的行为规范。指标①指出数字世界里，学生活动痕迹会永久保存，即使学生在网上删除了活动记录，这种活动痕迹仍然保存在网络数据库里。学生要学会维护自己在数字世界里的身份和声誉，包括学生在数字世界里的个人介绍、发布的照片和各种信息等，这些都是学生个人声誉的重要组成部分，学生要学会用心呵护。指标②指出学生在使用社交网络或网络设备时，要做到安全、合法以及合乎伦理道德规范，并能积极引导他人，给他人做出示范。学生在数字世界里不能随意贬低他人，要学会尊重他人，尤其当学生在数字世界里与不同文化背景或不同观点的人交流时，更应该注意行为规范。指标③强调学生要有知识产权意识，学习过程中如果引用他人观点和成果，要明确指出，不能随意盗用他人成果。尤其是学生在学习成果展示活动中，如果创作的作品引用了他人成果，应该指明出处，而不应该刻意隐瞒他人成果在自己作品中的贡献。指标④指出学生要了解网络世界里追踪和收集浏览痕迹的数据收集技术，在线学习活动中要注意保护个人数据安全，以防被不法分子所利用。

（3）知识构建者

学生批判性地利用数字工具组织各种资源，为自己和他人构建知识，制作创意人工制品，生成有意义的学习体验。

①为他们的知识或创意追求，规划并采用有效的研究策略以锁定信息和其他资源。

②评估信息、媒体、数据或其他资源的精确性、视角、可信度和相关性。

③利用数字资源组织信息，即运用各种工具和方法做出一系列能展现有意义联系和结论的人工制品。

④主动探究现实问题和难题，提炼观点和理论，探寻答案和解决方案，进而完成知识建构。

标准3指出学生不仅是知识消费者，更是知识创造者。学生利用数字工具定位、搜索和组织信息和资源，进而建构知识、制作创意人工制品，生成有意义的学习体验。在该过程中，学生是以批判的眼光筛选信息，对信息进行有意义的组织。指标①指出，在学生的知识和创意追求中，学生可以利用RSS、文献数据库、搜索引擎等查找学习活动中所需要的资源，体现的是学生有效地找到信息和资源的能力。指标②反映出，学生在找到相关资源后，还需要评估其有效性，以批判的眼光分析资源的精确性、视角、可信度，以及与学习主题的相关性。只有认真评估资源有效性，才能保证知识建构的真实性，保证知识建构和人工制品创作建立在可靠的信息和资源基础上。指标③反映了学生对信息的有意义组织能力，学生通过对资源的分析，抽取出对知识建构有价值的信息，利用各种工具，比如视频制作软件等，将各种信息进行有意义的组织，进而生成自己的知识或人工制品，体现自己的知识贡献。指标④反映了学生的问题解决能力，学生建构知识的过程也是解决真实问题的过程，学生积极探索解决生活中的真实问题，提炼观点和理论，找出问题解决方案，完成知识建构。

（4）创新设计者

在设计过程中，学生运用各种技术，通过开发新型实用并富有想象力的解决方案来识别和解决问题。

①掌握并运用成熟的设计流程生成观点，检验理论，制作创意人工制品或解决现实问题。

②选择和使用数字工具来规划和管理设计过程，而这一过程需考虑到设计局限和预期风险。

③学生开发、检验和改进原型，该原型是迭代性设计过程的一部分。

④学生能够容忍不确定性，做事有毅力，善于解决开放性问题。

标准4反映的是学生利用技术进行创造性设计的能力，实质是学生真实学习的能力。学生在学习活动中，设计开发真实作品，解决真实问题，体现出学习是解决真实问题的过程，学习主题是对学生而言有意义、有价值的现实问题。该过程中，技术发挥关键作用，比如，学生创作作品需要创客空间支持等。学生作为设计者，也体现出动手能力在学习活动中的重要性，学生是在做中学。另外，学生作为设计者，也体现出游戏化学习的思想，学习似乎是在做游戏，能更好地激发学生学习动机，增强学生在学习过程中的主动参与。指标①指出学生要掌握一些成熟的设计流程，利用这些设计流程去生成观点、检验理论、制作人工制品或解决真实问题。比如，学生对基于项目学习流程的掌握，通过基于项目学习这种设计流程去发展自己的观点，检验自己提出的理论，制作有价值的人工制品，解决现实问题。指标②指出学生可以使用头脑风暴工具、思维导图、3D设计软件、项目管理工具等数字工具管理设计过程，在管理过程中要考虑到设计流程的局限性，比如时间、经费、材料、专业人员等方面的局限性，在此基础上决定是否采用该设计流程。指标③指出学生应该认识到设计流程是迭代循环的过程，要通过不断地开发、检验和改进设计原型，最终创作出有价值的作品或解决方案。指标④指出，创造过程充满不确定性，学生在使用设计流程解决真实问题时，要有耐心和毅力，通过坚持，最终完成作品创作，解决真实问题。同时，真实问题往往是开放性问题，学生要学会处理开放性问题。

（5）计算思维者

学生利用技术方法的力量来开发和测试解决方案，并以这种方式制定和使用策略来理解和解决问题。

①学生在探寻解决方案时，以适合采用技术的方式定义问题，比如，数据分析、抽象模型和算法思维。

②收集数据或者识别相关的数据集，运用数字工具分析数据，并以不同方式呈现数据以促使解决问题和做出决策。

③将问题分解，提取关键信息，以及开发描述性模型来帮助理解复杂系统，或促成问题的解决。

④了解自动化运行原理，运用算法思想开发序列步骤以创造和检测自动化解决方案。

标准5反映了学生在学习活动中要掌握计算思维，采用计算思维的方法和策略分析和解决问题。随着计算机在人类生活、学习和工作中的广泛使用，人类已经离不开计算机，掌握计算思维才能更好地实现人机协同，提高生产生活效率。标准5提出让学生利用技术方法的力量去开发和测试解决方案，并制定和使用这种策略理解和解决问题，实质是发展学生问题解决能力。指标①指出学生在探寻问题解决方案时，采用计算思维的方式定义问题，也就是学习计算思维在求解问题时如何定义问题。指标②反映的是计算思维中的数据分析思维，学生通过各种技术工具收集数据，或者从已有数据库中收集数据，在此基础上使用数据处理软件分析数据，使数据成为有价值的信息，同时以可视化方式展示数据，帮助学生解决问题和做出决策。指标③指出学生在解决复杂问题时，可以采用抽象的模型思维去解决问题，将问题分解，提取其中的关键信息，建立复杂问题的描述性模型，帮助复杂问题的解决。指标④是对算法思维的掌握，学生掌握自动化运行原理，采用算法思维去开发序列步骤，以创造自动化的问题解决方案。

（6）创意沟通者

出于多种目的，学生运用与自己目标相一致的平台、工具、风格、格式和数字媒体，清晰沟通并且创造性地表达自己。

①选择恰当的平台和工具来实现他们创造和沟通的预期目标。

②创作原创作品，或在新作品中负责任地整合数字资源，或征得原创作者同意后改变作品用途。

③通过创造或使用诸如可视化、模型图、模拟仿真等数字制品清晰有效地交流复杂观点。

④以定制的方式选择内容和媒体，为目标受众发布或展示内容。

标准6反映了学生在学习过程中，利用技术创造性地表达观点的能力。在学习成果展示活动中，学生需要将自己的学习成果展示给受众，这时就需要学生有良好的沟通能力。尤其是在深度学习和真实学习中，学生往往是以创作真实作品的方式完成学习活动，学生更需要学会创造性地展示自己。在学习过程中，学生与同伴、教师、社会成员的交流互动也需要学生有良好的沟通能力。学生可以根据不同目的，采用与目标相一致的平台、工具、风格、格式等清晰有效地表达自己，实现与目标观众的沟通。沟通能力是21世纪技能中的关键能力，技术可以非常有效地服务于学生的沟通交流。指标①指出学生在实现作品创作和交流互动时要选择恰当的工具和平台，比如，与文化程度低的人沟通时，采用数字故事方式，克服文字阅读障碍。指标②指出，学生在表达思想时，可以创作原创作品，可以负责任地整合数字资源创作新作品，或者征求原创作者同意后用于观点表达。该指标反映的是学生表达时的道德规范，以负责任的方式使用作品。指标③指出，在观点交流时，学生可以采用可视化、模型图、模拟仿真等表达观点，反映的是可视化思想，通过可视化技术使复杂的观点更容易让别人理解。指标④反映的是定向沟通技术，学生根据目标受众具体情况，以定制的方式选择内容和媒体，向目标受众展示观点。

（7）全球合作者

学生运用数字工具，通过与他人合作以及同国内外团队有效合作，进而开阔视野、丰富自己的学习。

①运用数字工具同来自各种背景和文化的学习者保持联系，在该过程中增进彼此了解，并相互学习。

②运用合作技术与同伴、专家或者社区成员合作，并从多元观点检验问题。

③为项目团队做出建设性的贡献，能扮演不同角色，承担不同责任，为实现共同目标而一起努力。

④探究本土问题和全球议题，并采用合作技术，同他人一起研究问题的解决方案。

标准7反映了学生在学习过程中，利用技术与他人合作的能力，这种合作是全球视野中的合作，学生利用技术工具与国内外的团队合作，开阔自己的视野，丰富自己的学习。合作能力是21世纪关键技能，培养学生合作能力是技术与教学整合的重要目标，同时，合作学习也是以学生为中心的课堂的重要学习方式。在全球一体化的今天，学生的合作学习突出了全球视野，学生需要认识到自己是世界公民，需要为全球议题的解决贡献力量。指标①突出学生使用数字工具与不同文化背景的学习者交流的能力，反映出学生在与不同文化背景的学习者合作时，应能够处理好文化和背景差异问题，促进相互之间的了解和学习。指标②指出，学生在合作过程中，能够从多元视角检验问题，增进对问题的理解，学生可以使用网络技术与同伴、专家、社区成员合作，从他人的视角理解和分析问题，找出解决问题的方案。指标③指出，在团队合作中，学生能够扮演不同角色、承担不同责任，为项目完成做出建设性贡献，反映了学生的团队协作能力。指标④指出学生在探究本土和全球议题时，能够使用技术与他人合作，共同调查问题，找出问题解决方案。

3. 2016 年版标准的评价

关于在技术与教学融合过程中，对学生教育技术能力如何定位，2016 年新版 ISTE 学生标准的做法是以学生当前和未来社会发展需要的关键技能为基础，定位学生教育技术能力。根据新时期学生关键技能的变化，以及教育教学实践，ISTE 对学生标准不断更新。2016 年版标准根据时代发展，首先界定了当前和未来社会学生需要具备的首要技能，即赋权学习能力，同时将该技能作为 2016 年版标准的核心能力。同时，2016 年版标准回应了 21 世纪关键技能即 4C 技能，包括沟通（communication）、创新（creativity）、批判思维（critical thinking）、合作（collaboration）四种技能。创意沟通者标准体现了对沟通能力的重视。全球合作者标准突出了合作能力，重视培养学生的全球视野。批判思维能力反映在知识建构者标准和创新设计者标准中。创新能力体现在创意沟通者标准和创新设计者标准中。随着信息技术发展，混合式学习越来越普遍，学生也更多地生活在数字世界里，2016 年版标准以数字公民标准体现对学生数字公民素养的重视。近年来，计算思维和设计流程在生产生活中越来越重要，2016 年版标准以计算思维者和创新设计者两个标准对此作了回应，同时，计算思维者标准和创新设计者标准也体现出对学生问题解决能力和决策制定能力的重视。创新设计者标准也体现对近年来风靡教育领域的创客运动和游戏化学习的重视，体现出对学生动手实践能力的重视。

四、核心素养视角的学生数字化学习能力框架

综合国内外核心素养标准，结合学生数字化学习能力内涵，我们构建了核心素养视角的学生数字化学习能力框架，包括信息与数据素养、主动学习、交流合作、数字公民、创新创造、问题解决等六个能力维度，如图3-1所示。

图3-1 核心素养视角的学生数字化学习能力框架

其一，信息与数据素养。拥有信息与数据素养能力意味着能够更快地选择、管理、评估和应用信息数据。①阐明信息需求，在数字环境中搜索数据、信息和内容，访问它们并在它们之间导航。创建和更新个人搜索策略。②分析、比较和批判性地评估数据、信息和数字内容来源的可信度和可靠性。分析、解释和批判性地评估数据、信息和数字内容。③在数字环境中组织、存储和检索数据、信息和内容。在结构化的环境中组织和处理它们。④面对海量的数字化学习内容，通过对内容的选择和学习，能够具体进行应用。

其二，主动学习。随着信息时代的发展，未来社会对公民的数字化信息能力的要求会越来越高，只有具备自主学习能力的人才会有更多的主动权。主动学习包括：①主动选择学习目标。学生在技术与教学整合中，根据生活

情境、自身经验、兴趣和认知基础主动选择学习目标。该过程要求教师授权，给予学生学习目标选择权。②主动选择学习内容。学生在学习中根据自己的需要，主动查找、收集、整理、补充相应的学习内容，以更好地促进学习。③主动制定学习策略。在技术与教学整合中，学生能够根据自身知识基础、认知风格、技术条件等选择适宜的学习策略。④主动构建学习环境。学生使用技术构建在线交流网络及个性化学习环境，支持主动学习，比如，学生使用社交媒体主动讨论学习专题，学生使用适应性学习系统学习学科基础知识。⑤主动寻求评价反馈。学生使用技术积极寻求反馈信息，持续改进学习实践，使用多种方式展示学习成果。学习活动是学生基于证据不断判断和决策的过程，学生个性化学习展示也是知识内化过程，该活动体现学生学习的自主决策和知识理解内化。⑥主动学习数字技术。学生在学习中主动学习数字技术，并使用数字技术促进和优化学习。

其三，交流合作。未来的学习是跨学科学习，在海量信息的社会环境中，没有一门课程是独立的，所学的东西都是整合的。沟通和合作，这是互联网大环境的需求，个人具有团队协作能力，可以和其他同伴沟通、互相理解，团队才能发挥出 1+1＞2 的能量。交流合作包括：①根据受众定制化表达。学生在交流合作时，根据交流合作对象的不同，使用技术工具对交流方式做出调整，以更好地把观点传播给交流合作对象。比如，根据交流对象性别、年龄、文化差异等，对交流内容做出调整，实现定制化交流。②根据内容进行定制化表达。学生根据沟通交流的问题和内容的不同，选择恰当的方式展示内容，使受众更好地接受和理解所表达内容的内涵和实质。③根据自身需求定制化表达。学生使用技术工具与他人交流与合作时，能够认识到自身的需求、兴趣、优势、不足，并选择适合自己的技术工具与他人互动。④胜任不同的项目角色。学生在项目合作中，担任不同的团队角色时，根据角色不同，选择适宜的技术工具辅助角色任务，完成项目任务。⑤学会与各类群体合作。学生学会使用技术工具与教师、其他学生、专家等合作，在与不同群体合作中完成各类学习任务。

其四，数字公民。面对海量信息的数字化环境，学生需要遵守一定的道德规范。数字公民要求：①正义善良。学生在数字化学习活动中，秉持公平、正义和善良的价值观，坚持爱国主义的价值观。比如，学生在社交媒体中以善意的立场发表社会热点评论文章。再比如，学生使用技术媒体交流时，照顾和尊重女性、少数民族、弱势阶层权益。②遵守道德规范。学生以积极、安全、合法和合乎伦理道德的方式使用技术媒体。比如，学生在虚拟社区发表观点时，用语文明规范。③尊重知识产权。学生在数字化学习中，理解并尊重使用和分享原创内容的权利和义务，学生在数字内容创造活动中合理引用他人成果，并注明出处。④数字身份。学生认识到自己在数字世界中是永久性存在，数字身份对自我形象非常重要，有意识地管理和维护自己的数字声誉。⑤数字隐私。学生在使用技术工具时，要注意保护个人数据安全和个人隐私。比如，学生认识到自己拥有个人数据，谨防数据泄露侵犯自己隐私。⑥数字健康。学生能合理调控电子产品的使用时间，平衡在线和离线生活，了解健康的在线关系和有害的在线关系之间的差异，自主控制技术工具使用时间和使用方式。

其五，创新创造。未来社会要求学生要具备创新创造能力，要具有批判精神，只有这样才能适应时代的发展。创新创造能力包括：①主动创新意识。学生在使用技术工具学习时，要具备主动创新意识，尤其是具备突破传统思维或范式的颠覆性原创意识。②创新品质。学生在使用技术工具沟通交流、解决问题、建构知识、创作作品时，保持开放包容心态，能容忍不确定性，做事有毅力，善于解决开放性问题。③知识建构与创造。学生利用技术工具组织数字资源，通过优化、改编、整合等方式形成信息与资源之间的有意义联系，并生成人工制品等展示自己的知识理解和创造。④创造性问题解决。学生使用技术工具主动探究现实问题，并提炼观点和理论，探寻问题解决方案，以创新的方式提出问题解决方案，实现创新创造。⑤创意设计。掌握并运用成熟的设计流程生成新观点，检验已有理论，创作有新意的作品，或者解决生活中的真实问题。

其六，问题解决。具有问题意识能帮助学生更快地进步和发展。问题解决包括：①提出真实问题。学生结合学科教学内容，在合作协商中，使用技术工具选取感兴趣的生活中真实问题进行探究，该问题既能体现学科教学内容，又能激发学生学习兴趣，解决学生生活中的真实问题。②以批判思维分析问题。学生使用技术收集和分析数据，在批判思维中提炼观点并组织证据链，在迭代循环中优化问题解决方案。③在合作协商中提出问题解决方案。学生完成数据分析之后，综合多方面证据，与团队协商提出问题解决方案。学生要具备多元视角，综合考虑不同利益群体诉求，提出针对性的问题解决方案。④以计算思维解决问题。学生了解计算技术分析问题及开发和测试问题解决方案的思路，并以计算思维理解和解决问题。

核心素养视角的学生数字化学习能力框架如表 3-5 所示。

表 3-5 核心素养视角的学生数字化学习能力评价指标

一级指标	二级指标	指标描述
信息与数据素养	浏览、搜索和过滤数据、信息和数字内容	阐明信息需求，在数字环境中搜索数据、信息和内容，访问它们并在它们之间导航。创建和更新个人搜索策略。
	评估数据、信息和数字内容	分析、比较和批判性地评估数据、信息和数字内容来源的可信度和可靠性。分析、解释和批判性地评估数据、信息和数字内容。
	管理数据、信息和数字内容	在数字环境中组织、存储和检索数据、信息和内容。在结构化的环境中组织和处理它们。
	应用数据、信息和数字内容	根据学习需要，将数据、信息和数字内容应用到问题解决、交流合作、创意设计等学习活动中。
主动学习	使用技术主动选择学习目标	在技术与教学整合中，学生能够根据生活情境、自身经验、兴趣和认知基础等主动选择学习目标。
	使用技术主动选择学习内容	在技术与教学整合中，学生能够根据学习目标，有意识地主动查找、收集、整理、补充学习内容，以促进学习。
	使用技术主动制定学习策略	在技术与教学整合中，学生能够根据自身知识基础、认知风格、技术条件等选择适宜的学习策略。
	使用技术主动构建学习环境	学生使用技术构建在线交流网络及个性化学习环境，实现主动学习。

（续表）

一级指标	二级指标	指标描述
	使用技术主动寻求评价反馈	学生使用技术积极寻求学习过程中的反馈信息，持续改进学习实践，同时，学生可以使用多种方式展示学习成果。
	主动更新和学习数字技术	学生使用技术工具主动更新和学习数字技术，并使用数字技术促进和优化学习。
交流合作	根据沟通受众不同，使用技术定制化表达方式	学生在交流合作时，根据交流合作对象的差异，使用技术工具对交流方式做出调整，更好地把观点传播给交流合作对象。比如，认识到交流对象性别、文化背景、年龄差异等，选择适宜的技术手段与交流对象沟通。
	根据沟通内容不同，使用技术定制化表达内容	学生在与交流对象沟通时，能够根据所要表达内容的特性，选择适合的方式展示交流内容，以更精准地传达所表达内容的内涵。
	根据自身需求，使用技术定制化表达方式	学生使用技术工具与他人交流与合作时，能够认识到自身的需求、兴趣、优势、不足，并选择适合自己的技术手段与他人互动。
	在合作学习中，使用技术胜任不同项目角色	学生在项目合作中，担任不同团队角色时，根据角色不同，选择适宜的技术工具辅助角色任务，以更好地胜任项目角色。
	学会使用技术与各类群体合作	学生学会使用技术工具与教师、学生、专家等不同群体合作，以更好地完成学习任务。
数字公民	使用技术学习时，坚持积极的价值观	学生在数字化学习活动中，秉持公平、正义和善良的价值观，坚持爱国主义价值观。
	使用技术工具学习时，遵守道德规范	学生在学习中，以积极、安全、合法和合乎伦理道德的方式使用技术媒体。
	使用技术工具学习时，尊重知识产权	学生在数字化学习中，理解并尊重使用和分享原创内容的权利和义务，学生在数字内容创造活动中合理引用他人成果，并注明出处。
	数字身份	学生认识到自己在数字世界中是永久性存在，数字身份对自我形象非常重要，有意识地管理和维护自己的数字声誉。
	数字隐私	学生在使用技术工具时，要注意保护个人数据安全和个人隐私。比如，学生认识到自己拥有个人数据，谨防数据泄露侵犯个人隐私。
	数字健康	学生能合理调控电子产品的使用时间，平衡在线和离线生活，了解健康的在线关系和有害的在线关系之间的差异，自主控制技术工具的使用时间和使用方式。

（续表）

一级指标	二级指标	指标描述
创新创造	使用技术学习时，具备主动创新意识	在技术与教学整合中，学生使用技术工具学习时，具备主动创新意识，尤其是具备突破传统思维或范式的颠覆性原创意识。
	使用技术工具学习时，具备创新品质	学生使用技术工具沟通交流、解决问题、建构知识、创作作品时，保持开放包容心态，能容忍不确定性，做事有毅力，善于解决开放性问题。
	使用技术工具建构和创造知识	学生利用技术工具组织数字资源，通过优化、改编、整合等方式形成信息与资源之间的有意义联系，并生成人工制品等展示自己的知识理解和创造。
	使用技术工具创造性解决问题	学生使用技术工具主动探究现实问题，并提炼观点和理论，探寻问题解决方案，以创新的方式提出问题解决方案，实现创新创造。
	使用技术进行创意设计	掌握并运用成熟的设计流程生成新观点，检验已有理论，创作有新意的作品，或者解决生活中的真实问题。
问题解决	使用技术发现和提出真实问题	学生结合学科教学内容，在合作协商中，使用技术工具选取感兴趣的生活中真实问题进行探究，该问题既能体现学科教学内容，又能激发学生学习兴趣。
	使用技术以批判思维分析问题	学生使用技术收集和分析数据，在批判思维中提炼观点并组织证据链，在迭代循环中优化问题解决方案。
	使用技术在合作中解决问题	学生完成数据分析之后，综合多方面证据，与团队协商提出问题解决方案。学生在问题解决中具备多元视角，综合考虑不同利益群体诉求，针对性地解决问题。
	以计算思维解决问题	学生了解计算技术分析问题及开发和测试问题解决方案的思路，以计算思维理解和解决问题。

第三节　优势智能视角的学生数字化学习能力框架

一、优势智能内涵

学生数字化学习能力框架开发应该定位于指导技术与教学创新整合。数字化学习这种形式本身不是目的，数字化学习的目的是面向智能社会培养人才，使学生适应智能社会生存发展，造福社会，幸福自我。数字化学习能力框架作为指导技术与教学创新整合的实践指南，应该聚焦于培养学生智能社会优势智能。

智能社会，本质上是以人工智能为代表的新技术所驱动发展的新社会形态，新技术包含人工智能、5G网络、区块链、物联网、脑机结合、量子计算、生物技术等，但主要是指人工智能。智能社会的主要特征是智能机器在生产生活中的广泛应用，智能社会中，人与机器和谐共生成为新常态。由于智能机器在生产生活中的广泛应用，与农业社会、工业社会、信息社会相比，人类适应社会生存发展的关键智能发生变化。人在与智能机器的竞争与合作中，有些智能被智能机器所超越，变得不再具有竞争力，有些智能则是人类独有，智能机器不具备的。比如，智能安防中的人脸识别，由于智能机器的不知疲倦和高准确度，智能机器的人脸识别智能优于人类的人脸识别智能，人类在人脸识别方面的工作会被机器取代，这方面的智能在工作岗位竞争中，将变得不再重要。

什么是机器智能？什么是人类智能？什么又是人类的优势智能？首先，我们需要厘清智能的内涵。智能是我们对周围世界的认识，并了解我们如何认识周围世界，该认知过程也涉及对智能的认识和调控的元智能。[①]机器智能本质上是对人类认识周围世界的认知过程的模拟，但是，不涉及对自身认知过程再认识的元认知、元主观等元智能。目前，人工智能主要指在大数据、云计算、云存储支持下，以神经网络深度学习为代表的弱人工智能。弱人工智能在特定领域能够模拟人类认识活动，主要是知识应用类的认识活动。此外，还有强人工智能，也称通用人工智能或技术奇点，也就是超越人类智能的机器智能。但是，在可预见的将来，强人工智能还停留在概念或想象阶段，强人工智能不属于此处讨论范围。

卢金（R. Luckin）认为人类智能有学术智能、社交智能、知识论、元认

---

① Luckin R, Holmes W. Intelligence unleashed: an argument for AI in education [EB/OL]. [2021-06-18]. https://static.googleusercontent.com/media/edu.google.com/zh-CN//pdfs/Intelligence-Unleashed-Publication.pdf.

知、元主观、元情境、自我效能感七大基础性智能，机器智能主要是模拟人类的知识获取及应用智能。[①] 智能机器全年无休地 24 小时连续工作，不知疲倦，其强大的云计算和云存储能力，以及永不停止的学习常态，使得在知识获取及应用方面，机器智能远远超越人类智能。

但是，神经网络深度学习本质上和传统人工智能相似，都是模式匹配的机器运算，并没有自主意识，所以，人类在人际交往和元智能方面超越机器智能，或者说，智能机器不具备人际交往智能与元智能。参考卢金的人类基础性优势智能，结合学术界关于 21 世纪人类生存发展关键能力的论述[②]，我们认为智能社会中人类应具备主动学习、元智能、人际交往、价值观与道德感、颠覆性创新创造、情境化问题解决六大优势智能，如图 3-2 所示。

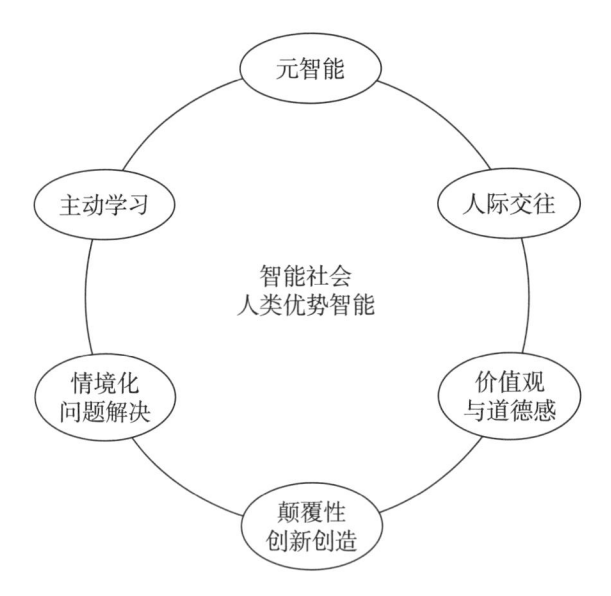

图 3-2 智能社会人类优势智能

其一，主动学习。人类是有自主意识的，在生产生活中可以在自主意识

---

① Luckin R. Machine learning and human intelligence: the future of education for the 21st century[M]. London: UCL Institute of Education Press, 2018.
② 大卫·罗斯.致辞：从"4C"到"5C"：祝贺"21世纪核心素养5C模型"发布[J]. 华东师范大学学报(教育科学版), 2020, 38(02): 19.

支配下主动学习，适应社会生存发展。[①]但是，智能机器没有自主意识，不能主动学习，不能主动适应周围环境。机器学习的本质是在人为设计和管理中的被动学习，并非自主意识控制下的主动学习。主动学习是人类的优势智能，人类如果停留于被动学习，必然丧失与智能机器竞争的优势。另外，智能社会新技术不断涌现，社会时刻处于变革之中，旧职业淘汰，新职业涌现，人要生存发展，就必须不断主动学习新知识和技能，主动学习成为人类适应智能社会生存发展的关键智能。

其二，元智能。元智能是智能的智能，包括知识论、元认知、元主观、元情境、自我效能感，是对人类自身认知活动和主观感受的认识和调控能力，也可以理解为自主意识。智能机器只是模仿人类应用知识的认知过程，没有自主意识，不存在元智能。元智能是人类独有智能，是智能机器不具备的真正意义上的智能，正是因为元智能与学术智能的结合，人类才创造了智能机器，并制定人工智能伦理规范，保障智能机器为人类服务。元智能是人类知其然并知其所以然的关键所在，而智能机器知其然但不知其所以然，只知相关关系，不知因果关系，只能给出结果，不能解释原因。这恰恰体现人机协同的重要性，智能机器需要人为管理和干预，保障其朝着正确方向发展。

其三，人际交往。人与人之间，或者人与群体之间的沟通交流、团队合作等人际交往智能，是人与智能机器的重要区别之一。人际交往是人在社会文化情境之中自主决策的过程，而智能机器之间或智能机器与人的互动，本质上是模式匹配，机器并不能真正理解人际交往的社会文化背景，缺乏人与人之间的同理心和共情感，不可能做出人性化的人际交往行为。我们认为人际交往是人类的优势智能，是智能社会人类从事机器所不能从事的工作必须具备的关键智能。另外，正是由于人际交往活动，尤其是群体交往活动，人类创造了璀璨的文明，实现人类社会千百年来的群体智能，这是智能机器互动所不能实现的。

[①] 黄荣怀，汪燕，王欢欢，等.未来教育之教学新形态：弹性教学与主动学习[J].现代远程教育研究，2020, 32(03): 3-14.

其四，价值观与道德感。人本质上是社会化的，是集体智能中的存在。在集体智能与主观世界互动中，人形成价值观和道德感。正是价值观和道德感，使人类得以在群体交往中形成集体智能，创造人类文明，保障社会繁荣稳定，为个人生存发展创造有利环境。而智能机器没有自主意识，没有主观世界，不理解价值观和道德感的内涵，自然产生不了集体智能。具备价值观和道德感也是个人融入社会、幸福自我的前提条件和必备智能。总之，价值观和道德感是人类超越智能机器的优势智能，是人类维持社会繁荣稳定和保障个人生存发展的关键智能。

其五，颠覆性创新创造。创新创造是社会发展进步的动力，是知识经济时代个人生存发展的核心竞争力。近年来，智能机器在创新领域大展拳脚、表现不俗，在电影编辑、美术作品创作、歌曲创作等领域都有斩获，相关创新创造活动开始得到社会认可。但是，我们认为，智能机器的创新创造，本质上是利用大数据、云计算及深度学习算法，在原有内容之上探寻不同组合的探索性创新，而非转变范式的颠覆性原创。这就是智能机器的创新创造总给人似曾相识的感觉，难以体现真正的原创的原因。而人类除了探索性创新，还可以在洞察、灵感、自主意识、情绪等驱动下，实现突破常规的颠覆性原创。另外，智能机器的创新创造，本质上是在人类干预下的创新创造，而非自主意识主宰下的创新创造。颠覆性创新创造是人类超越智能机器的优势智能，也是智能社会中人类能持续繁荣进步的关键智能。

其六，情境化问题解决。智能机器只能在特定领域，取代部分人类认知活动。这些领域往往是规则清晰、结构化程度高、可预见性强的领域，比如人脸识别、医疗诊断、智能物流等。但是，面对复杂多变、具有不可预见性、结构化程度低的开放性问题，智能机器则往往不知所措，无法胜任该类任务。人类智能可以应对复杂多变的情境化问题，通过审辨思维分析问题，结合个人主观动机，借助合作协商策略，提出问题解决方案。[1]我们认为，情境化问题解决是

---

[1] 马利红,魏锐,刘坚,等.审辨思维：21世纪核心素养5C模型之二[J].华东师范大学学报(教育科学版),2020,38(02):45-56.

人类的优势智能，在智能社会，机器主要负责结构化、可预见性问题解决，人类负责情境化问题解决。人与机器协同，共同应对生产生活中各类问题。

总之，学生在智能社会生存发展应该具备主动学习、元智能、人际交往、价值观与道德感、颠覆性创新创造、情境化问题解决六大优势智能，以取得超越智能机器的竞争优势，从而能够驾驭智能机器，造福社会、幸福自我。学生数字化学习能力指导框架开发要体现学生优势智能培养，体现数字化学习能力的内涵式发展，而非注重其外在形式。

二、优势智能视角的学生数字化学习能力框架内容

我们以培养学生主动学习、元智能、人际交往、价值观与道德感、颠覆性创新创造、情境化问题解决六大优势智能为出发点，将该六大优势智能作为学生数字化学习能力的维度，并根据各个能力维度的实践脉络或主要成分，开发其基本要点，构建了完整的基于六大优势智能的学生数字化学习能力框架。聚焦智能社会优势智能的中小学学生数字化学习能力框架应该包含主动学习、元智能、人际交往、价值观与道德感、颠覆性创新创造、情境化问题解决六大能力维度，如图3-3所示。

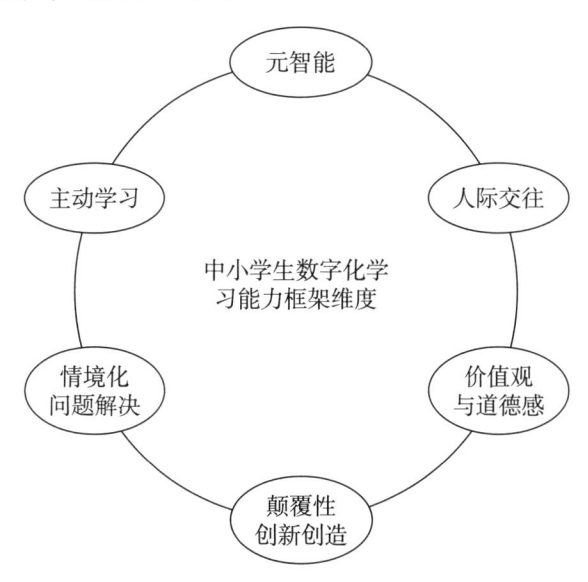

图3-3 中小学生数字化学习能力框架维度

主动学习作为学生数字化学习能力维度，是指学生在数字化学习中展现主动学习智能，区别于机器在人为管理中的被动学习。首先，主动学习体现在学生使用技术主动选择学习目标和策略之中，智能机器不会主动选择学习目标和策略。其次，主动学习体现在使用技术主动构建学习环境中，学生可以使用技术主动寻求学习环境支持，比如，通过网络搭建交流渠道，而智能机器只能通过人为搭建的环境去学习。再次，主动学习还体现在使用技术主动寻求评价反馈，没有反馈的学习是无效的学习。学生可以使用技术主动寻求学习反馈，而智能机器只能被动接受信息反馈。最后，学生在智能社会应该特别加强智能技术学习，这样才能胜任智能时代人与机器的竞争与合作。我们将主动学习维度的基本要点概括为目标策略、环境构建、评价反馈、智能技术。

元智能作为学生数字化学习能力维度，是指学生使用技术学习时，主动发展知识观、元认知、元主观和自我效能感等元智能。智能机器不具备元智能。首先，学生在数字化学习中，要形成自己的知识观，理解知识背后的意义，理解知识应用情境。智能机器无法理解知识背后的意义及应用情境。其次，学生要学会使用技术促进元认知发展，比如，使用技术工具提升时间管理技能。再次，学生要学会使用技术工具管理和调控动机、情感和身体状态等元主观智能，提升学习状态。最后，学生使用智能工具分析学习行为数据，尤其是元认知、元主观数据，为学习效能感提升提供支持。我们将元智能维度的基本要点概括为反思知识、认识认知、管理自身和自我效能。

人际交往作为学生数字化学习能力维度，是指学生在数字化交流与合作中展现人际交往智能，区别于智能机器机械式人机互动。首先，人际交往的基础是理解他人，学生在使用技术互动时，要学会理解他人动机、情感和观点等，而智能机器则无法真正理解互动中人类的感情世界和观点。其次，要理解随时变化的互动情境和内容，只有理解互动情境，才能保证交流与合作，而智能机器不可能真正理解人机互动的情境。再次，要理解自己，在数字化交流与合作中，学生还要理解自己的动机、情感、观点等，而智能机器无法理解自己，也无法实现真正之互动。最后，人际交往的重要形式是团队合作，学生要学会扮演不同团队角色，完成不同角色任务，显然，智能机器不能理解角色真正意义，无法扮演角色。我们将人际交往维度的基本要点概括为理解他人、理解情境、理解自我和角色参与。

价值观和道德感作为学生数字化学习能力维度，是指学生在数字化学习活动中展现人类特有之价值观与道德感。首先，我们认为，学生在数字化学习中要体现正义和善良，教师要以正义和善良的价值观指导学生的数字化学习活动，让学生把正义和善良内化于心，作为数字化活动的行动信仰。其次，学生在数字化学习活动中，要遵守数字世界中的行为准则，遵守数字化活动的道德规范，比如，学生在数字化创作中尊重知识产权。再次，学生在数字世界中的活动轨迹，必然体现数字形象和声誉，学生要主动维护数字身份。最后，在数字技术广泛使用中，学生的数据安全受到侵犯及隐私泄露成为重要挑战，学生要注意数据安全和隐私保护。我们将价值观与道德感维度的基本要点概括为正义善良、道德规范、数字身份和安全隐私。

颠覆性创新创造作为学生数字化学习能力维度，是指学生在学习中使用技术去开展颠覆性创新创造活动，比如提出原创性问题解决方案、创作原创数字作品，区别于智能机器的探索性创新创造。首先，颠覆性创新创造的基础是知识创造，学生要学会主动创造知识，不仅仅是获取知识，智能机器只能获取知识，无法主动建构和创造知识。其次，区别于智能机器之探索性创新，学生在使用技术创新创造时，要主动打破常规，寻求颠覆性创新创造。再次，智能时代的创新创造是人机协同中进行的，学生要学会和智能机器协作，将智能机器的探索性创新创造和学生的颠覆性创新创造相结合，实现人机共创。最后，创新的创造过程，尤其是颠覆性创新，必然充满不确定性和可能的失败，考验学生的毅力、信心、韧性和开放包容心态，这就要求学生养成积极的创新心态。我们将颠覆性创新创造维度的基本要点概括为知识创造、突破常规、人机共创和开放坚持。

情境化问题解决作为学生数字化学习能力维度，是指学生在学习中使用技术去解决情境化问题，比如学生使用技术解决社区中的噪音污染问题。首先，学生要学会使用技术去识别生活中的情境化问题，智能机器无法自己提出需要解决的问题，得人为设定需要解决的问题。其次，学生要学会用批判的眼光去分析问题，学会在质疑批判中整理和分析数据，形成问题解决方案，而智能机器只是按照人为设定的算法去解决问题。再次，学生要学会在协商中解决问题，要根据不同利益相关者视角，根据情境变化做出决策，而智能机器只是根据人为设定的算法做出决策。最后，学生要学会使用人工智能辅助情境化问题解决。我们将情境化问题解决维度的基本要点概括为情境问题、批判分析、协商决策和智能辅助。

总之，聚焦智能社会优势智能的中小学生数字化学习能力框架主要内容如表3-6所示。

表3-6 聚焦智能社会优势智能的中小学生数字化学习能力框架

能力维度	基本要点	主要表现描述及解释
主动学习	目标策略	学生在技术与教学整合中，在教师赋权下，主动选择学习目标和学习策略。[①] 该过程突出学生在自主意识下主动选择学习目标和策略，智能机器则没有自主意识去主动选取学习目标和策略，而是在人为设计、管理和干预之下被动选择。
	环境构建	学生使用技术主动构建个性化学习环境，支持主动学习。该过程突出学生根据学习情境变化，主动创设学习环境。智能机器不能自主创设学习环境，只能靠改进数据库等人为干预去构建学习环境。
	评价反馈	学生使用技术积极寻求反馈信息，持续改进学习实践，使用多种方式展示学习结果。机器学习中的反馈是人为干预下的信息反馈，没有自主决策和理解内化，因此，机器学习往往保留了人类的认知偏见。
	智能技术	学生在学习中主动学习智能技术，并使用智能技术促进和优化学习。[②] 这就要求教师给学生创造条件并给予指导，帮助学生在数字化学习中掌握和使用智能技术。掌握智能技术是智能社会人与机器和谐共生必备智能。

[①] 王永军. 赋权学习理论及实践案例研究：赋权视域中的技术变革学习[J]. 中国电化教育, 2018, (11): 79-86.

[②] 祝智庭, 彭红超. 技术赋能智慧教育之实践路径[J]. 中国教育学刊, 2020, (10): 1-8.

(续表)

能力维度	基本要点	主要表现描述及解释
元智能	反思知识	学生使用技术工具反思个人知识观或认识论，反思什么是知识、个人经历与知识的关系、知识的使用情境、知识的发展脉络等。比如，使用思维导图工具分析知识脉络。该要点突出信息技术促进学生知识观发展。智能机器的学习是机器运算中的模式匹配，不理解知识意义、使用情境和发展脉络，不具备知识观和认识论。
元智能	认识认知	学生使用技术发展元认知智能，比如，学生使用番茄TOTO软件提升学习时间管理能力，学生使用智能工具提升注意力调控技能。该要点突出学生使用技术发展元认知智能。智能机器的认知活动本质上是机器运算，没有自主意识，不存在元认知智能。
元智能	管理自身	学生使用技术工具认识和调控学习中的动机、情绪、身体状态等，提升主观情感和身体状态管理能力。比如，学生使用智能工具收集学习中的情绪数据，更好地理解学习情绪，并做出调整。该要点突出学生对动机、情感和身体的调控能力。情感、动机和身体感知是人类特有的，是智能机器所不具备的优势智能。
元智能	自我效能	学生使用技术工具提升学习活动自我效能感。比如，学生使用技术工具收集小组协作式问题解决中的注意力、情绪、肢体动作数据，结合协作式问题解决理论分析该数据，并做出相应调整，提升协作式问题解决自我效能感。该要点突出学生使用技术发展自我效能感。自我效能感是人类特有智能，智能机器缺乏自我感知和认识，不具备自我效能感智能。
人际交往	理解他人	学生使用技术工具与其他学生、教师和专家等交流时，能理解交流对象文化差异、性别差异等，以同理心和共情感理解他人，并选择适合沟通对象的技术方式进行沟通。该要点突出人际交往中学生以同理心理解他人。智能机器不具备同理心，所以，智能机器在人机互动中并不理解他人。
人际交往	理解情境	学生使用技术工具与他人交流与合作时，能够理解互动中的问题情境和内容情境等，并根据情境变化采用恰当技术表达内容。该要点强调学生对人际交往中问题或内容情境的理解。智能机器并不理解人机互动中互动内容的真正意义，无法根据内容意义做出合乎逻辑的判断，智能机器还达不到人类水平的互动。

（续表）

能力维度	基本要点	主要表现描述及解释
人际交往	理解自我	学生使用技术工具与他人交流与合作时，能够认识到自身的需求、兴趣、优势、不足，并选择适合自己的技术工具与他人互动。该要点突出人际交往时学生对自己的理解。智能机器本质上是机器，没有自我意识，不理解自己，无法基于自身需求实现互动。
	角色参与	学生在项目合作中，担任不同的团队角色时，根据角色不同，选择适宜的技术工具辅助角色任务，共同完成项目任务。该要点突出学生对项目角色的理解，在团队合作中协作完成任务。智能机器不理解项目角色真正意义，无法适应团队合作中的角色变化，无法在角色变化中协同完成任务。
价值观与道德感	正义善良	学生在数字化学习活动中，秉持公平、正义和善良的价值观。比如，学生在社交媒体中从善意出发发表社会热点评论文章。再比如，学生使用技术媒体交流时，照顾和尊重女性、少数民族、弱势阶层权益。该要点强调学生积极价值观养成。智能机器没有价值观，也没有公平、正义、善良等价值诉求，这就凸显人类价值观对驾驭机器的重要性。
	道德规范	学生以积极、安全、合法和合乎伦理道德的方式，在学习中使用技术媒体。比如，学生在作品创作及展示时尊重他人知识产权。再比如，学生在虚拟社区发表观点时，遵守文明规范的用语方式。该要点强调数字活动道德规范重要性。智能机器没有道德感，机器可造福社会，也可伤害社会，这就要求人类在驾驭机器时严守道德规范。
	数字身份	学生认识到自己在数字世界中是永久性存在，数字身份对自我形象非常重要，有意识地管理和维护自己的数字声誉。[①] 该要点强调学生对数字身份的管理和维护。智能机器缺乏自主意识，不能主动维护数字形象。
	安全隐私	学生在使用技术工具时，要注意保护个人数据安全和个人隐私。比如，学生认识到自己拥有个人数据所有权，谨防数据泄露侵犯自己隐私。[②] 该要点突出智能社会学生保护数据安全的重要性。智能社会进入大数据时代，个人数据随时随地可能被收集、分析和利用，学生要特别注意数据安全。

---

① 王佑镁，赵文竹，宛平，等. 数字智商及其能力图谱：国际进展与未来教育框架[J]. 中国电化教育，2020, (01): 46-55.

② Tuomi I. The impact of artificial intelligence on learning, teaching, and education [EB/OL]. [2021-06-18]. https://core.ac.uk/reader/162257140.

（续表）

能力维度	基本要点	主要表现描述及解释
颠覆性创新创造	知识创造	学生以批判视角利用技术工具分析和组织资源，建构知识，制作创意人工制品，生成有意义的学习体验。该要点强调学生有意义学习中的知识建构和创造。智能机器是机械式学习，是无意义学习，不理解知识真正意义，不具有知识建构和创造智能。
	突破常规	学生使用技术分析问题、组织资源、建构知识、创作作品时，突破常规思维，以新范式、新视角、新思路创作数字人工制品，或提供解决方案。该要点强调学生在创新创造中颠覆常规范式。智能机器的创新创造本质上是探索组合已有元素，并非颠覆改造已有元素，因此，智能机器无法实现颠覆性创新创造。
	人机共创	学生应用技术分析问题、组织资源、建构知识、创作作品时，将智能工具探索性创新与学生的颠覆性创新相结合，在人机协同中优化人工制品创作和问题解决方案制定。该要点强调创新创造中人机协同的重要性。在智能社会，智能机器用于创新成为新常态，学生必须学会在人机协同中创新创造。
	开放坚持	学生使用技术分析问题、组织资源、建构知识、创作作品时，保持开放包容心态，能容忍不确定性，做事有毅力，善于解决开放性问题。该要点强调学生开放包容、坚忍不拔的创新心态。智能机器的创新创造是大数据、云计算下的算法运算，属于机械式创新。学生的创新创造受到动机、情绪、心态等软技能制约，似乎是弱点，但也是优点，是学生具备颠覆性创新智能的原因所在。
情境化问题解决	情境问题	学生使用技术选取感兴趣的生活中的真实问题，探究问题，突出学生元智能、跨学科知识、合作能力、交流能力、批判思维等的综合应用。该要点强调学生在学习中提出真实的情境化问题，而智能机器不能根据需求提出真实问题。
	批判分析	学生使用技术收集和分析数据，在批判思维中提炼观点并组织证据链，在迭代循环中优化问题解决方案。该要点突出学生数据收集、分析和管理中批判思维的重要性。智能机器的数据收集、整理和分析本质上是机器运算中的模式匹配，不具备对数据收集、整理和分析的批判性。
	协商决策	学生完成数据分析之后，综合多方面证据，与团队协商，提出问题解决方案。学生要具备多元视角，综合考虑不同利益群体诉求，提出针对性的问题解决方案。该要点突出学生以多元视角，在合作协商中解决问题。智能机器的问题解决只是机器算法中的预定程序，不能根据情境变化在合作协商中解决问题。

（续表）

能力维度	基本要点	主要表现描述及解释
情境化问题解决	智能辅助	学生学会使用智能技术提出问题、收集数据、分析数据、管理证据、制定解决方案等。该要点强调学生使用智能技术辅助问题解决。智能社会中，人机协同成为新常态，学生要学会使用智能技术解决现实生活中的真实问题。[①]

中小学生数字化学习能力框架从主动学习、元智能、人际交往、价值观与道德感、颠覆性创新创造、情境化问题解决六个维度出发，以24个基本要点界定中小学生数字化学习能力以及信息技术与教学创新整合。在框架构建过程中，我们以培养学生在智能社会生存发展的优势智能为出发点，将学生优势智能发展融于学生数字化学习，将其作为学生数字化学习能力的各个维度。在框架能力维度基本要点开发方面，我们以各个能力维度在数字化学习中的实践脉络或主要内容为出发点，最终构建了完整的学生数字化学习能力框架。比如，主动学习维度根据学生数字化学习环节及学生主动学习智能技术等，共包含目标策略、环境构建、评价反馈、智能技术等四个基本要点。元智能维度根据学生数字化学习中元智能的主要内容，共包含反思知识、认识认知、管理自身、自我效能等四个基本要点。

该框架定位于智能社会学生生存发展的关键优势智能，但是，并不代表阅读、写作、算数及学科知识等知识获取智能就不再重要。学生学习学科和跨学科知识是学生数字化学习的基础，但是，知识获取智能很容易被智能机器胜任并超越，所以，学生不应沉迷于获取大量知识，而应该在获取基础知识、学科知识和跨学科知识后，更多关注优势智能发展。学生的智能发展是一个整体，很难将知识获取与优势智能分开讨论。比如，情境化问题解决和颠覆性创新创造实际上暗含知识获取，如果没有知识获取，情境化问题解决和颠覆性创新创造必然成为空谈。

该框架主要发挥指导框架价值，体现对学生数字化学习及信息技术与教

---

① 王佑镁, 赵文竹, 宛平, 等. 应对数字社会挑战：数字智商及其在线教育体系 [J]. 现代远程教育研究, 2020, 32(01): 61-67, 92.

学创新整合活动的指导作用。评价是推动教学活动的重要手段，该框架也作为学生数字化学习及信息技术与教学创新整合的评价工具，以促进学生数字化学习能力发展。

第四节　两阶段三维度模型的学生数字化学习能力框架

一、联合国教科文组织教师信息技术应用能力框架的启示

为推动教师在教育教学中使用信息技术，帮助成员国制定教师使用信息技术的政策、能力标准、培训课程标准、评估标准等，联合国教科文组织开发了教师信息技术应用能力框架。该能力框架是动态更新的，先后于2008年、2011年、2018年发布三个版本。联合国教科文组织三个版本的教师信息技术应用能力框架，前后是连贯继承的，每个版本都使用了相同的能力框架结构，只是根据经济社会和科学技术发展要求，新的能力框架参考先前能力框架使用反馈结果做出了调整。

学生数字化学习能力的对应面是教师的数字化教学能力，也就是教师的信息技术应用能力。教师的数字化教学能力概念，在表述上多使用教师信息技术应用能力，而非数字化教学能力。在教育中，有教必有学，有学必有教，因此，分析学生数字化学习能力框架，可以借鉴和参考教师信息技术应用能力框架。另外，作为国际社会典型的全球性教育组织，联合国教科文组织开发的教师信息技术应用能力框架由于要兼顾全球各个国家的情况，并回应国际社会发展的广泛议题，尤其是可持续发展议题，因此，该能力框架具有广泛的代表性。从2008年发布第一版教师信息技术应用能力框架，到2011年和2018年分别发布第二版和第三版教师信息技术应用能力框架，联合国教科文组织的能力框架在国际社会得到广泛使用，并取得较好的反馈。该能力框

架在实践层面具有一定的代表性。

总体而言，该能力框架将教师的信息技术应用能力分为三个发展阶段和六个实践领域。教师的信息技术应用能力发展包含了获取知识、深化知识和创造知识三个发展阶段。教师的信息技术应用能力实践领域包括了解信息技术在教育领域的应用、课程和评估、教学方法、应用数字技能、组织和管理、教师专业发展六个领域。[①]该能力框架具体结构如表3-7所示。

表3-7 联合国教科文组织教师信息技术应用能力框架

实践领域	发展阶段		
	获取知识	深化知识	创造知识
了解信息技术在教育领域的应用	了解政策	实施政策	政策创新
课程和评估	基础知识	应用知识	知识社会技能
教学方法	信息技术辅助教学	解决复杂问题	自我管理
应用数字技能	应用	教导	转型
组织和管理	标准课堂	协作小组	学习型组织
教师专业发展	数字素养	建立网络	锐意创新的教师

在教师信息技术应用能力发展的获取知识阶段，教师主要是学习和掌握信息技术知识与技能，并使用信息技术辅助传统课堂教学。具体而言，在了解信息技术在教育领域的应用方面，教师了解国家、地方或学校政策中关于在教育中使用信息技术的情况。在课程和评估方面，教师尝试在课程和评估中使用信息技术，并使学生掌握课程基础知识。在教学方法方面，教师在传统教学中使用信息技术辅助教学，提升学生学习知识效率和效果。在应用数字技能方面，教师学会使用基本的数字技能，比如办公软件的使用、多媒体教学软件的使用等，并在教学和管理中使用信息技术。在组织和管理中，教师在传统课堂教学中使用信息技术，课堂教学组织形式是传统的标准化课堂，更多注重知识的传授与获取。在教师专业发展方面，教师在自身专业发展中，

---

① 兰国帅,张怡,魏家财,等.提升教师ICT能力 驱动教师专业发展：UNESCO《教师ICT能力框架(第3版)》要点与思考[J].开放教育研究,2021,27(02): 4-17.

积极提升自身数字素养，并通过信息技术学习和提升自身专业知识和教学水平。

在教师信息技术应用能力发展的深化知识阶段，教师主要是使用信息技术去应用知识，也就是在课堂教学活动中，教师和学生使用信息技术去应用知识，更好地巩固和深化知识学习。在了解信息技术在教育领域的应用方面，教师深入了解各类政策中的信息技术教育应用情况，并积极在教育教学中实施教育信息化政策。在课程和评估方面，教师在课程设计与开发中，积极使用信息技术创设项目式教学活动，积极使用信息技术去应用知识，并进行相应的评估活动。在教学方法方面，教师和学生使用信息技术去解决学生生活中的复杂问题，帮助学生的复杂思维能力和高级认知能力发展。在应用数字技能方面，教师能够使用丰富多样的数字化工具创设数字化学习环境，给学生教授复杂的知识，培养高级认知能力。在组织和管理方面，教师使用信息技术创设合作和协作的课堂教学环境，让学生在小组合作中学习和成长。在教师专业发展方面，教师积极建立专业发展网络，在专业发展网络中不断成长和进步。

在教师信息技术应用能力发展的创造知识阶段，教师使用信息技术和学生一起创造知识，发展学生适应未来社会的合作、交流、创新、批判思维等高级认知能力和核心素养。在了解信息技术在教育领域的应用方面，教师对各级各类政策中的教育信息化内容进行深入解读和理解，并在此基础上提出自己的创新性观点，帮助修改和完善教育信息化政策，共同推动教育信息化政策制定。在课程和评估方面，教师在课程中设计和开发学生在知识社会生存与发展的高级认知技能，并制定相应的评估工具。在教学方法方面，教师使用信息技术让学生学会主动学习和自我管理，教师能够指导学生使用信息技术自主、主动、个性化地学习。在应用数字技能方面，教师和学生能够使用丰富的网络工具、数字资源和网络平台等，实现学习转型，应用数字技能本身不是目的，而是工具或手段，支持教师和学生实现学习转型，更多采用合作的、协商的教与学。在组织与管理方面，教师和学生使用信息技术创设学习型组织，教师和学生一起使用信息技术进行主动学习和创新学习，不断提升组织的学习和创新能力。在教师专业发展方面，教师成为锐意进取的主动发展型教师，教师成为其他教育工作者使用信息技术的榜样，为他人做出示范，并领导其他教育工作者共同使用信息技术。

联合国教科文组织根据经济社会发展水平的不同，所需要的教育发展不同，进而界定不同的教师信息技术应用能力发展阶段。在信息技术与教学整合中，根据人才培养目标和学校教育形态的不同，界定不同的教师信息技术应用能力发展阶段水平，分为获取知识、深化知识、创造知识三个水平或发展阶段，这其实对应了学校教育所追求的人才培养层次。获取知识发展阶段的教师信息技术应用能力对应知识获取或消费型人才培养模式，适应工业社会发展要求。深化知识发展阶段的教师信息技术应用能力对应知识深化应用型人才培养模式，适应工业社会的高度发展。创造知识发展阶段的教师信息技术应用能力对应知识创造型人才培养模式，适应知识经济时代社会发展需求。学生数字化学习能力发展与教师信息技术应用能力发展阶段相对应，也可划分为不同发展阶段或不同发展水平的数字化学习能力。

二、学生数字化学习能力发展阶段划分

参考联合国教科文组织教师信息技术应用能力发展阶段划分，我们认为，也应该从不同发展阶段和发展层次定位学生数字化学习能力水平。联合国教科文组织将信息技术与教学整合划分为获取知识、深化知识和创造知识三个阶段或发展水平，我们认为这对于界定学生数字化学习能力而言，过于复杂，不容易操作。学生数字化学习能力可以划分为两个发展阶段或发展层次，分别为基础性数字化学习能力和创新性数字化学习能力。基础性数字化学习能力对应学生学习和掌握信息技术基础知识和技能，以及使用信息技术获取知识及简单应用知识层次。创新性数字化学习能力对应学生使用信息技

术深度应用知识，及发展适应未来社会的核心素养，比如交流、合作、创新、批判思维、问题解决、情绪管控等。基础性数字化学习能力与学习能力中的浅层学习能力对应，而创新性数字化学习能力与学习能力中的深度学习能力对应。创新性数字化学习能力发展以基础性数字化学习能力发展为基础，只有学生具备使用信息技术的基础性知识与技能，及使用信息技术获取知识、巩固知识及应用知识，学生才能在此基础上发展设计、创造、批判思维等高级认知能力，成为主动发展的人。学生数字化学习能力采用两阶段划分，既与浅层学习和深度学习相对应，也与实践领域常用的低级能力和高级能力划分对应，在实践中更容易操作，能较好地指导学生数字化学习能力发展实践。

三、学生数字化学习能力维度划分

在确定学生数字化学习能力分为基础性数字化学习能力和创新性数字化学习能力两个发展阶段或发展水平之后，我们认为学生在数字化学习中，非常重要的是数字化学习道德规范和价值观的建立，及数字化学习的法律法规意识和安全意识等。如果说学生在数字化学习中不遵守国家法律法规，缺乏道德意识，不能养成健康的信息技术使用习惯，这样的数字化学习能力发展是失败的。实际上，在数字化学习中，学生使用信息技术的价值观、道德规范、法律法规意识、安全意识、健康的技术使用习惯，往往更加重要，将直接决定学生数字化学习能力的导向和成败。综合而言，结合学生数字化学习能力发展的两个阶段，及学生数字化学习道德规范和法律安全，学生数字化学习能力可以划分为三个维度，分别为学生基础性数字化学习能力、创新性数字化学习能力、数字化学习道德与法律。

四、两阶段三维度学生数字化学习能力框架

学生数字化学习能力框架可以概括为两阶段三维度模型。从发展阶段而言，学生数字化学习能力划分为基础性数字化学习能力和创新性数字化学习

能力两个阶段。从能力维度而言，两个发展阶段和数字化学习道德与法律，共构成三个能力维度，如图3-4所示。

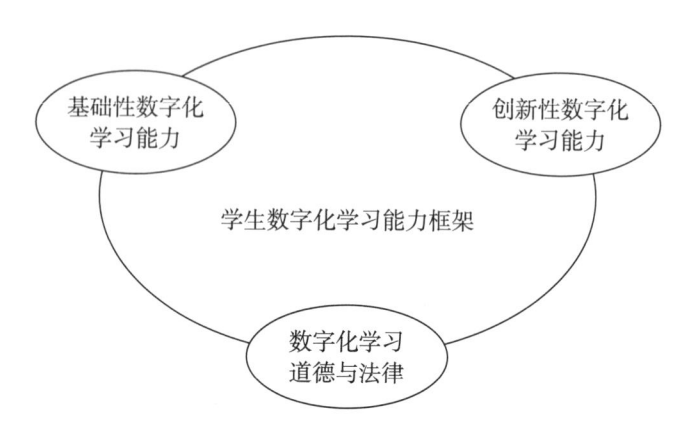

图3-4 两阶段三维度学生数字化学习能力框架

在基础性数字化学习能力中，应该注重学生信息技术基础性知识与技能掌握，及学生使用信息技术获取、巩固和应用知识的能力。结合学生信息技术应用能力和信息素养相关研究，基础性数字化学习能力应该包含技术性知识与技能、数据与信息素养两个维度。技术性知识与技能侧重于学生学习和掌握信息技术的基础性知识与技能，为数字化学习提供必要条件。如果不掌握数字化学习中必备的信息技术基础性知识与技能，数字化学习就会成为空谈。数据与信息素养是指学生使用信息技术搜索、管理、评估、分析、综合和应用数据、信息和知识的素养。学生在数字化世界中，通过对数据、信息和知识的搜索、管理、评估、分析、综合和应用，可以做到熟练地学习、掌握、巩固和应用知识，为深度学习做准备。

在创新性数字化学习中，应该关注学生适应未来社会的关键能力或核心素养培养，比如批判思维、问题解决、创新创造、交流合作等。结合学生核心素养研究，及学生数字化学习能力框架的操作性，对相关核心素养进行整合，创新性数字化学习能力包含主动学习、交流合作、创新创造、问题解决四个维度。主动学习聚焦于知识经济时代学生学会学习，成为主动发展的人，这是创新性数字化学习能力的核心。学生只有做到主动学习，才能更好地创新创造、问题解决、交流合作等。创新创造是社会进步发展的不竭动力，正是因为科学技术的不断创新，才有了灿烂丰富的人类文明。要实现社会可持续发展，必须走知识经济发展道路，培养学生创新创造能力，通过知识创造和科学技术进步，推动社会发展，实现个体幸福。交流合作是知识经济时代、智能时代和信息社会对人才发展的必然要求，未来社会必然是人与人合作与交流的社会，在职业发展中，人与人之间顺畅合作，才能满足知识经济社会工作要求，才能实现个人生存与发展。问题解决能力是知识经济社会发展的必然要求，面对纷繁复杂的未来社会，学生需要能够应用大数据、信息和知识解决复杂的问题，这就需要学生具备批判思维，能够批判地使用数据、信息和知识，解决复杂的真实情境化问题。社会时刻处于发展变化之中，学生不能停留在学校学习的知识之上，必须学会主动学习，面对现实中的复杂问题，能够学会解决问题，只有这样才能更好地生存与发展。

在数字化学习道德与法律中，学生要遵守社会道德规范，养成积极向上的价值观，遵守社会法律法规，注重个人安全，养成健康的技术使用习惯。数字化学习道德与法律分为价值观与道德规范、法律法规与安全两个能力维度。价值观与道德规范是指学生在数字化学习中的价值观和道德规范，保障数字化学习的价值取向。法律法规与安全是指学生遵守数字化学习中的法律法规，并关注个人数字化学习中的信息安全等，养成健康的信息技术使用习惯。

第四章

中小学生数字化学习能力评价指标开发

第一节 评价指标体系构建原则

中小学生数字化学习能力评价问题是一个系统而复杂的问题，首先得明确评价的目的是什么。我们认为中小学生数字化学习能力评价的目的是发展性的，也就是促进学生数字化学习能力发展，为培养学生数字化学习能力而评价。在厘清评价目的的基础上，我们还需要明确具体的评价目标是什么，在此基础上进行目标细化，为评价活动的开展提供具体的方向。中小学生数字化学习能力评价的具体目标是测量学生数字化学习能力发展水平。在明确评价目标的基础上，我们这里所做的工作是开发评价指标，实际上就是可观察、可测量的指标，为学生数字化学习能力发展提供依据。在具体的评价指标开发中，根据评价指标开发的通用做法，并结合中小学生数字化学习能力评价的实际情况，我们认为应该坚持以下原则。

1. 可测量性

评价指标的最终目的是应用，也就是用评价指标去测量学生数字化学习能力发展情况，因此，我们的评价指标开发必须考虑具体指标的可测量性，也就是每个评价指标项尽量形象具体，可观察、可测量，让评价主体能够直接使用。这就要求我们在评价指标开发过程中，尽量使用形象具体的表述方式来阐述指标项，力求做到评价指标具体项目反映具体行为。

2. 完整性

评价指标要能够完整全面地反映中小学生数字化学习能力发展情况，这就要求我们在评价指标开发中，考虑问题全面周到。如果在评价指标开发过程中，没有考虑到评价指标的完整性，那么，这样的评价指标显然是不适当的，不能够全面反映学生数字化学习能力情况。但是，考虑完整性可能导致在具体的可测量性方面有所不足，这就需要在完整性和可测量性之间做出平衡，既考虑可测量性，又考虑完整性。

3. 突出重点

评价指标构建过程中要突出重点。我们认为，中小学生数字化学习能力包含的内容很多，尤其是细节性的内容很多，要在评价指标构建过程中纳入所有细节，显然不现实。如果把所有细节性的内容都包含在评价指标之中，这样的评价指标必然是庞杂的，也是无效的，必然不具备可操作性。使用评价指标的中小学教育工作者和学生等评价主体，显然无法面面俱到地评价每一个细节性的内容。所以，评价指标构建过程中，要注意突出重点，也就是，要分析中小学生数字化学习能力的每个维度下边，哪些维度是重点，是必须具备的要素，要把这些内容反映出来，而把其他内容整合进这些重点之中即可。这样，在评价指标构建过程中，既考虑了完整性，也突出了重点和必备要素，方便评价指标在实践中使用。毕竟，评价指标构建的目的是在实践中发挥具体作用。

4. 科学性

评价指标要保证科学性。如果评价指标没有科学性，开发的评价指标缺少效度，对学生数字化学习能力的测量不准确，这样的评价指标自然是无用的。在保障评价指标科学性的具体举措上，我们按照各类能力评价指标开发的通用原则，分析和综合国内外现有的学生数字化学习能力评价指标文献，梳理其中可以借鉴和使用的内容，并结合我国中小学生数字化学习情况，合理使用现有文献中的评价指标。在初步拟定评价指标之后，还要对评价指标进行筛选和补充。我们通过德尔菲专家法，咨询中小学生数字化学习能力方面的专家学者，及经验丰富的信息化专家型中小学教师、教研人员等。经过多轮咨询，利用科学的数据，逐步完善评价指标。在此基础上，通过咨询专家，采用层次分析法，利用AHP软件等科学有效的手段确立评价指标权重。在开发具体的中小学生数字化学习能力评价标准及自评工具时，也遵循相应的科学有效的开发思路和方法，确保评价工具科学有效。

5. 本土化

评价指标开发中，要考虑实践性，能够接地气，也就是说，我们开发的评价指标需要适应当前中小学生数字化学习实践场景。中小学生数字化学习能力评价指标是在我国中小学教育语境中使用的，我国中小学教育信息化情况，尤其是信息技术与教学整合情况千差万别，评价指标如何适应不同使用场景，需要考虑本土化问题。也就是说，开发的评价指标要适合我国国情，适合我国中小学生数字化学习能力发展情况。如果开发的评价指标只面向高层次水平，这样的评价指标在实践当中只适合信息化发展水平较高的地区使用；如果开发的评价指标只反映信息化初级水平，这样的评价指标在实践中又只适合信息化发展水平较低的地区使用。因此，评价指标开发过程中，需要兼顾各个地区教育信息化发展水平，同时又反映学生数字化学习能力发展的客观规律。另外，每个国家国情不同，我国教育语境中的评价指标必然包含有我国特色的内容。

6. 系统性

评价指标的开发是一个系统性工作，不仅涉及评价指标的开发，还涉及评价指标权重确立及评价标准制定。开发评价指标体系的目的是使用，所以，评价指标开发也涉及评价工具的开发，评价工具一方面可验证评价指标的科学性和有效性，另一方面也可体现评价指标开发的价值。在中小学生数字化学习能力评价指标体系开发中，还需要考虑学生实际的数字化学习能力发展情况。中小学生包括了小学生、初中生和高中生，小学生还包括低年级和高年级两个学段的学生，各个学段学生数字化学习能力发展差异较大，或者说，各个学段学生数字化学习能力发展目标不一样。这种情况下，就需要在统一开发中小学生数字化学习能力评价指标的基础上，开发各个学段相应的学生数字化学习能力评价工具。显然，中小学生数字化学习能力评价指标体系开发，是一个系统性的工作，涉及评价指标开发、指标权重确立、评价标准制定及各个学段评价工具开发等一系列工作。各个学段评价工具和评价标准的开发，将在下一章具体论述。

第二节　评价指标初拟

一、一级评价指标初拟

结合中小学生数字化学习能力框架，及国内外学生数字化学习能力评价指标相关文献，我们认为中小学生数字化学习能力包括三个一级指标，分别为基础性数字化学习，创新性数字化学习，数字化学习道德、法律与责任。我国中小学教育信息化发展不平衡，各地学生数字化学习能力有高有低，因此，在开发学生数字化学习能力框架时，需要兼顾各种情况，以求既能反映较高层次的学生数字化学习能力情况，也能反映较低层次的学生数字化学习能力情况。所以，我们在一级指标中设置了基础性数字化学习和创新性数字化学习两个能力维度。较高层次的数字化学习能力其实就是在学习中创新地使用信息技术，所以，较高层次的数字化学习能力命名为创新性数字化学习能力。在学生数字化学习中，学生的数字化学习道德、法律与责任是非常重要的，如果不注重数字化学习中的道德、法律、责任与安全等，这样的数字化学习显然是不成功的。这其实反映了数字化学习的价值导向，学生具备正确的数字化学习价值观，基础性数字化学习和创新性数字化学习才有价值。如果学生不具备数字化学习道德、法律、责任与安全意识，学生的数字化学习必然失去方向。我国教育语境中，尤其强调立德树人的重要性，同样，数字化学习中也必须重视道德、法律、责任和安全方面的内容。初步拟定的中小学生数字化学习能力一级评价指标如图4-1所示。

图4-1 中小学生数字化学习能力一级评价指标初拟

具体而言，基础性数字化学习面向学生数字化学习中的基础性能力，也就是学生首先得掌握数字化学习中的信息技术硬件和软件知识与技能，如果不掌握或不具备信息技术的基础性知识与技能，不会操作和使用信息技术硬件和软件，那么，数字化学习就失去了先决条件，沦为空谈。另外，借鉴联合国教科文组织教师信息技术应用能力框架，学生在信息技术与教学整合中，除了学习和掌握信息技术基础性硬件和软件知识与技能，还得学会使用信息技术获取和巩固知识。在信息技术与教学整合中，我们是使用信息技术进行教与学，所以，教师不仅要教会学生使用信息技术，而且应该教会学生使用信息技术进行知识的学习和巩固练习。从本质而言，学生学习和使用信息技术的过程，也就是学生获取和巩固知识的过程，而学生使用信息技术获取和巩固知识的过程，也就是学生学习和掌握信息技术的过程。

创新性数字化学习反映的是学生使用信息技术，在获取和巩固知识的基础上，深度应用和创新知识，发展高级认知能力的过程。我们认为，学生获取和巩固知识并不够，学习的目的在于应用知识，尤其是深度应用知识，能够在生产生活中解决问题，发展适应未来社会生存发展的关键能力或核心素养。在分析国内外学生数字化学习能力评价指标相关文献的基础上，兼顾评价指标的相互整合，我们认为学生的创新性数字化学习应该包括主动学习、交流合作、问题解决、创新创造四个能力维度。创新性数字化学习的前提是学生的主动学习，未来社会是终身学习的社会，培养学生主动学习能力是数字化学习中的重要内容。在创新性数字化学习中，主动学习是根本，如果没有主动学习，交流合作、问题解决、创新创造等必然沦为空谈，这些创新性的数字化学习活动都是建立在主动学习的基础上的。交流合作包含了交流和合作两种能力，未来社会必然是交流和合作的社会，产业高度发展，绝大多数的工作都需要交流与合作，共同完成任务，而需要个人单独完成任务的工作几乎不存在，所以，学会交流与合作是学生适应未来社会生存与发展的关键能力之一。同样，在学习中，学会交流与合作，才能更好地学习。建构主义理论认为，学习中进行交流与合作是学生建构和深化知识理解的必然途径，没有交流与合作，没有项目式学习，就没有学生对知识的深度理解和应用。问题解决则包含了学生的问题解决能力和批判思维能力，人在社会中生存与发展，其实就是不断面对生产生活中的真实问题，不断解决问题的过程，只有学会解决问题，尤其是复杂的开放性问题，人类才能生存发展。如果学生只是学习和掌握了知识，但是，不会在生产生活中去使用知识解决问题，那么，这种学习显然是失败的，学生只是将知识从书本装入了头脑中。如果比谁的知识更多，显然人类不是电脑和智能机器的竞争对手，人类的优势在于面对真实的生活情境能够使用知识举一反三，解决真实问题。创新创造是指学生在数字化学习中，能够发明创造，设计和开发创新性的作品，提出创新的观点和问题解决方案等。众所周知，创新是推动社会进步发展的重要动力，尤其是在知识经济社会，人类要走可持续发展道路，就必须具备创新创造能力。只有在创新创造中，人类社会才能不断发展进步，才能推动科学技术进步，实现人类社会可持续发展。因此，在数字化学习中，我们需要培养学生的创新创造能力，使学生不仅具备新颖的观点，也能够将新颖的观点创作为实体作品。

数字化学习道德、法律与责任是指在数字化学习中，学生要遵守道德规范和法律法规，要具备安全意识，具有高尚的情操和积极向上的价值观。数字化学习首先是学习，学习的首要目的是立德树人，所以，在数字化学习中，教育工作者要培养学生积极向上的价值观，养成良好的道德习惯。在数字化学习中，学生要学会遵守国家法律法规，具备安全意识，养成良好的技术使用习惯。网络世界中，鱼龙混杂，学生要具备审辨思维，能够分辨是非，养成自我控制能力和情绪管理能力，合理合法使用网络世界。要通过价值观、道德规范、法律法规、安全意识、技术习惯等，为数字化学习保驾护航。

二、二级与三级评价指标初拟

1. 基础性数字化学习

基础性数字化学习包括两个能力维度，分别为技术操作，信息、数据与知识。技术操作是指学生在数字化学习中，会使用和操作信息技术硬件和软件等。首先，在技术操作中，我们认为学生应该首先掌握信息技术基础知识，只有掌握了信息技术基础知识才谈得上操作和使用信息技术。其次，在掌握信息技术基础知识的基础上，学生还得会使用信息技术工具，掌握信息技术基础知识不代表学生就会使用信息技术工具，所以，还得强调学生会使用常见的信息技术工具。再次，在数字化学习中，经常会遇到技术故障，尤其是软件类故障，这些突发情况会直接影响学生数字化学习的顺利进行，学生要学会解决常见的技术故障，尤其是软件类故障。最后，信息技术处于不断发展变化之中，各类信息技术工具层出不穷，发展变化很快，学生需要举一反三，主动去学习和掌握新技术。如果学生总是停留于陈旧的信息技术知识与技能，显然不能够适应数字化学习中的技术素养要求。

除了技术操作之外，数字化学习中涉及大量的信息、数据与知识处理和分析，我们借鉴信息素养概念，将信息素养扩展为信息、数据与知识。在大数据时代，数据已经成为生产生活和学习中的普遍存在，学生必须具备数据素养，但是，数据和信息往往是一体的，所以，我们在信息素养中整合了数据素养。在数字化学习中，仅仅停留在数据和信息层次是不够的，学习的目的是掌握和应用知识，而不只是分析和处理数据和信息，所以，我们将知识素养整合进信息素养，进而形成了信息、数据和知识素养，将其作为基础性数字化学习能力的构成维度，以表达学生处理和分析数据和信息，进而学习、掌握和巩固知识的能力。在信息、数据与知识维度中，我们认为学生首先得具备搜索信息、数据与知识的能力，只有找到信息、数据和知识，才能谈到后续的分析和利用。其次，在搜索到信息、数据和知识后，学生需要具备评估信息、数据与知识的能力。网络世界中的信息、数据和知识很多，学生需要具备批判分析的能力，主动评估信息、数据与知识的价值，在搜索的同时，选择性地使用。再次，学生还需要具备管理信息、数据与知识的能力，搜索到信息、数据与知识之后，学生还得学会分类整理和存储这些信息、数据与知识，这样才能更好地利用它们。如果学生不会合理有效地管理信息、数据与知识，显然谈不到有效利用。最后，学生要学会初步应用信息、数据与知识。为了与创新性数字化学习中的知识深度应用相区分，我们使用了初步应用信息、数据与知识这种表述方式，以表达学生在获取信息、数据与知识之后，能够合理使用它们，学习和掌握知识，为后续的深度学习做好准备。综合而言，基础性数字化学习能力维度的构成指标如图4-2所示。

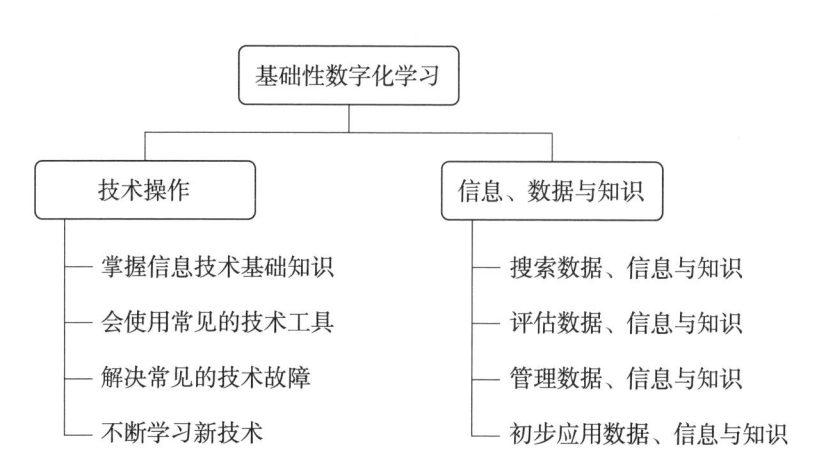

图4-2 基础性数字化学习能力维度构成指标初拟

基础性数字化学习
- 技术操作
  - 掌握信息技术基础知识
  - 会使用常见的技术工具
  - 解决常见的技术故障
  - 不断学习新技术
- 信息、数据与知识
  - 搜索数据、信息与知识
  - 评估数据、信息与知识
  - 管理数据、信息与知识
  - 初步应用数据、信息与知识

2. 创新性数字化学习

创新性数字化学习包括四个能力维度，分别为主动学习、交流合作、问题解决、创新创造。主动学习是指学生在数字化学习中，充分发挥学习主动性和能动性，使用信息技术主动选择学习目标、学习策略，主动寻求学习反馈等。我们认为，在主动学习中，学生首先要学会主动选择学习目标，根据自己选择的学习目标，主动投入学习热情和精力。其次，在主动选择学习目标之后，学生还得主动选择指向学习目标的学习内容，通过学习内容去完成学习目标。再次，在学生主动选择学习目标和学习内容之后，学生需要主动制定学习策略去完成学习任务，主动学习的要义就包含了学生可以根据自己的学习风格等，主动制定适合自己的学习策略。又次，学生还需要在学习过程中，主动构建学习环境，以支持学习任务的实现，比如，学生主动与他人建立学习伙伴关系，共同学习等。最后，在学习过程中，学生还需要主动寻求评价反馈。只有在正确反馈的基础上，才能不断有效地推进学习，所以，学生需要在学习过程中，主动获取反馈信息，并根据反馈信息，不断调整和优化学习。比如，学生在网络上分享自己的学习成果，寻求其他学伴的点评信息，以改进学习成果。

交流合作包含了交流和合作两方面的内容，交流和合作往往是同时进行的，所以，我们将交流和合作整合在一起，共同作为创新性数字化学习的能力维度。我们认为，首先，在使用信息技术进行交流合作时，学生要学会选择恰当的技术工具，这是交流合作的前提条件。其次，交流合作的基础是学生能够清晰有效地表达和沟通。再次，使用信息技术的优势之一是为学习者提供丰富多样的交流表达工具，因此，我们认为交流合作中，学生应充分发挥信息技术工具的优势，为交流对象定制差异化、个性化的表达方式，针对不同的受众采取不同的表达方式。又次，在交流合作中，学生要学会使用技术工具与各类群体合作，不仅是同学之间合作，也包括和校外专家等其他群体合作，以更好地完成项目式学习等任务。最后，在交流合作中，学生还需要能够胜任不同任务角色。为了更好地完成任务，学生要根据需要担任不同的角色，这是交流合作能力的重要组成部分。

问题解决是创新性数字化学习中的重要组成部分，只有在项目式的问题解决中，学生才能得到成长，发展高级认知思维等。我们认为，在问题解决中，学生首先需要界定和选择有意义的真实问题，这样的问题是学生真正关心的问题，学生能充分地投入其中。其次，在选择问题之后，学生还需要批判地分析问题，研究问题解决的可行性，并分析问题解决过程中数据的可靠性和可信度等。再次，问题解决是团队或小组合作协商、共同完成的，所以，我们也突出了合作协商解决问题的重要性。最后，在数字化时代，我们强调计算思维的重要性，借助计算思维的力量去解决问题。学习采用计算思维去理解，借助机器的力量去解决问题，成为问题解决中的重要选项和必备能力。

创新创造必然是创新性数字化学习中的重要内容。在创新创造方面，我们认为，首先要具备主动创新意识，只有具备主动创新的意识，才能谈到创新创造。如果没有主动进行创新的意识，那么创新创造必然成为空谈。其次，在具备主动创新意识的基础上，我们还需要具备开放包容等创新品质。创新创造可能会面对不断的失败和大量的挫折，这就要求我们必须具备开放包容、坚持不懈等创新品质。再次，在具体的创新创造方面，我们认为首先得具备提出新观点的能力，也就是学生在学习知识的过程中，能够结合自己的生活和理解提出新颖的观点和想法，这是创新创造的基础。又次，创新创造的重要表现之一是问题解决，学生在问题解决中要能够提出新颖的问题解决方案。是否能够提出与众不同的问题解决方案，直接体现了学生的创新创造水平。最后，创新创造还体现在作品方面。我们认为学生不仅要提出新观点、新想法，还应该把新观点和新想法创作为信息化作品等。这样的创新创造直接服务于生产生活，体现了创新创造的价值。创新性数字化学习能力维度的构成指标如图4-3所示。

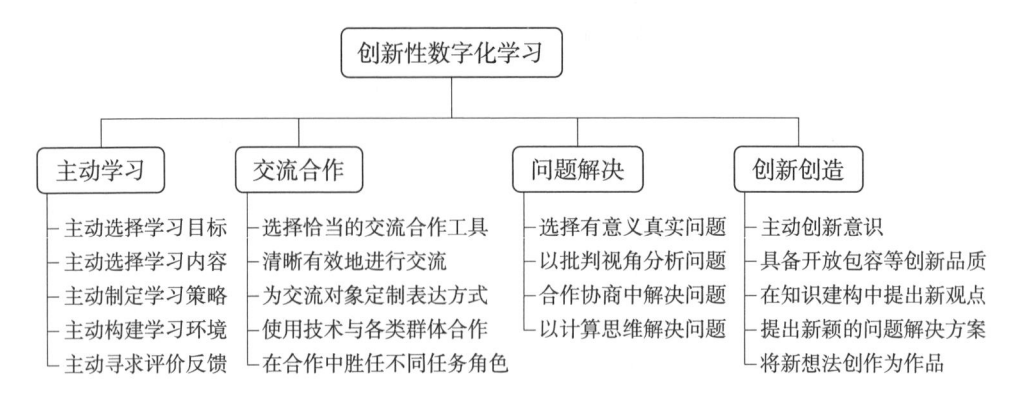

```
                        创新性数字化学习
        ┌───────────────┬────────────────┬───────────────┐
      主动学习         交流合作          问题解决         创新创造
   ─主动选择学习目标  ─选择恰当的交流合作工具  ─选择有意义真实问题  ─主动创新意识
   ─主动选择学习内容  ─清晰有效地进行交流      ─以批判视角分析问题  ─具备开放包容等创新品质
   ─主动制定学习策略  ─为交流对象定制表达方式  ─合作协商中解决问题  ─在知识建构中提出新观点
   ─主动构建学习环境  ─使用技术与各类群体合作  ─以计算思维解决问题  ─提出新颖的问题解决方案
   ─主动寻求评价反馈  ─在合作中胜任不同任务角色                    ─将新想法创作为作品
```

图4-3 创新性数字化学习能力维度构成指标初拟

3. 数字化学习道德、法律与责任

我们将数字化学习道德、法律与责任分为价值观与道德规范，法律、安全与责任两个能力维度。价值观与道德规范是指学生在数字化学习中要形成积极正确的价值观，并遵守数字化学习中的道德规范。首先，从普遍意义上讲，我们认为学生在数字化学习中，要养成公平、正义和善良的价值观，这是价值观与社会道德规范维度的基础，学生具备了公平、正义和善良的价值观，才能遵守社会道德规范，学生的数字化学习才能真正产生立德树人的效果。其次，学生在数字化学习中要养成爱国主义的价值观。热爱自己的祖国，这是中小学教育的核心内容，在数字化学习中，学生要从日常行为各方面培养爱国主义精神。再次，数字世界和真实的物理世界一样，也有其行为准则和道德规范的约束，所以，学生要遵守数字世界的道德规范，不随意贬低他人。最后，和真实的物理世界一样，学生要积极维护个人的数字声誉。数字声誉与个人在真实世界中的声誉一样重要，是个人声誉的重要组成部分，学生在数字世界中要积极主动维护其数字声誉。

法律、安全与责任是指学生在数字世界中要遵守国家法律法规等，并重视个人数字安全。首先，学生需要遵守国家法律法规。网络世界不是法外之地，学生需要认识到法律法规的重要性，在网络世界中活动时，绝对不能从事或参与违法犯罪活动。其次，学生要学会维护个人数据安全。网络世界虽很精彩，但也总是充满各种陷阱，个人数据随时都可能被不法分子或不怀好意的人利用，所以，学生在数字化学习活动中，要注意保护个人数据安全。再次，学生要学会维护社会信息安全。学生不仅要保护个人数据安全，也要学会维护社会信息安全，不能随意传播他人数据和信息，也不能随意传播影响社会安全的不实信息等。又次，在数字化学习中，学生要学会尊重知识产权。学生在学习过程中，特别是创作信息化作品时，随时都可能遇到知识产权问题。学生在使用他人作品时，需要正确标注他人成果，尊重他人知识产权。在数字化学习中，学生不应参与侵犯他人知识产权的活动，比如传播和使用盗版软件等。最后，我们认为，学生在数字化学习中，还需要养成健康的技术使用习惯。实际上，在数字化学习中，一直困扰学生、教师和家长的问题是，学生在数字化学习中很容易受到无关信息的干扰，从而影响数字化学习成效，再加上中小学生正处于充满好奇心的年龄，很容易被网络世界中的不良信息或活动所诱惑，从而影响正常的数字化学习活动。所以，在数字化学习中，学生需要在教育工作者指导下，培养健康的技术使用习惯，不被与学习活动无关的信息或活动干扰，保障数字化学习的成效。数字化学习道德、法律与责任能力维度的构成指标如图4-4所示。

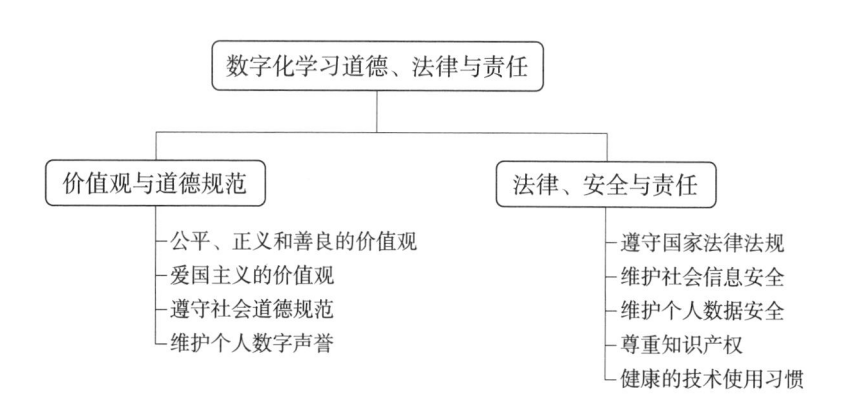

图4-4 数字化学习道德、法律与责任维度构成指标初拟

综上所述，我们初步拟定了中小学生数字化学习能力评价指标，包括3个一级指标、8个二级指标、36个三级指标，如表4-1所示。

表 4-1　中小学生数字化学习能力评价指标初拟

一级指标	二级指标	三级指标	指标说明
基础性数字化学习	技术操作	掌握信息技术基础知识	掌握基础性的信息技术硬件和软件知识，比如硬件使用、文件管理、软件安装、网络基础等。
		会使用常见的技术工具	会使用常见的技术工具，比如办公软件、音视频处理软件、网络下载工具、思维导图等。
		解决常见的技术故障	在学习活动中，能够排除常见的技术故障，比如在学习活动中排除互联网中断故障。
		不断学习新技术	在已有信息技术知识基础上，举一反三，不断学习并掌握最新信息技术知识和技能。
	信息、数据与知识	搜索数据、信息与知识	能够通过互联网、校园网、官方数据库、中国知网等查找和搜索数据、信息和知识。
		评估数据、信息与知识	分析和评估数据、信息和知识的可靠性和有效性，并理解数据、信息和知识的真正意义。
		管理数据、信息与知识	根据个人或机构需要，使用技术工具存储、管理和调用数据、信息和知识。
		初步应用数据、信息与知识	将数据、信息与知识初步应用到学习和生活中，以理解社会现象，并深化和巩固知识。
创新性数字化学习	主动学习	主动选择学习目标	在信息技术与教学整合中，在教师指导下，学生主动选择学习目标。
		主动选择学习内容	在信息技术与教学整合中，在教师指导下，学生主动选择学习的内容。
		主动制定学习策略	在信息技术与教学整合中，在教师指导下，学生主动制定学习策略，比如小组合作学习策略。
		主动构建学习环境	在信息技术与教学整合中，在教师指导下，学生使用技术工具主动建构个性化学习环境。
		主动寻求评价反馈	在信息技术与教学整合中，在教师指导下，学生使用技术工具主动寻求反馈信息，以改进学习。
	交流合作	选择恰当的交流合作工具	学生和他人交流合作时，根据预期的交流与合作目的，选择恰当的技术工具开展交流与合作。
		清晰有效地进行交流	在合作交流活动中，能够使用图形、模型等多样化的技术工具清晰有效地表达自己的观点。
		为交流对象定制表达方式	学生能够根据沟通或交流对象的文化差异、性别差异等，为交流对象定制个性化的表达方式。
		使用技术与各类群体合作	学生具备多元文化视角，会使用技术工具与学生、教师、专家等各类群体合作。
		在合作中胜任不同任务角色	在基于技术的项目式学习中，学生能够根据项目需求担任不同的角色，并完成其角色任务。

（续表）

一级指标	二级指标	三级指标	指标说明
创新性数字化学习	问题解决	选择有意义真实问题	学生在项目式学习中，选择国内外或自己生活中有意义有价值的真实问题进行探究。
		以批判视角分析问题	在问题解决过程中，对数据和信息进行批判分析，以探索可能的问题解决方案。
		合作协商中解决问题	在信息技术与教学整合中，学生在合作协商中与他人共同探究问题解决方案。
		以计算思维解决问题	学生以计算思维的方式，使用技术工具开发问题解决方案，并辅助问题解决。
	创新创造	主动创新意识	在信息技术与教学整合中，学生具有使用技术工具进行主动创新的意识。
		具备开放包容等创新品质	学生具备开放包容等创新品质，能够容忍不确定性，善于解决开放性问题。
		在知识建构中提出新观点	学生在学习活动中能够使用技术工具主动建构新观点和新想法。
		提出新颖的问题解决方案	在解决问题时，学生使用技术工具提出不同于传统方式的新方法、新思路、新途径以解决问题。
		将新想法创作为作品	学生使用技术工具将自己的新想法、新思路等设计并制作成作品。
数字化学习道德、法律与责任	价值观与道德规范	公平、正义和善良的价值观	学生在学习活动中使用技术工具时，坚持公平、正义和善的价值取向。
		爱国主义的价值观	学生在学习活动中使用技术工具时，秉持爱国主义思想，积极拥护国家利益。
		遵守社会道德规范	学生在使用技术时，遵守数字世界道德规范，以合乎伦理道德的方式参与数字化学习活动。
		维护个人数字声誉	学生认识到自己在数字世界中是永恒存在的，数字身份非常重要，积极维护其数字声誉。
	法律、安全与责任	遵守国家法律法规	学生在数字世界中，主动遵守国家法律法规。
		维护社会信息安全	学生在数字化学习中，主动而积极地维护社会信息系统安全。
		维护个人数据安全	学生主动维护个人数据安全，严防个人数据泄露，谨防隐私侵犯、账户被盗等。
		尊重知识产权	学生在数字化学习中，尊重知识产权，如在使用他人的知识或作品时，能够标明出处。
		健康的技术使用习惯	学生自觉抵制数字化学习中的不良信息或无关信息，养成健康的技术使用习惯。

第三节　评价指标的修订

在初步构建中小学生数字化学习能力评价指标之后，我们采用德尔菲专家咨询法对评价指标进行修订和完善。德尔菲法在使用时，首先应保证咨询专家的权威性和可靠性。我们主要通过专业学会、查阅专家成果、专家推荐等方式确定参与评价指标咨询的专家。参与咨询的专家主要分为三类，第一类是从事中小学生数字化学习能力评价研究，或信息技术与教学整合研究的高校科研人员，第二类是从事信息技术与教学整合的中小学教师等信息化实践工作者，第三类是熟悉中小学生数字化学习能力评价的教研人员、期刊编辑、电教工作者等。首先，我们通过中国教育学会中小学信息技术教育专业委员会，寻找中小学生数字化学习能力评价方面的专家学者，同时，通过中国知网搜索在中小学生数字化学习能力评价方面发表过期刊论文的专家学者，从而找到在中小学生数字化学习能力或信息技术与教学整合方面有研究经验的专家学者，并取得联系，邀请专家作为评价指标修订咨询专家。该部分专家以高校科研人员或教师为主。其次，我们经相关人士推荐，邀请到在中小学生数字化学习能力评价、信息技术与教学整合等方面有丰富实践经验的中小学教师作为咨询专家参与咨询活动。再次，通过同行推荐、学术微信群联络等方式，联系到熟悉中小学生数字化学习能力评价的中小学教研人员、教育信息化行政人员、期刊编辑担任咨询专家。最后，共有20位专家参与中小学生数字化学习能力评价指标开发咨询。咨询专家以高校教师和中小学教师为主，也有期刊编辑、教研人员、电教工作者等。咨询专家构成具体情况如表4-2所示。

表 4-2 咨询专家信息表

专家类型	专家数量	合计
高校教师	7	
中小学教师	8	
教研员	3	20
信息化主管	1	
期刊编辑	1	

专家咨询以问卷的方式进行。我们将初拟的 3 个一级指标、8 个二级指标、36 个三级指标设计成中小学生数字化学习能力评价指标开发咨询问卷。咨询问卷的设计采用李克特五点量表形式，专家根据评价指标的重要程度进行打分。评价指标重要程度分为五个等级，分别为非常重要（5 分）、重要（4 分）、不确定（3 分）、不重要（2 分）、非常不重要（1 分）。每个三级指标、二级指标和一级指标之后都有意见栏，专家可以根据自己的看法针对评价指标的增加、删除、修改等提出修改意见。具体而言，咨询问卷分为三个部分，第一部分为背景介绍及填写说明，第二部分为评价指标咨询具体内容，第三部分为专家基本信息调查。在咨询过程中，我们根据专家对评价指标的反馈信息修改问卷，并再次发放问卷，一直到专家意见集中为止。在咨询问卷处理和分析方面，我们主要从平均值、标准差、变异系数三个方面进行数据分析，再根据数据反馈结果对评价指标作相应修改，并将数据分析结果反馈给下一轮咨询专家作为参考。具体而言，专家咨询在两轮之后即呈现一致性，所以，专家咨询共进行了两轮。设计和开发的第一轮和第二轮专家咨询问卷具体见附录一和附录二。

一、第一轮专家咨询问卷分析

在中小学生数字化学习能力评价指标专家咨询中，第一轮专家咨询共发放咨询问卷 20 份，回收咨询问卷 20 份，回收率为 100%。通常专家咨询的问卷回收率达到 50% 以上就可以进行数据分析，达到 60% 以上说明专家积极性较高，达到 75% 以上说明专家积极性高。本次专家咨询问卷回收率为 100%，说明20位专家都积极参与本次评价指标咨询，问卷回收符合专家咨询问卷分析标准。

在咨询问卷中，我们设计了咨询专家对咨询内容的权威程度调查。Ca是专家对评价内容的判断依据，按常规分为理论分析、实践经验、国内外同行了解、个人直觉四类，影响程度为多、中、少。权重赋值情况如表4-3所示。

表4-3 判断依据及影响程度量化表

判断依据	对专家判断的影响程度		
	多	中	少
理论分析	0.3	0.2	0.1
实践经验	0.5	0.4	0.3
国内外同行了解	0.1	0.1	0.1
个人直觉	0.1	0.1	0.1

Cs是专家对问题的熟悉程度，分为5个等级，即1（非常不熟悉）、2（不熟悉）、3（不确定）、4（熟悉）、5（非常熟悉），分别赋值为0、0.2、0.5、0.8、1。专家权威系数Cr为两者的算术平均数，即Cr=（Ca+Cs）/2。通常Cr≥0.7为良好指标。第一轮专家咨询的专家权威程度数据如表4-4所示，专家对问题的熟悉程度为0.86，专家权威系数为0.8775，大于0.7，表明本次咨询的结果可靠。

表4-4 第一轮咨询专家权威程度

判断系数（Ca）	熟悉程度（Cs）	权威系数（Cr）
0.895	0.86	0.8775

我们对第一轮专家咨询问卷回收，利用SPSS软件进行描述性分析，计算平均值、标准差、变异系数。平均值也称为集中度，即各个专家对该指标的认可程度，数值通常越大越好；标准差也叫离散度，即各个专家对指标认可的分散程度，小于1为优；变异系数为各个专家对指标建议的协调程度，一般小于0.2为优。表4-5为第一轮专家咨询一级指标分析结果。

表 4-5 第一轮专家咨询一级指标分析结果

一级指标	平均值	标准差	变异系数
基础性数字化学习	4.85	0.37	0.08
创新性数字化学习	4.60	0.82	0.18
数字化学习道德、法律与责任	4.80	0.41	0.09

由表4-5可知，中小学生数字化学习能力评价指标专家咨询的一级指标，所得平均值都为4.5以上，说明专家对初拟的评价指标是高度认可的，三个一级指标的标准差都小于1且变异系数也小于0.2，说明专家对一级指标的认可一致性较高。有专家认为"数字化学习道德、法律与责任"表述方式不够简洁，且与"基础性数字化学习能力""创新性数字化学习能力"不能较好地对应起来。考虑到"数字化学习道德、法律与责任"中，责任其实就涵盖在道德与法律之中，所以，我们将该指标重新表述为"数字化学习道德与法律"。另外，为了更好地反映能力特色，将另外两个指标修改为"基础性数字化学习能力""创新性数字化学习能力"。这样，三个一级指标能够更好地对应起来。专家对一级指标的修改建议及最终修正结果如表4-6所示。

表 4-6 第一轮专家咨询一级指标修正结果

一级指标	专家建议	平均值	标准差	变异系数	修正结果
基础性数字化学习	感觉这一级分类有些平淡，不够突出。可继续提炼归纳，在保证科学的基础上，最好用简洁有力的词汇。	4.85	0.37	0.08	改为"基础性数字化学习能力"
创新性数字化学习		4.60	0.82	0.18	改为"创新性数字化学习能力"
数字化学习道德、法律与责任	"数字化学习道德、法律与责任"表述可以与前两个指标格式统一。	4.80	0.41	0.09	改为"数字化学习道德与法律"

表4-7为第一轮专家咨询二级指标分析结果。

表4-7 第一轮专家咨询二级指标分析结果

一级指标	二级指标	平均值	标准差	变异系数
基础性数字化学习	技术操作	4.65	0.49	0.11
	信息、数据与知识	4.70	0.47	0.10
创新性数字化学习	主动学习	4.80	0.41	0.09
	交流合作	4.70	0.47	0.10
	问题解决	4.75	0.44	0.10
	创新创造	4.80	0.41	0.09
数字化学习道德、法律与责任	价值观与道德规范	4.60	0.60	0.13
	法律、安全与责任	4.85	0.37	0.08

从表4-7可知，第一轮专家咨询中，专家对二级指标的认可集中度（平均值）都在4.5以上，说明专家对我们初拟的评价指标是高度认可的。二级指标的标准差都在1以下，变异系数都在0.2以下，并且大部分在0.1以下，说明专家对我们初拟的二级指标认可一致性程度比较高，具有较高的协调度。有专家认为"技术操作"指标应该不仅仅包括技术操作的技能，还应该包括技术操作的知识，所以，我们将"技术操作"指标修改为"技术操作类知识与技能"。有专家认为"信息、数据与知识"指标表达不够精练，建议修改为"信息素养"或"信息与数据素养"，我们将其修改为"信息与数据素养"。有专家认为"法律、安全与责任"指标表达不够精练，建议进行修改，我们将其修改为"法律法规与安全"。专家对二级指标的修改建议及最终修正结果如表4-8所示。

表 4-8 第一轮专家咨询二级指标修正结果

一级指标	二级指标	专家建议	平均值	标准差	变异系数	修正结果
基础性数字化学习能力	技术操作	建议添加"掌握基础知识"，或在"技术操作"中增加"知识"表述。建议对"法律、安全与责任"表述进行优化。	4.65	0.49	0.11	改为"技术操作类知识与技能"
	信息、数据与知识		4.70	0.47	0.10	改为"信息与数据素养"
创新性数字化学习能力	主动学习		4.80	0.41	0.09	无
	交流合作		4.70	0.47	0.10	
	问题解决		4.75	0.44	0.10	
	创新创造		4.80	0.41	0.09	
数字化学习道德与法律	价值观与道德规范		4.60	0.60	0.13	
	法律、安全与责任		4.85	0.37	0.08	改为"法律法规与安全"

表4-9为第一轮专家咨询三级指标分析结果。

表 4-9 第一轮专家咨询三级指标分析结果

一级指标	二级指标	三级指标	平均值	标准差	变异系数
基础性数字化学习	技术操作	掌握信息技术基础知识	4.70	0.47	0.10
		会使用常见的技术工具	4.70	0.47	0.10
		解决常见的技术故障	4.30	0.87	0.201
		不断学习新技术	4.30	0.92	0.21
	信息、数据与知识	搜索数据、信息与知识	4.75	0.44	0.09
		评估数据、信息与知识	4.65	0.49	0.11
		管理数据、信息与知识	4.65	0.49	0.11
		初步应用数据、信息与知识	4.70	0.47	0.10
创新性数字化学习	主动学习	主动选择学习目标	4.70	0.57	0.12
		主动选择学习内容	4.70	0.57	0.12
		主动制定学习策略	4.95	0.22	0.05
		主动构建学习环境	4.55	0.76	0.17
		主动寻求评价反馈	4.70	0.47	0.10

（续表）

一级指标	二级指标	三级指标	平均值	标准差	变异系数
创新性数字化学习	交流合作	选择恰当的交流合作工具	4.50	0.76	0.17
		清晰有效地进行交流	4.60	0.50	0.11
		为交流对象定制表达方式	4.45	0.61	0.14
		使用技术与各类群体合作	4.30	0.66	0.15
		在合作中胜任不同任务角色	4.50	0.51	0.11
	问题解决	选择有意义真实问题	4.65	0.49	0.11
		以批判视角分析问题	4.60	0.60	0.13
		合作协商中解决问题	4.65	0.49	0.11
		以计算思维解决问题	4.55	0.76	0.17
	创新创造	主动创新意识	4.80	0.41	0.09
		具备开放包容等创新品质	4.50	0.61	0.13
		在知识建构中提出新观点	4.60	0.50	0.11
		提出新颖的问题解决方案	4.80	0.41	0.09
		将新想法创作为作品	4.75	0.55	0.12
数字化学习道德、法律与责任	价值观与道德规范	公平、正义和善良的价值观	4.75	0.55	0.12
		爱国主义的价值观	4.80	0.41	0.09
		遵守社会道德规范	4.80	0.41	0.09
		维护个人数字声誉	4.70	0.47	0.10
	法律、安全与责任	遵守国家法律法规	4.85	0.37	0.08
		维护社会信息安全	4.90	0.31	0.06
		维护个人数据安全	4.90	0.31	0.06
		尊重知识产权	4.80	0.41	0.09
		健康的技术使用习惯	4.70	0.47	0.10

由表4-9可知，第一轮专家咨询中，三级指标的集中度（平均值）都在4以上，且大部分在4.5以上，说明专家对我们初拟的评价指标是认可的。三级指标的标准差都在1以下，变异系数仅有两项在0.2以上，其余均在0.2以下，说明专家对三级指标的认可一致性比较高。三级指标中，"解决常见的技术故障"变异系数为0.201，"不断学习新技术"变异系数为0.21，这两项指标变异系数超过0.2，需要修改。有专家认为"解决常见的技术故障"对于中

小学生而言相对较难，难以实现。考虑到专家对该指标争议比较大，所以，我们将该三级指标删除。有专家认为"不断学习新技术"其实是主动学习的内在部分，应该归类于二级指标"主动学习"之下。考虑到主动学习内涵之中确实已经包含"不断学习新技术"，所以，我们也将三级指标"不断学习新技术"删除。有专家认为"为交流对象定制表达方式"与"交流合作"下的其他构成指标有重合处，所以，将"为交流对象定制表达方式"与"使用技术与各类群体合作"合并，修改为"根据需求选择适宜的合作对象"。有专家认为"以计算思维解决问题"在中小学并不常见，且难度较大，另外，"合作协商中解决问题"也与"交流合作"下的构成指标有重复之处，所以，将这两项指标合并修改为"迭代循环中优化问题解决方案"。有专家认为"健康的技术使用习惯"归属不当，不属于"法律、安全与责任"下的构成指标。考虑到"健康的技术使用习惯"更多地属于价值观和道德规范层面的内容，将其归入"价值观与道德规范"维度。专家提出的其他修改意见为评价指标表述方式的修订。专家对三级指标的修改建议及最终修正结果如表4-10所示。

表4-10 第一轮专家咨询三级指标修正结果

二级指标	三级指标	专家建议	平均值	标准差	变异系数	修正结果
技术操作类知识与技能	掌握信息技术基础知识		4.70	0.47	0.10	无
	会使用常见的技术工具		4.70	0.47	0.10	会使用基础性技术工具（表述修订）
	解决常见的技术故障		4.30	0.87	0.201	删除
	不断学习新技术	"不断学习新技术"与"主动学习"有交叉。	4.30	0.92	0.21	删除
信息与数据素养	搜索数据、信息与知识		4.75	0.44	0.09	准确搜索数据、信息与知识（表述修订）
	评估数据、信息与知识		4.65	0.49	0.11	科学评估数据、信息与知识（表述修订）
	管理数据、信息与知识		4.65	0.49	0.11	有效管理数据、信息与知识（表述修订）
	初步应用数据、信息与知识		4.70	0.47	0.10	合理应用数据、信息与知识（表述修订）

(续表)

二级指标	三级指标	专家建议	平均值	标准差	变异系数	修正结果
主动学习	主动选择学习目标		4.70	0.57	0.12	主动制定学习目标（表述修订）
	主动选择学习内容		4.70	0.57	0.12	无
	主动制定学习策略		4.95	0.22	0.05	
	主动构建学习环境		4.55	0.76	0.17	
	主动寻求评价反馈		4.70	0.47	0.10	
交流合作	选择恰当的交流合作工具		4.50	0.76	0.17	
	清晰有效地进行交流		4.60	0.50	0.11	
	为交流对象定制表达方式		4.45	0.61	0.14	根据需求选择适宜的合作对象（合并指标并修订表述）
	使用技术与各类群体合作		4.30	0.66	0.15	
	在合作中胜任不同任务角色	"计算思维视角"的描述似乎不妥。"合作协商"涉及"交流合作"能力。"选择问题"改为"发现并选择问题"等表述性修改内容。"开放包容"更多指交流合作中的品质。	4.50	0.51	0.11	无
问题解决	选择有意义真实问题		4.65	0.49	0.11	发现并选择有意义真实问题（表述修订）
	以批判视角分析问题		4.60	0.60	0.13	无
	合作协商中解决问题		4.65	0.49	0.11	迭代循环中优化问题解决方案（合并指标并修订表述）
	以计算思维解决问题		4.55	0.76	0.17	
创新创造	主动创新意识		4.80	0.41	0.09	无
	具备开放包容等创新品质		4.50	0.61	0.13	具备勇于尝试的创新品质（表述修订）
	在知识建构中提出新观点		4.60	0.50	0.11	无
	提出新颖的问题解决方案		4.80	0.41	0.09	
	将新想法创作为作品		4.75	0.55	0.12	
价值观与道德规范	公平、正义和善良的价值观		4.75	0.55	0.12	无
	爱国主义的价值观		4.80	0.41	0.09	
	遵守社会道德规范		4.80	0.41	0.09	
	维护个人数字声誉		4.70	0.47	0.10	
法律法规与安全	遵守国家法律法规		4.85	0.37	0.08	
	维护社会信息安全		4.90	0.31	0.06	
	维护个人数据安全		4.90	0.31	0.06	
	尊重知识产权		4.80	0.41	0.09	
	健康的技术使用习惯		4.70	0.47	0.10	调整到"价值观与道德规范"中。

二、第二轮专家咨询问卷分析

经过第一轮专家咨询问卷数据分析，结合专家修改意见，我们重新设计了中小学生数字化学习能力评价指标，并进行第二轮专家咨询。我们将开发的第二轮专家咨询问卷（见附录二）发放给参与第一轮专家咨询的20位专家，共有19位专家填答了问卷，问卷回收率为95%，说明专家参与第二轮咨询积极性高。专家熟悉程度系数为0.842，权威系数为0.8895，说明本次咨询结果可靠。

第二轮专家咨询一级评价指标分析结果如表4-11所示。

表4-11 第二轮专家咨询一级指标分析结果

一级指标	平均值	标准差	变异系数
基础性数字化学习能力	4.95	0.23	0.05
创新性数字化学习能力	4.89	0.32	0.06
数字化学习道德与法律	4.84	0.37	0.08

从表4-11可以看出，3个一级评价指标的平均值都为4.8以上，和第一轮专家咨询相比，3个一级评价指标的平均值都有所提高。总体而言，3个一级指标的平均值都接近满分5分，尤其是基础性数字化学习能力的平均值为4.95，几乎接近满分5分，这充分说明19位咨询专家对修改后的一级评价指标是非常满意的。从标准差来看，3个一级评价指标的标准差都小于1，和第一轮专家咨询相比，都有了明显的下降；从变异系数来看，3个一级评价指标的变异系数都小于0.2，和第一轮专家咨询相比，都有了明显的下降。在3个一级指标中，尤其明显的是创新性数字化学习能力，平均值、标准差和变异系数，相比第一轮都有了明显提升，平均值从第一轮专家咨询的4.60上升到4.89，标准差从第一轮专家咨询的0.82下降到0.32，变异系数从第一轮专家咨询的0.18下降到0.06。这可能是因为一级评价指标的表述方式修订之后，更加利于对比分析，专家也更容易认识到创新性数字化学习能力在学生数字化学习中的重要性和独特性。从一级评价指标的定性反馈意见来看，专家在第二轮咨询中普遍认可修订后的一级评价指标。综合而言，专家们对修

订后的一级评价指标是满意和认可的。

第二轮专家咨询二级评价指标分析结果如下表4-12所示。

表4-12 第二轮专家咨询二级指标分析结果

一级指标	二级指标	平均值	标准差	变异系数
基础性数字化学习能力	技术操作类知识与技能	4.84	0.37	0.08
	信息与数据素养	4.79	0.42	0.09
创新性数字化学习能力	主动学习	4.95	0.23	0.05
	交流合作	4.84	0.37	0.08
	问题解决	5.00	0.00	0.00
	创新创造	4.84	0.37	0.08
数字化学习道德与法律	价值观与道德规范	4.84	0.37	0.08
	法律法规与安全	4.89	0.32	0.06

从表4-12可以看出，8个二级评价指标的平均值都在4.79以上，和第一轮专家咨询相比，8个二级评价指标的平均值都有所提升，尤其是"问题解决"评价指标的平均值，为满分5分。从二级评价指标的平均值来看，不难看出二级评价指标的平均值均接近甚至达到满分5分，说明专家对修订后的二级评价指标是满意和认可的。从标准差而言，8个二级评价指标的标准差都小于1，且均小于第一轮专家咨询的标准差。从变异系数而言，8个二级评价指标的变异系数都小于0.2，且均小于第一轮专家咨询的变异系数。从第二轮专家咨询的标准差和变异系数来看，专家对修订后的评价指标的认可程度具有较高的一致性。在8个二级评价指标中，"问题解决"评价指标在第二轮专家咨询中认可程度最高，平均值为5，标准差和变异系数都为0，说明专家给该项评价指标的打分都为5分，这可能是因为专家认为在创新性数字化学习能力中，学生的问题解决能力是核心能力。从二级评价指标的定性反馈意见来看，除了一些表述上的建议之外，绝大多数专家认可修订后的二级评价指标。综合而言，专家们对修订后的二级评价指标是满意和认可的。

第二轮专家咨询三级评价指标分析结果如下表4-13所示。

表 4-13 第二轮专家咨询三级指标分析结果

一级指标	二级指标	三级指标	平均值	标准差	变异系数
基础性数字化学习能力	技术操作类知识与技能	掌握信息技术基础知识	4.79	0.42	0.09
		会使用基础性技术工具	4.84	0.37	0.08
	信息与数据素养	准确搜索数据、信息与知识	4.89	0.32	0.06
		科学评估数据、信息与知识	4.84	0.37	0.08
		有效管理数据、信息与知识	4.79	0.42	0.09
		合理应用数据、信息与知识	4.89	0.32	0.06
创新性数字化学习能力	主动学习	主动制定学习目标	4.95	0.23	0.05
		主动选择学习内容	4.84	0.37	0.08
		主动制定学习策略	4.84	0.37	0.08
		主动构建学习环境	4.74	0.45	0.10
		主动寻求评价反馈	4.84	0.37	0.08
	交流合作	选择恰当的交流合作工具	4.79	0.42	0.09
		清晰有效地进行交流	4.95	0.23	0.05
		根据需求选择适宜的合作对象	4.74	0.45	0.10
		在合作中胜任不同任务角色	4.68	0.48	0.10
	问题解决	发现并选择有意义真实问题	4.79	0.42	0.09
		以批判视角分析问题	4.74	0.45	0.10
		迭代循环中优化问题解决方案	4.84	0.37	0.08
	创新创造	主动创新意识	4.95	0.23	0.05
		具备勇于尝试的创新品质	4.84	0.37	0.08
		在知识建构中提出新观点	4.68	0.48	0.10
		提出新颖的问题解决方案	4.74	0.45	0.10
		将新想法创作为作品	4.84	0.37	0.08
数字化学习道德与法律	价值观与道德规范	公平、正义和善良的价值观	4.79	0.42	0.09
		爱国主义的价值观	4.95	0.23	0.05
		遵守社会道德规范	4.84	0.37	0.08
		维护个人数字声誉	4.84	0.37	0.08
		健康的技术使用习惯	4.79	0.42	0.09
	法律法规与安全	遵守国家法律法规	5.00	0.00	0.00
		维护社会信息安全	4.89	0.32	0.06
		维护个人数据安全	5.00	0.00	0.00
		尊重知识产权	4.95	0.23	0.05

从表4-13可以看出，32个三级评价指标的平均值都为4.68以上，和第一轮专家咨询相比，32个三级评价指标中除"主动制定学习策略""提出新颖的问题解决方案"和"维护社会信息安全"评价指标，相比第一轮专家咨询平均值稍微有所下降外，其余的评价指标平均值都有所提升，说明专家对修订后的三级评价指标是满意的。从标准差而言，32个评价指标的标准差都小于1，除"主动制定学习策略""提出新颖的问题解决方案"和"维护社会信息安全"评价指标的标准差，相比第一轮专家咨询的标准差稍微有所升高外，其余评价指标的标准差都有所下降。从变异系数来看，32个评价指标的变异系数都小于0.2，除"主动制定学习策略""提出新颖的问题解决方案"和"维护社会信息安全"评价指标的变异系数，相比第一轮专家咨询的变异系数稍微有所升高外，其余评价指标的变异系数都有所下降。从第二轮专家咨询的标准差和变异系数来看，相比第一轮专家咨询，专家们对修订后的评价指标的认可程度具有较高的一致性。32个评价指标中，"遵守国家法律法规"和"维护个人数据安全"评价指标在第二轮专家咨询中，平均值为满分5分，标准差和变异系数都为0，说明专家给这两项指标都打了5分，这表明在遵守法律法规和维护个人数据安全的重要性方面，专家的看法具有高度的一致性。至于"主动制定学习策略""提出新颖的问题解决方案""维护社会信息安全"3个评价指标相比第一轮专家咨询在平均值、标准差和变异系数3个方面的表现都稍微有所下降，我们认为，这只说明这3项评价指标相对其他指标而言，专家认可程度稍低，但是，不能说明专家不认可这三项评价指标。比如，在"维护社会信息安全"指标方面，专家意见的平均值为4.89，标准差为0.32，变异系数为0.06，说明专家是认可该评价指标的。在定性评价方面，绝大多数专家认可修订后的三级评价指标，只是认为"迭代循环中优化问题解决方案"表述不够简练，因此我们将该评价指标修改为"提出并持续优化问题解决方案"。综合而言，专家们对修订后的三级评价指标是满意和认可的。

第四节 评价指标的确立

通过两轮专家咨询问卷调查，并根据问卷分析反馈结果反复修改评价指标，我们最终确立了中小学生数字化学习能力评价指标。该评价指标包含基础性数字化学习能力、创新性数字化学习能力、数字化学习道德与法律3个一级指标，操作类知识与技能、信息与数据素养、主动学习、交流合作、问题解决、创新创造、价值观与道德规范、法律法规与安全8个二级指标，掌握信息技术基础性知识等32个三级指标。具体指标内容如表4-14所示。

表4-14 中小学生数字化学习能力评价指标

一级指标	二级指标	三级指标	指标说明	序号
基础性数字化学习能力	操作类知识与技能	掌握信息技术基础知识	掌握基础性的信息技术硬件和软件知识，比如硬件使用、文件管理、软件安装、网络基础等。	1
		会使用基础性技术工具	会使用常见的技术工具，比如办公软件、音视频处理软件、网络下载工具、思维导图等。	2
	信息与数据素养	准确搜索数据、信息与知识	能够通过互联网、校园网、官方数据库、中国知网等准确查找和搜索数据、信息和知识。	3
		科学评估数据、信息与知识	科学分析和评估数据、信息和知识的可靠性和有效性，并理解数据、信息和知识的真正意义。	4
		有效管理数据、信息与知识	根据个人或机构需要，使用技术工具有效存储、管理和调用数据、信息和知识。	5
		合理应用数据、信息与知识	将数据、信息与知识合理应用到学习和生活中，以理解社会现象，并深化和巩固知识。	6
创新性数字化学习能力	主动学习	主动制定学习目标	在信息技术与教学整合中，在教师指导下，学生主动制定学习目标。	7
		主动选择学习内容	在信息技术与教学整合中，在教师指导下，学生主动选择学习的内容。	8
		主动制定学习策略	在信息技术与教学整合中，在教师指导下，学生主动制定学习策略，比如小组合作学习策略。	9
		主动构建学习环境	在信息技术与教学整合中，在教师指导下，学生使用技术工具主动建构个性化学习环境。	10
		主动寻求评价反馈	在信息技术与教学整合中，在教师指导下，学生使用技术工具主动寻求反馈信息，以改进学习。	11

（续表）

一级指标	二级指标	三级指标	指标说明	序号
创新性数字化学习能力	交流合作	选择恰当的交流合作工具	学生和他人交流合作时，根据预期的交流与合作目的，选择恰当的技术工具开展交流与合作。	12
		清晰有效地进行交流	在合作交流活动中，能够使用图形、模型等多样化的技术工具清晰有效地表达自己的观点。	13
		根据需求选择适宜的合作对象	学生根据学习需求，选择适宜的合作对象进行合作，比如求助校外专家帮忙解答专业问题等。	14
		在合作中胜任不同角色任务	在基于技术的项目式学习中，学生能够根据项目需求担任不同的角色，并完成其角色任务。	15
	问题解决	发现并选择有意义真实问题	学生在项目式学习中，发现并选择国内外或自己生活中有意义有价值的真实问题进行探究。	16
		以批判视角分析问题	在问题解决过程中，对数据和信息进行批判分析，以探索可能的问题解决方案。	17
		提出并持续优化问题解决方案	学生在学习中解决问题时，不断测试问题解决方案，在迭代循环中不断优化问题解决方案。	18
	创新创造	具备主动创新意识	在信息技术与教学整合中，学生具有使用技术工具进行主动创新的意识。	19
		具备勇于尝试的创新品质	学生具备勇于尝试的创新品质，能够容忍不确定性，善于解决开放性问题。	20
		在知识建构中提出新观点	学生在学习活动中能够使用技术工具主动建构新观点和新想法。	21
		提出新颖的问题解决方案	在解决问题时，学生使用技术工具提出不同于传统方式的新方法、新思路、新途径以解决问题。	22
		将新想法创作为作品	学生使用技术工具将自己的新想法、新思路等设计并制作成作品。	23
数字化学习道德与法律	价值观与道德规范	公平、正义和善良的价值观	学生在学习活动中使用技术工具时，坚持公平、正义和善良的价值取向。	24
		爱国主义的价值观	学生在学习活动中使用技术工具时，秉持爱国主义思想，积极拥护国家利益。	25
		遵守社会道德规范	学生在使用技术时，遵守数字世界道德规范，以合乎伦理道德的方式参与数字化学习活动。	26
		维护个人数字声誉	学生认识到自己在数字世界中是永恒存在的，数字身份非常重要，积极维护其数字声誉。	27
		健康的技术使用习惯	学生自觉抵制数字化学习中的不良信息或无关信息，养成健康的技术使用习惯。	28

（续表）

一级指标	二级指标	三级指标	指标说明	序号
数字化学习道德与法律	法律法规与安全	遵守国家法律法规	学生在数字世界中，主动遵守国家法律法规。	29
		维护社会信息安全	学生在数字化学习中，主动而积极地维护社会信息系统安全。	30
		维护个人信息安全	学生主动维护个人信息安全，严防个人数据泄露，谨防隐私侵犯、账户被盗等。	31
		尊重知识产权	学生在数字化学习中，尊重知识产权，如在使用他人的知识或作品时，能够标明出处。	32

第五节　评价指标权重确定

本研究采用层次分析法（简称AHP）确定中小学生数字化学习能力评价指标权重。我们邀请参加评价指标咨询的专家参与评价指标权重咨询，共有17位专家参与评价指标权重咨询，专家权威系数为0.8411，表明参与咨询的专家在权威性方面可靠。

专家权威系数计算过程如下。Ca是专家对评价内容的判断依据，按常规分为理论分析、实践经验、国内外同行了解、个人直觉四类，影响程度为多、中、少，分别赋值。其权重如表4-15所示。

表4-15　判断依据及影响程度量化表

判断依据	对专家判断的影响程度		
	多	中	少
理论分析	0.3	0.2	0.1
实践经验	0.5	0.4	0.3
国内外同行了解	0.1	0.1	0.1
个人直觉	0.1	0.1	0.1

Cs是专家对问题的熟悉程度，分为5个等级，即1（非常不熟悉）、2（不熟悉）、3（不确定）、4（熟悉）、5（非常熟悉），分别赋值为0、0.2、

0.5、0.8、1。专家权威系数 Cr 为两者的算术平均数，即 Cr =（Ca+Cs）/2。通常 Cr ≥ 0.7 为良好指标。专家权威程度的数据如表 4-16 所示，专家权威系数为 0.8411，大于 0.7，表明本次咨询的结果可靠。

表 4-16 专家权威程度

判断系数（Ca）	熟悉程度（Cs）	权威系数（Cr）
0.876	0.806	0.8411

层次分析法在 20 世纪 70 年代初由美国运筹学家萨蒂（T. L. Saaty）提出，主要作用是对不能完全定量分析的问题进行分析，而且能对结果进行一致性检验，提高了问题分析结果准确性。层次分析法是将要决策的问题及其有关因素分解成目标、准则、方案等层次，进而进行定性和定量分析的决策方法。它的特征是合理地将定性与定量决策结合起来，按照思维、心理的规律把决策过程细致化（层次化、数量化）。运用层次分析法建模，大体上可按下面四个步骤进行：建立递阶层次结构模型；构造出各层次中的所有判断矩阵；层次单排序及一致性检验；层次总排序及一致性检验。[①]

在中小学生数字化学习能力评价指标权重咨询中，我们首先按层次分析法原理设计和开发了学生数字化学习能力评价指标权重咨询问卷，发放给咨询专家填答。评价指标权重咨询数据收集回来之后，我们使用 yaahp 软件对数据进行分析，并得出结论。在 yaahp 软件中，我们首先构建了中小学生数字化学习能力评价指标权重递阶层次结构模型，然后将 17 位专家的问卷数据输入 yaahp 软件中的判断矩阵。在 17 位专家的问卷数据输入过程中，根据 yaahp 软件中的判断矩阵一致性检验结果，再次和专家沟通，根据 yaahp 软件的一致性检验反馈结果调整权重判断数据，直到每位专家的权重判断数据通过判断矩阵一致性检验。然后以"计算结果集结"中的"算术平均"计算权重数据。最终计算出的中小学生数字化学习能力评价指标权重如

---

① 秦吉，张翼鹏. 现代统计信息分析技术在安全工程方面的应用：层次分析法原理 [J]. 工业安全与防尘，1999, (05): 44-48.

表4-17所示。

表4-17 中小学生数字化学习能力评价指标权重

一级指标	权重	二级指标	权重	三级指标	权重
基础性数字化学习能力	0.3468	操作类知识与技能	0.1539	掌握信息技术基础知识	0.0645
				会使用基础性技术工具	0.0894
		信息与数据素养	0.1930	准确搜索数据、信息与知识	0.0552
				科学评估数据、信息与知识	0.0478
				有效管理数据、信息与知识	0.0299
				合理应用数据、信息与知识	0.0601
创新性数字化学习能力	0.3220	主动学习	0.1182	主动制定学习目标	0.0332
				主动选择学习内容	0.0247
				主动制定学习策略	0.0278
				主动构建学习环境	0.0137
				主动寻求评价反馈	0.0187
		交流合作	0.0615	选择恰当的交流合作工具	0.0112
				清晰有效地进行交流	0.0186
				根据需求选择适宜的合作对象	0.0150
				在合作中胜任不同任务角色	0.0167
		问题解决	0.0730	发现并选择有意义真实问题	0.0256
				以批判视角分析问题	0.0236
				提出并持续优化问题解决方案	0.0237
		创新创造	0.0693	具备主动创新意识	0.0182
				具备勇于尝试的创新品质	0.0137
				在知识建构中提出新观点	0.0120
				提出新颖的问题解决方案	0.0143
				将新想法创作为作品	0.0111
数字化学习道德与法律	0.3312	价值观与道德规范	0.1953	公平、正义和善良的价值观	0.0464
				爱国主义的价值观	0.0438
				遵守社会道德规范	0.0350
				维护个人数字声誉	0.0330
				健康的技术使用习惯	0.0372
		法律法规与安全	0.1359	遵守国家法律法规	0.0425
				维护社会信息安全	0.0315
				维护个人信息安全	0.0296
				尊重知识产权	0.0323

完成评价指标权重确立之后，还需要确定评价指标的评价标准。我们按照确定评价标准的通用做法，将每项三级评价指标的评价标准确定为优秀、良好、一般和较差四个等级，在百分制下，赋值系数分别为1.0、0.8、0.6和0.4。优秀意为学生完全掌握该评价指标下的数字化学习能力要求，良好意为学生较好地掌握该评价指标下的数字化学习能力要求，一般意为学生基本掌握该评价指标下的数字化学习能力要求，较差意为学生数字化学习能力差，不能满足数字化学习能力基本要求。将具体评价指标、指标权重和评价标准综合在一起，即为完整的中小学生数字化学习能力评价指标体系（见附录四）。

对于中小学生而言，小学、初中和高中各个学段的数字化学习实践有所不同，且学生认知发展水平和信息技术能力发展要求也不同，所以，在开发综合版的中小学生数字化学习能力评价指标基础上，还需要为各个学段开发相应的评价标准。根据中小学生数字化学习实践情况，及中小学生认知发展水平和信息技术课程要求，我们将中小学生数字化学习能力评价标准划分为小学低年级、小学高年级、初中、高中四个学段的学生数字化学习能力评价标准。各个学段的学生数字化学习能力评价标准开发及应用将在下一章详细展开。

第六节　评价指标体系内容解析

结合联合国教科文组织教师信息技术应用能力框架及我国中小学生数字化学习能力发展情况，不难看出，中小学生数字化学习能力评价指标构建，应该既考虑学生数字化学习能力的全面性，又兼顾我国中小学生数字化学习的实践情况。因此，从基础性数字化学习能力、创新性数字化学习能力、数字化学习道德与法律三个维度构建评价指标是恰当和合理的。

一、基础性数字化学习能力

基础性数字化学习能力反映了学生在数字化学习中，具备信息技术基础性知识与技能，会使用信息技术硬件和软件。同时，学生在数字化学习中，能够使用信息技术获取、巩固和应用知识，实现浅层学习目标，为深度学习做好准备。基础性数字化学习能力类似于我国教育语境中诉求的掌握基础知识和基础技能要求。

1. 操作类知识与技能

会使用信息技术硬件和软件工具是学生进行数字化学习的前提条件。作为中小学生，应该具备一定的信息技术基础性知识与技能。实际上，作为数字时代成长起来的一代，中小学生已经大多具备基础性的信息技术知识与技能，但是，可能对相关知识和技能的掌握还不够准确和清晰，这就需要教师在数字化教学中给予指导与支持，创设数字化教学情境，实现学生基础性技术知识和技能的掌握。当然，在实践操作中，由于中小学生包括小学生、初中生和高中生，各个学段对学生信息技术知识与技能的要求是不同的，所以，在培养学生信息技术操作类知识与技能的过程中，还应该兼顾学生的认知发展水平。比如，小学低年级学生应该掌握什么样的信息技术知识与技能，需要经过严密的论证。从发展角度而言，小学低年级学生应该具备一定的信息技术基础知识与技能，但是，我国中小学信息技术课程自小学三年级起开设，也就是说，小学中高年级学生才能在学校教育环境中学习和掌握信息技术基础知识与技能。但是，我们认为，小学一、二年级学生没有开设信息技术课程，并不代表学生接触不到信息技术，或者说不需要掌握基础性的信息技术知识与技能，实际上，信息技术或信息化已经成为当代社会生产生活和学习的内在组成部分，小学低年级学生，甚至学龄前儿童都已经在学习、生活中接触和使用信息技术，小学低年级学生掌握初步的信息技术知识与技能不仅是必要的，而且也是可行的。

就小学高年级、初中和高中三个学段而言，由于开设有信息技术课程，信息技术课程核心素养中就有数字化学习与创新素养要求，这三个学段学生的信息技术知识与技能掌握要求相对清晰一些，可以将信息技术课程作为依据。但是，信息技术课程只是给出了学生信息技术知识与技能掌握的基本要求，在数字化学习方面，学生的信息技术知识与技能掌握可能还存在一定的发展性要求。这就要求教师在信息技术与教学整合中，能够提炼数字化学习中的信息技术知识与技能发展要求，针对性地设计数字化学习活动，给学生提供针对性指导与支持，为学生掌握此类信息技术知识与技能创造条件。比如，在数字化学习中，学生使用PPT演示文稿主要是展示学习成果，显然和一般的PPT演示文稿知识与技能掌握存在差异，学生可能不仅需要掌握PPT演示文稿制作的技术性技能，还需要掌握使用PPT演示文稿展示学习成果的技能。再比如，在当前教育信息化2.0时代，政府和学校为学生提供人人通学习平台，学生要正确使用人人通等学习平台，还需要教育工作者给予必要的支持与指导。

2. 信息与数据素养

在数字化学习中，信息与数据素养相对而言处于基础性的位置，学生在数字化学习环境中，要接收、巩固和应用知识，首先得具备信息与数据素养。学生在数字化学习环境中，面对的是充满整个学习过程的数据和信息，如何搜索、评估、管理和使用数据和信息成为学生必须掌握的内容。如果学生不具备信息与数据素养，那么，学生在数字化学习环境中必然陷入迷航状态，被大数据时代和信息时代海量的数据和信息所淹没，谈不上学习和掌握知识。如果学生具备了信息与数据素养，那么大数据时代和信息时代海量的数据和信息则成为学生学习和掌握知识的有力工具，学生的学习效率和效果必然得到提升，实现事半功倍的效果。从知识发展的内在规律而言，是先有数据，再有信息，后有知识，知识学习和掌握的过程本身就伴随着数据和信息的处理过程。因此，在数字化学习中，具备数据和信息素养成为必然要求。

学生首先得学会搜索数据、信息和知识，能够使用信息技术工具查找自己需要的知识。在查找过程中，学生还得学会判断数据、信息和知识的可靠性，尤其是获取渠道的可靠性，要通过教师等推荐的官方渠道获取知识。在获取数据、信息和知识的过程中，还涉及管理的问题，应管理数据、信息和知识，方便自己使用。最后涉及数据、信息和知识的应用，搜索、评估和管理的最终目的是使用，要学会合理使用信息和知识去解释生活中的现象。

在信息和数据素养培养中，考虑各个学段学生的差异性，应该有针对性地组织信息技术与教学整合活动，培养学生信息与数据素养。比如，对于小学低年级学生而言，信息与数据素养培养可能是启蒙性质的，应让学生认识到信息获取渠道有权威的，也有不权威的，让学生能够认识到这一点非常重要。比如，低年级学生使用电子设备观看动画片时，应有意识地使用儿童版应用程序。而对于高中生而言，信息和数据素养培养就会深入一些，更多地要考虑学生对信息的批判分析、综合应用等能力的培养。

二、创新性数字化学习能力

创新性数字化学习能力是指学生在基础性数字化学习能力基础上，能够使用信息技术发展高级认知思维的能力，比如，问题解决、创新创造、合作交流等。也就是说，学生首先得具备基础性数字化学习能力，才能谈到发展创新性数字化学习能力，就像先有浅层学习，才有深度学习一样。在创新性数字化学习能力方面，主动学习是基础和核心。在信息技术与教学整合中，学生具备主动学习的能力，才能谈到问题解决、创新创造、交流合作等能力的发展。学生如果在信息技术与教学整合中，做不到主动学习，那么，就不可能完成创新创造、交流合作和问题解决等复杂活动。创新创造等复杂的认知活动，本身就是学生主动积极作为的过程，而不是学生被动接受知识的过程。

1. 主动学习

主动学习是指学生在学习过程中掌握学习的主动权和选择权，能够主动选择学习目标、学习策略和学习评价等，在整个学习活动中积极主动。当然，学生在主动学习中不一定是每个环节都得主动，学生在任何一个学习环节的主动行为都可以看作是主动学习。根据学生学习活动的流程，主动学习体现在主动制定学习目标、主动选择学习内容、主动制定学习策略、主动构建学习环境、主动寻求评价反馈五个方面。信息技术与教学整合中的主动学习也体现在这五个方面，实际上，实现主动学习离不开信息技术的支持，信息技术支持下的教与学才能更好地体现主动学习。主动制定学习目标，这是主动学习的第一步。在主动制定学习目标之后，就涉及主动选择学习内容的问题。学习目标的承载体是学习内容，不同学习风格的学习者可能有着不同的学习内容偏好，要给学生创设条件，让学生可以根据自己的偏好选择合适的学习内容。选择学习内容之后，学生需要制定学习策略，也就是实现学习目标的实践策略。学习过程本身是个性化的过程，学生能够根据自己的认知水平和学习风格等制定适合自己的学习策略是非常重要的。当然，在实践中，主动制定学习策略受到主客观条件的限制，但是，我们应该尽量创造这种条件，让学生可以主动制定学习策略。

主动学习能力是逐步发展形成的。在刚开始的小学阶段，学生主要是被动学习，需要在教师直接教授和指导下学习。随着学段增长，学生具备阅读能力等基础性学习能力之后，就可以慢慢养成主动学习的习惯。比如，对于小学一年级的学生而言，让学生具备主动学习能力显然是不现实的，一年级学生还处于对学校生活的适应和初步认识之中，这种情况下，学习可能更多是在教师的直接教授和指导下进行。但是，在教学过程中，教师应培养学生的学习兴趣，培养学生主动学习的意识，让学生在学习活动中尽量发挥主动性。对于高中生而言，学生甚至可以在脱离教师的情况下，利用网络课程等技术进行主动学习。比如，学生通过网络查找知识，和网络中的学友一起探讨感兴趣的问题等。

2. 交流合作

交流合作是指在数字化学习中，学生使用信息技术进行交流和合作，并在该过程中发展交流与合作能力。现代社会是高度分工与协作的社会，只有学会交流与合作才能适应未来社会生存与发展。在学习中，交流与合作，尤其是在项目式学习中进行交流与合作，是发展学生能力的重要途径和手段。通过交流和合作，学生才能更好地建构知识和发展能力。数字化学习能力体现的是学生的数字化能力，所以，首先要学会选择恰当的交流合作工具。在选择恰当的交流合作工具之后，学生还需要学会使用信息技术进行清晰有效的交流，比如，使用图表、建模工具等，形象直观地表达自己的观点。在交流合作中，学生需要结合自身特点和学习任务，选择适宜的合作对象完成学习任务。在具体合作中，还需要担任不同的角色，并完成相应的角色任务。在复杂的合作任务中，学生不能局限于自己擅长的角色，还应该锻炼担任其他角色，这样才能更好地发展交流合作能力。当然，在具体任务中，学生可能会更多地担任自己擅长的任务角色，但是，学生只有体验过不同的任务角色，并尝试胜任不同任务角色，才能更好地理解他人，理解任务，也才能更好地完成自己擅长的角色任务。

交流合作是人的一种天性，小孩在3岁左右就具备交流合作的能力。在现实生活中，不难发现小朋友玩的过程其实也是在不断地进行交流与合作。当然，在具体的学习活动中，交流合作的任务要更加复杂一些，这就需要教育工作者结合学生认知特点，针对性地发展学生的交流合作能力。小学低年级学生更多地处于数字化交流与合作的启蒙状态，可能已经具备交流与合作的基础能力，但是，由于信息技术能力发展相对不充分，在使用信息技术进行交流与合作方面还处于初步阶段。学生只是初步了解和认识到，在学习中，信息技术工具也可以应用于交流和合作。对于高年级学生来说，交流合作能力发展需要结合学科知识，在具体学习任务中，发展交流合作能力。

3. 问题解决

问题解决是指在信息技术与教学整合中，学生通过项目式学习，学会解决问题，发展批判思维能力。学习知识的目的是应用知识，也就是能够在生产生活中解决复杂问题，尤其是情境化的需要决策和批判分析的问题。在学习知识之后，面对复杂的社会情境，要能够协调各种因素，综合分析各类信息，在批判思考的基础上，进行综合决策，提出问题解决方案，并在实践中不断改进问题解决方案。问题解决能力是学生在数字化学习中需要重点发展的能力。具体而言，学生要发现并选择有意义的真实问题。学习的过程也可以理解为解决问题的过程，这个问题首先必须是有价值有意义的，才能激发学生的学习动机。所以，教师应该首先教会学生去发现和选择生活中有意义有价值的真实问题。在选择问题之后，学生还要学会去分析问题，分析问题解决的可行性，并对问题解决中的数据和方案进行调整。比如，数据收集过程中的数据收集方式是否可信，提出的问题解决方案是否可行等，都需要进行分析，才能实现问题解决。在提出问题之后，学生需要收集数据并尝试提出问题解决方案，提出问题解决方案之后，学生还需要在问题解决实践中，不断根据实践反馈情况，对问题解决方案进行调整和优化，一直到问题解决为止。

在中小学各个学段中，应该逐步发展学生的问题解决能力。对于小学低年级学生而言，应更加注重学生问题解决能力的启蒙培养，让学生认识到信息技术可以作为强大的工具，用于问题解决过程。教师可以尝试设计问题解决教学活动，让学生尝试使用信息技术去协助问题解决，在问题解决中发展数字化能力及使用信息技术解决问题的能力。比如，教师可设计学习活动，让学生研究小学生使用手机的利弊问题。学生结合实践经历去分析和解决这个问题，既可发展问题解决能力，也可认识小学生使用手机的正确方式和错误方式。对于高年级学生而言，应更加注重使用信息技术解决复杂的情境化问题的能力，比如使用信息技术进行建模，使用数字化模型去分析和解决生活中的现实问题。

4. 创新创造

在创新创造中，学生首先要有主动创新的意识，要认识到创新的价值和意义，才能谈到后续的创新创造活动。学生在创新创造活动中的创新品质也非常重要，创新创造是非常复杂的过程，需要不断面对挫折和失败，在这个过程中，学生能够承受失败、坚持不懈地努力尝试就非常重要。数字化创新创造首先体现为，在知识建构中学生能够提出新观点、新见解，这是创新创造的前提条件。只有学生在内部心理过程中,在知识加工和建构中,建构出新观点或新见解,才能谈到后续的创新和创造。创新创造也体现在问题解决活动中,问题解决是非常重要的学习活动或学习过程,在问题解决中提出新颖的问题解决方案,这是非常重要的创新创造内容。创新创造还体现在实体作品中,学生能够使用信息技术将具体的新想法创作为具体的信息化作品,也是创新创造的重要体现。

在中小学各个学段学生的创新创造能力发展中,应该采取循序渐进的方式。对小学低年级学生,应该根据学生认知特点,让学生初步接触和使用信息技术进行创新创造。比如,学生使用数字设备创作一些自己感兴趣的作品,也是数字化创新创造的内容。对于高年级学生而言,数字化创新创造需要结合更加宏大的社会背景,让学生在解决社会生活的现实问题中体现创新创造。比如,学生设计和开发治理空气污染的解决方案时,能够应用信息技术结合学科知识,并贴合当地情况,创造性地提出治理空气污染的解决方案。

三、数字化学习道德与法律

数字化学习道德与法律是指学生在数字化学习中应该遵守数字世界中的道德规范及法律法规等。学生在数字化学习中,要会使用信息技术工具,会进行信息的查找、存储、管理和应用,会进行主动学习、交流合作、创新创造和问题解决,这些活动的开展和完成要求学生首先具备积极健康的价值观,并遵守数字世界中的道德规范和法律法规。只有这样,学生才具备健康的数字化学习能力。实际上,法律规范和道德规范,尤其是学生数字化学习的价值观决定了学生数字化学习的水平和高度,影响着学生数字化学习的质量。学生的数字化学习道德与法律包括价值观与道德规范、法律法规与安全两个方面的内容。

1. 价值观与道德规范

价值观与道德规范是指学生在数字化学习中,要养成健康积极的价值观,并在价值观指引下遵守社会道德规范,培养积极健康的技术使用习惯。

价值观与道德规范强调学生在数字化学习中的内在修养，注重学生思想层面的素养。首先，学生需要具备公平、正义和善良的价值观，这是数字化学习中学生需要具备的价值观，这样的价值观能保障学生数字化学习的基调是积极向上的，能够多做对社会有益的事情。我们也强调爱国主义的价值观的重要性，这是学生在社会中生存发展的基本要求。数字世界就像物理世界一样，也有其自身的道德规范要求，学生在数字化世界中学习时，要遵守数字世界的道德规范，这样才能维护数字世界的稳定，正常有序地开展数字化学习活动。在正确的价值观和道德规范约束下，学生还应主动塑造和维护自己在数字世界中的个人声誉，并养成积极健康的技术使用习惯，比如在网络世界中不沉迷于游戏。如果没有积极健康的技术使用习惯，沉迷游戏和浏览无关信息，学生的数字化学习成效必然受到影响。

在中小学各个学段学生的数字化价值观与道德规范素养培养中，应该有阶段性地逐步发展学生素养。对于小学生低年级学生而言，数字化价值观与道德规范素养发展处于启蒙阶段，应让学生初步认识到数字世界中道德规范和健康的技术使用习惯的重要性。随着学生年龄的增长和认知能力的提高，再逐步培养学生完善的价值观与道德规范。比如，在小学低年级阶段，学生数字化学习中的价值观养成，更多的是观看动画片形式的教育，在高中阶段，学生数字化学习中的价值观养成，就要体现在学生同不正义的行为作斗争方面。

2. 法律法规与安全

法律法规与安全是指学生在数字化学习中，要遵守国家法律法规，并注重个人信息安全。数字世界不是法外之地，学生在数字化学习中同样需要遵守国家法律法规。另外，在网络空间中，鱼龙混杂，不法分子常利用数字世界的虚拟特征从事不法活动或者损害他人利益。在这种情况下，就需要学生注重个人信息安全，同时也注重维护社会信息安全，共同保障安全健康的数字化学习环境。在数字化学习中，要特别强调知识产权的重要性，数字化学习本质上就是知识的获取和应用活动，学生在学习中尊重知识产权，培养知识产权意识，才能更好地培养遵守法律法规和维护信息安全的意识和习惯。

在中小学生数字化学习能力培养中，我们应该有针对性地发展学生在法律法规和安全方面的意识和习惯。对于小学低年级学生而言，数字化学习法律法规与安全处于培养启蒙意识和习惯的阶段，可让学生观看动画片，或者在教学中穿插讲解类似的主题，让学生认识到数字化学习中需要遵守法律法规，尊重他人劳动成果。对高年级学生，教师需要设计较为复杂的情境化活动，让学生在真实情境中发展遵守法律法规意识和养成信息安全意识，让学生在学习中养成尊重知识产权的习惯。勿以善小而不为，勿以恶小而为之，学生只有在平时的学习中认识到知识产权的重要性，才能养成尊重知识产权的良好习惯。

第五章

中小学生数字化学习能力评价指标体系应用

中小学生数字化学习能力评价指标体系开发的目的是应用，即使用该评价指标体系评价学生数字化学习能力发展情况，为培养学生数字化学习能力提供依据。

考虑到中小学生数字化学习能力评价的复杂性，我们采用两种评价方式。第一种方式为学生自评。这种方式主要针对规模较大的中小学生数字化学习能力发展情况调查，比如，针对一所学校、一个年级、一个班，或者区域性的一个县、一个市、一个省，乃至全国性的中小学生数字化学习能力发展情况调查。这种情况适合采用自评问卷进行评价。大规模的中小学生数字化学习能力评价显然不适合采用一对一的他评评价方式。中小学生数字化学习能力的自评方式具有适用规模大、效率高的优势，但是，在评价的细节和丰富性方面不足，还应该配合访谈或观察，对典型学生进行针对性访谈，弥补自评问卷在信息的丰富性不足等方面的弊端。

第二种方式为他评方式，这种评价方式适合教师一对一或者一对多地对学生数字化学习能力发展情况进行针对性诊断，为教师设计数字化学习活动、培养学生数字化学习能力提供详细丰富的参考依据。这种方式适合典型样本评价，比如，选取数字化学习能力特别突出的学生作为典型样本进行评价，为其他学生数字化学习能力发展提供学习榜样。或者，针对数字化学习能力比较弱的学生进行一对一评价，对学生进行深度诊断，为学生数字化学习能力发展提供依据，这种形式更适合用于对学生数字化学习能力发展进行个性化辅导与支持。

第一节　中小学生数字化学习能力自评问卷及访谈提纲编制

就中小学生数字化学习能力自评问卷而言，考虑到中小学各个学段学生数字化学习能力差异较大，需要按照学生数字化学习能力发展水平的差异性和阶段性，编制不同学段的数字化学习能力自评问卷。小学低年级学生还不能完全自主阅读问卷，所以，小学低年级阶段不编制自评问卷。中小学生数字化学习能力自评问卷主要分为小学高年级、初中、高中三个学段的自评问卷。自评问卷编制过程中，为提高问卷填答率，问卷编制力求简洁，题目尽量控制在30道之内。特别是对于小学生来说，自评问卷题项不宜过多，否则学生填答意向将会减弱，导致填答质量下降，不利于保证问卷填答质量。另外，题项过多，易超过小学生认知负荷上限，不利于组织自评问卷调查。考虑到我们开发的中小学生数字化学习能力三级评价指标多达32个，在自评问卷编制过程中，以二级评价指标为主，将部分三级指标进行整合，问卷题项不一一对应三级指标，一些题项可能同时反映几个三级评价指标。

在中小学生数字化学习能力访谈提纲方面，我们编制了学生版和教师版两种访谈提纲。学生版访谈提纲用于访谈学生，选取自评问卷调查中发现的能够提供丰富信息的典型学生进行访谈，以了解学生数字化学习能力发展的背景信息和细节信息。教师版访谈提纲用于访谈教师，以从教师视角全面地了解学生数字化学习能力发展情况。可以访谈负责学校信息化工作的技术人员、信息技术教师或其他学科教师等。

一、小学高年级学生数字化学习能力自评问卷编制

在小学高年级学生数字化学习能力自评问卷编制中,我们主要以中小学生数字化学习能力评价指标为依据,结合小学高年级学生认知特点和信息化能力水平编制题项。在初步编制完成问卷之后,将问卷发放给小学教师及学生,请小学教师和学生反馈问卷中的题项填答效果,在反馈基础上进一步修改问卷。

问卷主要包括学生个人基本信息和学生数字化学习能力测评两个部分。学生个人基本信息有五个题项,分别为学生性别、年级、学校所在地、使用频率最高的数字设备、每周数字化学习时长。这五个题项用于反映不同变量下,学生数字化学习能力差异情况。比如,性别不同,学生数字化学习能力发展水平是否有显著差异。

学生数字化学习能力测评题项依据中小学生数字化学习能力评价指标拟定。在题项编制过程中,考虑到学生自评问卷的题量不宜过多,且对于小学生而言,自评问卷应该尽量简单一些,所以,我们以中小学生数字化学习能力的二级评价指标为依据来编制问卷题项。在基础性数字化学习能力维度下的操作类知识与技能部分,主要依据小学生信息技术课程要求编制相关题项,相关题项反映学生是否掌握开展数字化学习必备的信息技术基础知识与技能,比如,是否熟知小学高年级信息技术课程要求的基础知识,是否初步掌握文字处理软件等。在信息与数据素养部分,也主要参考小学信息技术课程要求,结合小学生认知特点编制相关题项,主要反映学生对数据、信息和知识的搜索、分辨、存储、管理和应用能力。在创新性数字化学习能力维度下的主动学习部分,主要考查学生在学习中使用信息技术的意识。由于小学高年级学生还处于主动学习初步养成阶段,题项反映的学生主动学习情况较为简单。在交流合作部分,根据小学高年级学生能够掌握的信息技术工具,考查学生使用信息技术进行交流合作的能力,比如学生能否使用QQ进行交流等,在题项开发中力求做到贴近小学高年级学生数字化学习实际情况。在

问题解决部分，根据学生认知水平，结合小学高年级学生项目式学习拟定题项，相关题项符合小学生数字化学习经历。在创新创造部分，考虑到小学高年级学生知识积累不足，创新创造部分的题项相对较为简单，主要考查学生在创新创造中的意识，比如学生是否会制作有趣的信息化作品。在数字化学习道德与法律维度下的价值观与道德规范部分，考虑到小学高年级学生处于价值观与道德规范的初步养成时期，小学生需要教师更多地去引导和示范，因此，题项设置着眼于学生数字化学习价值观与道德规范的意识与习惯养成。在法律法规与安全部分，根据小学高年级学生认知特点和数字化学习实际情况，参考三级指标，设置学生在数字化学习中常见的信息安全及法律法规题项。

问卷初步拟定后，我们发放给三位教育技术专家、五位小学教师及100多名小学高年级学生，征求专家、教师和学生对问卷的反馈意见，在此基础上，对问卷进行了修改，删除不适合小学高年级学生的题项，并对题项作了优化，主要是增加举例说明，以让小学生更好地理解题项意义。同时，根据反馈信息，我们删除了问卷中的开放题型，只保留客观题，以符合小学生问卷填答实际情况。

问卷编制完成后，我们在山西师范大学实验小学做了预调查，总计发放调查问卷321份，回收问卷321份，其中无效问卷20份，有效问卷301份。301份调查问卷中，四年级学生问卷102份，五年级学生问卷104份，六年级学生问卷95份。根据问卷题项信效度反馈结果，我们对不符合信效度要求的题项作了删除，最后问卷信效度分别为0.904和0.893。同时，我们根据问卷反馈结果及访谈结果，修改了问卷中部分题项的表述方式。具体的小学高年级学生数字化学习能力自评问卷见附录五。

二、初中生数字化学习能力自评问卷编制

初中生数字化学习能力自评问卷编制过程与小学高年级学生问卷编制过程类似。我们依据中小学生数字化学习能力评价指标，开发问卷题项。在题

项开发过程中，以二级指标为主，整合意义相近的三级指标，尽量把问卷控制在30道题以内。问卷内容构成与小学高年级学生问卷一致，包括学生基本信息和学生数字化学习能力测评两个部分。学生基本信息也包括性别、年级、学校所在地、使用频率最高的数字设备、每周数字化学习时长五个题项。在学生数字化学习能力测评部分，在参考中小学生数字化学习能力评价指标基础上，结合初中生认知水平和数字化学习实践情况编制题项。问卷编制过程中，我们将初中生信息技术课程核心素养等作为问卷编制的重要参考内容。比如，在操作类知识与技能、信息与数据素养部分，结合初中生信息技术课程相关要求，以初中生数字化学习中必备的操作类知识与技能、信息与数据素养要求为依据编制问卷题项。在问卷编制过程中，尽量进行举例，让初中生更好地理解题项意义。

问卷初步拟定后，发放给三位教育技术专家、六位初中教师和150多名初中生收集反馈意见，并根据反馈信息对问卷题项进行修改。问卷初步编制完成后，我们在两所中学做了预调查，总计发放问卷411份，回收问卷411份，其中无效问卷5份，有效问卷406份。根据问卷题项信效度反馈结果，删除了不符合信效度要求的题项，最后问卷信效度分别为0.948和0.951。具体的初中生数字化学习能力自评问卷见附录六。

三、高中生数字化学习能力自评问卷编制

高中生数字化学习能力自评问卷编制过程与小学高年级学生和初中生问卷编制过程类似。为体现中小学生数字化学习能力测评的一致性，我们在设置小学高年级学生、初中生和高中生自评问卷时，采用了同样的问卷构成。各个学段学生问卷不同之处在于：由于各个学段学生认知水平不同及数字化学习实践情况不同，问卷题项设置有所区别。在高中生问卷题项编制中，我们将高中生信息技术课程核心素养作为问卷题项开发的重要依据。

考虑到高中生具有较高的抽象理解能力，所以，相对于小学高年级学生和初中生自评问卷而言，高中生自评问卷题项相对抽象一些，问卷题项数量

也相对较多，且包含一道开放题，用于收集学生数字化学习能力发展的影响因素，以更好地培养学生数字化学习能力。

问卷初步拟定后，我们发放给四位教育技术专家、三位高中教师及100多名高中生收集反馈意见，根据反馈信息，对问卷题项作了修改。问卷初步编制完成后，我们通过现场发放问卷的方式，在一所中学做了预调查，共发放问卷208份，回收问卷208份，其中无效问卷10份，有效问卷198份。根据问卷题项信效度反馈结果，我们删除了不符合信效度要求的题项，最后问卷信效度分别为0.929和0.874。具体的高中生数字化学习能力自评问卷见附录七。

四、中小学生数字化学习能力访谈提纲（学生版）编制

自评问卷只能提供学生数字化学习能力发展水平的量化信息，对于质性信息的了解则相对欠缺，尤其是描述性信息，比如，学生的技术性操作类知识与技能方面，学生究竟在数字化学习中掌握了哪些具体的信息技术工具，信息技术工具在学习中使用的场景是什么样的。对量化信息背后的丰富内涵，还需要质性资料进行补充，尤其是一些背景信息。基于此，我们开发了访谈提纲，配合自评问卷进行使用。在中小学生数字化学习能力调查中，我们可在发放自评问卷的同时，选取典型的、能够提供丰富信息的学生进行访谈，以弥补自评问卷质性信息的不足。

在访谈提纲开发过程中，我们紧紧围绕中小学生数字化学习能力评价指标进行开发，同时，也以自评问卷题项为依据，重在补充自评问卷中的客观题项所不能反映的信息。

具体而言，访谈提纲主要包括两部分。第一部分为中小学生数字化学习能力发展的背景性信息，主要包括学校信息化基础设施和硬件配备情况、学校数字化教学和学习平台建设及使用情况、学校信息化教学资源和学习资源建设及使用情况、教师和学生信息技术应用能力发展情况、学校数字化教学和数字化学习实践情况、学校信息技术课程开设情况、学生数字化学习能力

发展影响因素等。第二部分为中小学生数字化学习能力发展情况，主要依据学生数字化学习能力评价指标编制访谈提纲，也就是以中小学生数字化学习能力评价指标为访谈提纲框架。访谈者在访谈中，可以结合中小学各个学段数字化学习实践情况灵活安排访谈内容。

  访谈提纲初步拟定之后，我们在自评问卷发放过程中，配合自评问卷进行了预访谈。预访谈取得较好效果，能够较为充分地补充自评问卷所无法收集的质性信息，尤其是学生数字化学习经历等反映学生个人叙事的数字化学习能力发展信息。在此基础上，我们又安排其他访谈者使用我们开发的访谈提纲进行访谈，以进一步收集访谈提纲使用的反馈信息。我们共安排70多名大学生使用我们的访谈提纲对中小学生进行了访谈，初步反馈结果显示，我们的访谈提纲能够较好地收集学生数字化学习能力发展情况的相关信息。但是，有的访谈者对中小学生数字化学习能力评价指标不太熟悉，所以，在学生数字化学习能力各个维度方面收集的资料有所不足。根据访谈提纲使用反馈意见，我们对中小学生数字化学习能力访谈提纲作了修改，进一步完善了学生数字化学习能力发展情况内容设置，以开放题形式，引导访谈对象讲述自身的数字化学习故事或能力发展经历。

  访谈提纲修正后，我们再次进行了预访谈，访谈效果表明，访谈提纲能较好地收集学生数字化学习能力发展信息，具体访谈提纲见附录八。我们认为，访谈者在使用访谈提纲时，可以灵活安排访谈内容，不一定非得按照提纲题项顺序依次访谈。访谈提纲只给访谈者提供了访谈的大致框架，具体访谈过程中，需要访谈者结合访谈情境灵活安排访谈内容。另外，在访谈提纲编制过程中，我们没有再区分年级段开发小学、初中和高中各个学段的访谈提纲，而是采用统一的访谈提纲。访谈者在使用访谈提纲时，可以结合各个学段的学生数字化学习能力评价标准（具体见附录十、附录十一、附录十二、附录十三）进行访谈。实际上，访谈质量的高低很大程度上取决于访谈者自身素质，尤其是对访谈内容的熟悉程度，因此，访谈者在访谈相应学段学生时，首先应该熟悉该学段学生数字化学习能力评价标准，这样才能与访谈对象深入互动，挖掘访谈对象数字化学习能力发展背后的经历或故事，为自评问卷调查提供丰富细致的质性资料补充。

五、中小学生数字化学习能力访谈提纲（教师版）编制

中小学生数字化学习能力访谈提纲（学生版）主要是从学生的视角，直接获取学生数字化学习能力发展情况的质性资料。而中小学生数字化学习能力访谈提纲（教师版）是从教师视角获取相关资料。在学生数字化学习活动及数字化学习能力发展过程中，教师是最了解学生情况的信息提供者。学生数字化学习活动和教师的数字化教学活动其实是同时发生的，所以，教师不仅是学生数字化学习能力的培养者，也是最熟悉相关情况的人。教师负责设计和组织数字化教与学活动，直接培养学生数字化学习能力。从某种程度上讲，学生数字化学习能力发展水平，与教师的数字化教学活动设计紧密相关。对教师进行访谈，从教师视角了解和掌握学生数字化学习能力发展情况，是非常重要的途径。教师了解、熟悉学生数字化学习能力发展情况，是教师设计数字化教与学的重要前提条件。

教师版访谈提纲开发过程遵循与学生版访谈提纲一致的开发思路，访谈提纲也主要包括两部分内容。第一部分内容为中小学生数字化学习能力发展的背景性信息，主要包括学校信息化基础设施和硬件配备情况、学校数字化教学和学习平台建设及使用情况、学校信息化教学资源和学习资源建设及使用情况、校长信息化领导力发展情况、教师和学生信息技术应用能力发展情况、学校数字化教学和数字化学习实践情况、学校信息技术课程开设情况、学生数字化学习能力发展的影响因素等。第二部分内容为中小学生数字化学习能力发展情况，主要依据中小学生数字化学习能力评价指标编制访谈提纲。访谈者在访谈过程中，可以结合中小学各个学段实际情况灵活安排访谈内容。

同样，我们没有开发各个学段的教师版访谈提纲，访谈者应参照各个学段中小学生数字化学习能力评价标准，在熟悉和掌握各个学段学生数字化学习能力评价标准基础上再访谈教师。

访谈提纲初步拟定后，我们配合自评问卷发放过程，对中小学教师进行了访谈，实践证明，访谈提纲能够较好地收集相关质性资料。此外，我们还安排了10多名大学生对中小学教师进行了访谈，根据反馈意见进一步完善了访谈提纲。具体的教师版访谈提纲见附录九。

第二节　中小学生数字化学习能力自评问卷应用

为了在实践中检验中小学生数字化学习能力自评问卷及访谈提纲使用效果，同时，为了调查中小学生数字化学习能力发展情况，为中小学生数字化学习能力培养提供参考，我们组织了小规模的中小学生数字化学习能力发展现状调查研究。由于时间、精力及研究经费等方面的限制，调查研究的范围及规模相对较小，样本抽样在代表性方面也相对欠缺，但是，我们组织的中小学生数字化学习能力发展现状调查，在一定程度上仍可以为中小学生数字化学习能力培养提供参考信息，并为后续相关的大型调查提供参考。在调查中，我们同时使用了自评问卷和访谈提纲两种调查工具，自评问卷主要用于收集量化数据，访谈提纲配合自评问卷收集质性资料。

一、X学校小学五年级学生数字化学习能力发展现状调查

我们与X学校ZYL老师合作，对ZYL老师教授的五年级两个班级进行了调查，分析这两个班级学生的数字化学习能力发展情况。本次调查共发放问卷107份，回收问卷107份，其中无效问卷7份，有效问卷回收率为93.5%。调查过程中，我们还访谈了ZYL老师和6名填写调查问卷的学生，其中男学生4名，女学生2名。自评调查问卷在学生数字化学习能力测量方面采用李克特五点量表，分别赋值1、2、3、4、5，具体问卷见附录五。教师访谈提纲见附录九，学生访谈提纲见附录八。

1. 基本信息分析

（1）男女比例

45名男学生，55名女学生。男生和女生分别占45.0%和55.0%，如图5-1所示。

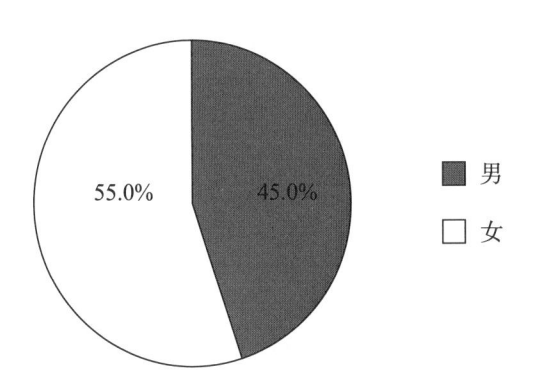

图 5-1　ZYL老师教授的五年级学生男女比例

（2）年级分布

所有调查对象都为五年级学生。

（3）在学习中使用频率最高的电子设备

如图5-2所示，62.0%的学生使用频率最高的电子设备是手机，15.0%的学生使用频率最高的电子设备是平板，16.0%的学生使用频率最高的电子设备是电脑，7.0%的学生使用频率最高的电子设备是其他设备。总体来看，手机的使用频率最高。

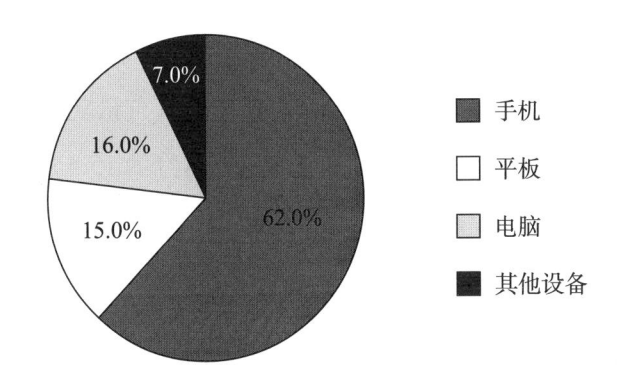

图 5-2　ZYL老师教授的五年级学生使用频率最高的电子设备

（4）每周数字化学习时长

如图5-3所示，35.0%的学生数字化学习时长少于2小时，46.0%的学生数字化学习时长在2小时至4小时之间，12.0%的学生数字化学习时长在4小时至6小时之间，1.0%的学生数字化学习时长在6小时至8小时之间，6.0%的学生数字化学习时长多于8小时。总体来看，数字化学习时长在2小时至4小时之间的学生占比最多，占到46.0%，另外，有6.0%的学生数字化学习时长超过8小时。

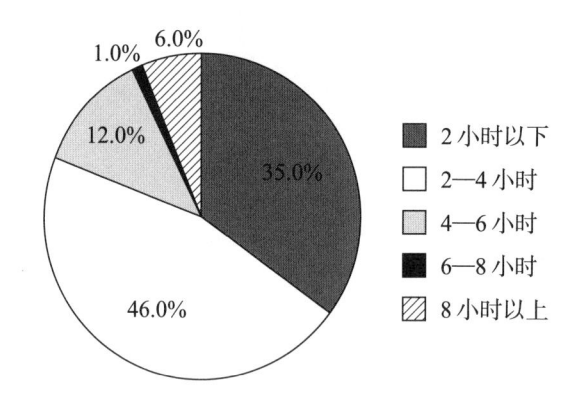

图5-3 ZYL老师教授的五年级学生每周数字化学习时长

2. 学生数字化学习能力发展程度整体分析

该问卷的分析主要使用SPSS计算平均值结果，再结合中小学生数字化学习能力评价指标权重计算百分制得分，计算方式为百分制权重满分乘以学生在二级指标下得分平均值与李克特五点量表最大值5分的比值。如，表5-1中，操作类知识与技能百分制权重满分为15.4，操作类知识与技能的得分平均值为4.07分，那么，平均值4.07与李克特五点量表最大值5的比值为0.814，所以，操作类知识与技能的百分制权重得分为15.4×0.814=12.54分。根据计算结果，可以知道学生数字化学习能力各二级指标的发展水平。我们首先从三方面进行分析。第一方面为基础性数字化学习能力，计算结果如表5-1所示。

第五章 中小学生数字化学习能力评价指标体系应用

表5-1 ZYL老师教授的五年级学生基础性数字化学习能力发展情况

二级评价指标	平均值	百分制权重满分	百分制权重得分	百分制总分
操作类知识与技能	4.07	15.4	12.54	28.25
信息与数据素养	4.07	19.3	15.71	

从表5-1可知，ZYL老师教授的五年级学生基础性数字化学习能力中，操作类知识与技能、信息与数据素养得分平均值均为4.07分，接近满分5分，学生基础性数字化学习能力发展情况较好。操作类知识与技能、信息与数据素养的百分制权重得分分别为12.54和15.71，总得分为28.25。

第二方面为创新性数字化学习能力，计算结果如表5-2所示。

表5-2 ZYL老师教授的五年级学生创新性数字化学习能力发展情况

二级评价指标	平均值	百分制权重满分	百分制权重得分	百分制总分
主动学习	3.91	11.8	9.23	25.62
交流合作	3.97	6.2	4.92	
问题解决	3.90	7.3	5.69	
创新创造	4.19	6.9	5.78	

从表5-2可知，ZYL老师教授的五年级学生创新性数字化学习能力中，主动学习、交流合作、问题解决和创新创造维度得分平均值均超过3分，接近4分，说明四个二级指标维度发展相对充分。主动学习、交流合作、问题解决和创新创造的百分制权重得分分别为9.23、4.92、5.69和5.78分，总得分为25.62分。

第三方面为数字化学习道德与法律，计算结果如表5-3所示。

表5-3 ZYL老师教授的五年级学生数字化学习道德与法律发展情况

二级评价指标	总分	百分制权重满分	百分制权重得分	百分制总分
价值观与道德规范	4.37	19.5	17.04	29.61
法律法规与安全	4.62	13.6	12.57	

从表5-3可知，ZYL老师教授的五年级学生数字化学习道德与法律中，价值观与道德规范、法律法规与安全得分平均值都超过4.3分，接近满分5分，说明学生在这两个二级指标维度上发展相对充分。另外，价值观与道德

规范、法律法规与安全的百分制权重得分分别为17.04和12.57分，总得分为29.61分。

如表5-4所示，从数字化学习能力的一级指标来看，ZYL老师所教授的五年级学生数字化学习能力中，基础性数字化学习能力、创新性数字化学习能力、数字化学习道德与法律三个一级指标维度平均值都超过3.99分。其中，基础性数字化学习能力平均值为4.07，创新性数字化学习能力平均值为3.99，数字化学习道德与法律平均值为4.50。三个一级评价指标能力维度中，学生的数字化学习道德与法律得分最高，创新性数字化学习能力得分最低。因此，我们认为ZYL老师教授的五年级学生在数字化学习道德与法律方面发展相对最充分，在创新性数字化学习能力方面发展相对滞后。

表5-4 ZYL老师教授的五年级学生数字化学习能力发展情况

基础性数字化学习能力平均值	创新性数字化学习能力平均值	数字化学习道德与法律平均值	数字化学习能力平均值
4.07	3.99	4.50	4.19

ZYL老师教授的五年级学生数字化学习能力五点量表得分平均值为4.19分，百分制权重得分为28.25+25.62+29.61=83.48。总体而言，学生数字化学习能力发展相对较好。

3．学生数字化学习能力发展程度统计学变量比较分析

我们将从性别、使用频率最高的电子设备、数字化学习时长等几个统计学变量比较分析ZYL老师教授的五年级学生数字化学习能力发展的差异情况。

（1）性别对学生数字化学习能力发展的影响

如表5-5所示，我们根据不同性别对每个维度进行计分，分析性别不同对学生数字化学习能力的影响。可以看出，男生的得分在多数指标上高于女生，仅在二级指标"主动学习""价值观与道德规范""法律法规与安全"，一级指标"数字化学习道德与法律"上，女生的得分要高于男生。

显著性系数大于 0.05，说明性别的不同在该校学生的相关方面没有造成显著性差异；显著性系数小于 0.05，则说明性别的不同在该校学生的相关方面造成了显著性差异。由表 5-5 可知，各项一级指标、二级指标的显著性系数均大于 0.05，说明性别的不同对于学生的基础性数字化学习能力、创新性数字化学习能力、数字化学习道德与法律三个方面没有造成显著性差异。

表 5-5　性别对学生数字化学习能力发展的影响

比较指标或内容	性别	平均值	显著性（双尾）
操作类知识与技能	男	4.10	0.635
	女	4.04	
信息与数据素养	男	4.13	0.427
	女	4.03	
主动学习	男	3.88	0.664
	女	3.93	
交流合作	男	4.03	0.387
	女	3.92	
问题解决	男	3.98	0.245
	女	3.84	
创新创造	男	4.24	0.622
	女	4.15	
价值观与道德规范	男	4.34	0.625
	女	4.39	
法律法规与安全	男	4.52	0.069
	女	4.70	
基础性数字化学习能力	男	4.11	0.470
	女	4.03	
创新性数字化学习能力	男	3.99	0.495
	女	3.91	
数字化学习道德与法律	男	4.41	0.259
	女	4.52	
学生数字化学习能力	男	4.13	0.747
	女	4.10	

（2）使用频率最高的电子设备对学生数字化学习能力发展的影响

如表5-6所示，我们根据使用频率最高的电子设备的不同对每个维度进行计分，分析设备的差异对学生数字化学习能力的影响。可以看出，总体来说使用平板学习的学生得分最高，但各项的显著性系数均大于0.05，表明使用频率最高的电子设备的不同没有对学生数字化学习能力的各项一级或二级指标发展造成显著性差异。

表5-6 使用频率最高电子设备对学生数字化学习能力发展的影响

比较指标或内容	使用频率最高电子设备	平均值	显著性（双尾）
操作类知识与技能	手机	4.05	0.991
	平板	4.10	
	电脑	4.09	
	其他	4.07	
信息与数据素养	手机	4.08	0.198
	平板	4.16	
	电脑	4.21	
	其他	3.57	
主动学习	手机	3.90	0.366
	平板	4.13	
	电脑	3.84	
	其他	3.68	
交流合作	手机	3.92	0.388
	平板	4.20	
	电脑	3.89	
	其他	4.07	
问题解决	手机	3.87	0.721
	平板	4.03	
	电脑	3.86	
	其他	4.06	
创新创造	手机	4.13	0.721
	平板	4.27	
	电脑	4.19	
	其他	4.57	

（续表）

比较指标或内容	使用频率最高电子设备	平均值	显著性（双尾）
价值观与道德规范	手机	4.34	0.337
	平板	4.58	
	电脑	4.34	
	其他	4.14	
法律法规与安全	手机	4.58	0.351
	平板	4.76	
	电脑	4.71	
	其他	4.43	
基础性数字化学习能力	手机	4.06	0.693
	平板	4.12	
	电脑	4.14	
	其他	3.86	
创新性数字化学习能力	手机	3.91	0.528
	平板	4.12	
	电脑	3.89	
	其他	3.99	
数字化学习道德与法律	手机	4.45	0.260
	平板	4.66	
	电脑	4.50	
	其他	4.27	
学生数字化学习能力	手机	4.08	0.543
	平板	4.26	
	电脑	4.10	
	其他	4.03	

（3）每周数字化学习时长对学生数字化学习能力发展的影响

如表5-7所示，我们根据学生每周数字化学习时长的差异对每个维度进行计分，分析学习时间的不同对学生数字化学习能力的影响。由于学习时长为6—8小时的学生数量仅1人，不具有代表性，暂不考虑。每周学习时长在8小时以上的学生，在信息与数据素养、创新创造两个方面得分最高；每周学习时长为4—6小时的学生在交流合作、价值观与道德规范、法律法规与安全等方面得分最高。

信息与数据素养、价值观与道德规范两方面的显著性系数小于0.05，说明每周数字化学习时长不同在这两方面造成了显著性差异。数字化学习道德与法律的显著性系数小于0.05，说明每周数字化学习时长不同在这方面造成了显著性差异。其他能力指标维度上，每周学习时长对学生数字化学习能力发展无显著性影响。

表5-7 每周数字化学习时长对学生数字化学习能力发展的影响

比较指标或内容	每周数字化学习时长	平均值	显著性（双尾）
操作类知识与技能	2小时以下	4.15	0.860
	2—4小时	4.02	
	4—6小时	4.06	
	6—8小时	4.25	
	8小时以上	3.92	
信息与数据素养	2小时以下	4.22	0.000
	2—4小时	4.03	
	4—6小时	3.95	
	6—8小时	1.33	
	8小时以上	4.28	
主动学习	2小时以下	4.06	0.352
	2—4小时	3.83	
	4—6小时	3.92	
	6—8小时	3.50	
	8小时以上	3.67	
交流合作	2小时以下	3.93	0.970
	2—4小时	4.00	
	4—6小时	4.02	
	6—8小时	3.75	
	8小时以上	3.92	
问题解决	2小时以下	4.02	0.438
	2—4小时	3.83	
	4—6小时	3.97	
	6—8小时	3.2	
	8小时以上	3.77	
创新创造	2小时以下	4.29	0.811
	2—4小时	4.09	
	4—6小时	4.17	
	6—8小时	5	
	8小时以上	4.33	
价值观与道德规范	2小时以下	4.37	0.001
	2—4小时	4.42	
	4—6小时	4.42	
	6—8小时	2	
	8小时以上	4.20	

（续表）

比较指标或内容	每周数字化学习时长	平均值	显著性（双尾）
法律法规与安全	2小时以下	4.67	0.213
	2—4小时	4.57	
	4—6小时	4.75	
	6—8小时	3.67	
	8小时以上	4.61	
基础性数字化学习能力	2小时以下	4.18	0.232
	2—4小时	4.02	
	4—6小时	4.01	
	6—8小时	3.00	
	8小时以上	4.07	
创新性数字化学习能力	2小时以下	4.03	0.717
	2—4小时	3.90	
	4—6小时	3.98	
	6—8小时	3.57	
	8小时以上	3.82	
数字化学习道德与法律	2小时以下	4.50	0.003
	2—4小时	4.48	
	4—6小时	4.56	
	6—8小时	2.71	
	8小时以上	4.38	
学生数字化学习能力	2小时以下	4.18	0.230
	2—4小时	4.07	
	4—6小时	4.13	
	6—8小时	3.21	
	8小时以上	4.02	

总体而言，只有每周数字化学习时长的不同对学生数字化学习能力有一定的显著性影响，性别、使用频率最高的电子设备的差异对学生数字化学习能力无显著性影响。

二、X学校初中生数字化学习能力发展现状调查

我们与X学校合作，对X学校初一、初二实验班做了数字化学习能力发展情况调查。基于方便的考虑，在初一选取了三个实验班，在初二选取了一个实验班。调查采用现场发放问卷的方式进行，共发放问卷190份，回收问卷190份，其中无效问卷（包含漏答、多答）共6份，有效问卷184份，有效问卷回收率达到96.8%。自评调查问卷在学生数字化学习能力测量方面采

用李克特五点量表，分别赋值1、2、3、4、5，具体问卷见附录六。

1. 基本信息分析

（1）男女比例

如图5-4所示，男生占45.1%，女生占54.9%。

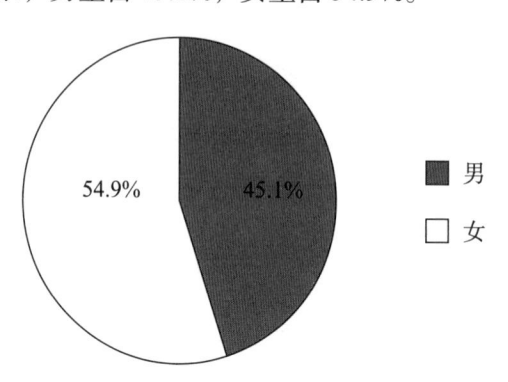

图5-4 X学校初一和初二实验班学生男女比例

（2）年级学生分布

如图5-5所示，初一学生占73.9%，初二学生占26.1%。

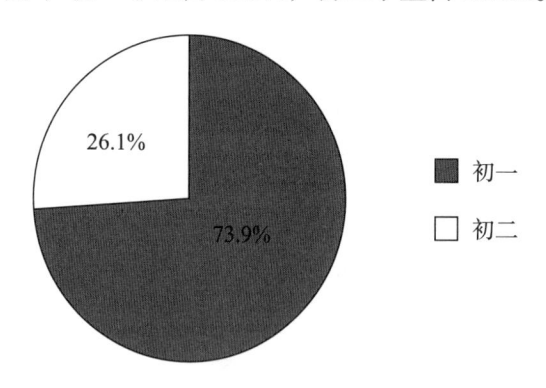

图5-5 X学校初一和初二实验班学生年级分布

（3）在学习中使用频率最高的电子设备

如图5-6所示，83.7%的学生使用频率最高的电子设备是手机，12.0%的学生使用频率最高的电子设备是平板，1.1%的学生使用频率最高的电子设备是电脑，3.3%的学生使用频率最高的电子设备是其他设备。总体来看，手机的使用频率最高。

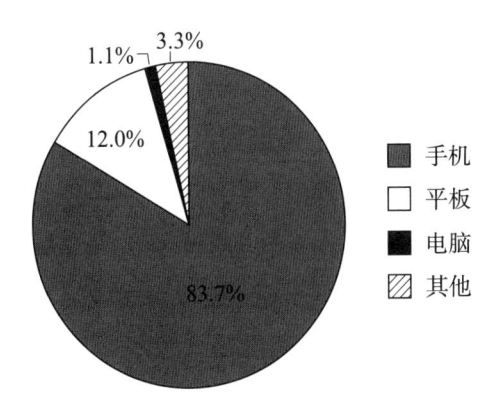

图 5-6　X学校初一和初二实验班学生使用频率最高的电子设备

（4）每周数字化学习时长

如图5-7所示，32.1%的学生数字化学习时长少于2小时，26.6%的学生数字化学习时长在2小时至4小时之间，12.5%的学生数字化学习时长在4小时至6小时之间，6.5%的学生数字化学习时长在6小时至8小时之间，22.3%的学生数字化学习时长多于8小时。总体来看，半数以上的学生每周数字化学习时长少于4小时，少数学生每周的数字化学习时长超过6小时。

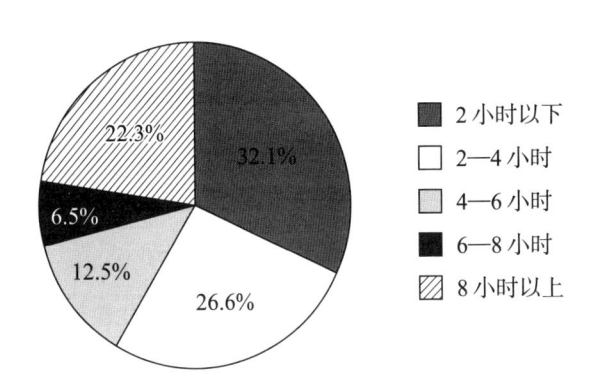

图 5-7　X学校初一和初二实验班学生每周数字化学习时长

2. 学生数字化学习能力发展程度整体分析

该问卷的分析主要使用 SPSS 计算平均值结果，再结合中小学生数字化学习能力评价指标权重计算百分制得分，计算方式为百分制权重满分乘以学生在二级指标下得分平均值与李克特五点量表最大值 5 分的比值。如，表 5-8 中，操作类知识与技能百分制权重满分为 15.4，操作类知识与技能的得分平均值为 4.18 分，那么，平均值 4.18 与李克特五点量表最大值 5 的比值为 0.836，所以，操作类知识与技能的百分制权重得分为 15.4×0.836=12.87 分。根据计算结果，可以知道该校初中生数字化学习能力处于哪个发展水平。我们将从三方面进行分析。第一方面为基础性数字化学习能力，计算结果如表 5-8 所示。

表 5-8 X 学校初一和初二实验班学生基础性数字化学习能力发展情况

二级评价指标	平均值	百分制权重满分	百分制权重得分	百分制总分
操作类知识与技能	4.18	15.4	12.87	28.19
信息与数据素养	3.97	19.3	15.32	

从表 5-8 可知，X 学校初中生基础性数字化学习能力中，操作类知识与技能得分平均值为 4.18 分，信息与数据素养得分平均值为 3.97 分，接近 4 分，学生基础性数字化学习能力发展情况较好。信息与数据素养维度的得分低于操作类知识与技能维度，说明在学习知识与技能的同时应该注重提高信息与数据意识，比如，教师应引导学生养成借助技术手段查找资料的意识。

第二方面为创新性数字化学习能力，计算结果如表 5-9 所示。

表 5-9 X 学校初一和初二实验班学生创新性数字化学习能力发展情况

二级评价指标	平均值	百分制权重满分	百分制权重得分	百分制总分
主动学习	3.80	11.8	8.97	25.02
交流合作	4.06	6.2	5.03	
问题解决	3.97	7.3	5.80	
创新创造	3.78	6.9	5.22	

从表 5-9 可知，X 学校初中生创新性数字化学习能力中，主动学习、交流合作、问题解决和创新创造维度得分平均值均超过 3.7 分，在 4 分左右，说明 X 学校初中生创新性数字化学习能力发展相对充分，创新创造能力还需要提高。交流合作能力最强，其次是问题解决能力，主动学习能力和创新创造能力相对较弱，分值相差不大，能力相对均衡，提升空间大。教师在指导学生借助技术手段进行学习时，应注意引导学生养成主动学习的习惯，并注重培养学生的创新意识、创造能力和利用信息技术及工具高效制定问题解决方案的能力。

第三方面为数字化学习道德与法律，计算结果如表 5-10 所示。

表 5-10　X 学校初一和初二实验班学生数字化学习道德与法律发展情况

二级评价指标	总分	百分制权重满分	百分制权重得分	百分制总分
价值观与道德规范	4.11	19.5	16.03	28.19
法律法规与安全	4.47	13.6	12.16	

从表 5-10 可知，X 学校初中生数字化学习道德与法律中，价值观与道德规范、法律法规与安全得分平均值都超过 4.1 分，说明该校初中生的道德和法律意识较强，且法律意识高于道德意识，基本能按网络准则行事，遵守相关法律法规。教师及家长应引导学生在利用技术手段学习时形成正确的价值观，提高网络道德意识。

如表 5-11 所示，X 学校初中生数字化学习能力中，基础性数字化学习能力、创新性数字化学习能力、数字化学习道德与法律三个方面平均值都超过 3.9 分。其中，基础性数字化学习能力平均值为 4.08，创新性数字化学习能力平均值为 3.90，数字化学习道德与法律平均值为 4.29。学生的数字化学习道德与法律得分最高，创新性数字化学习能力得分最低。这表明，该校初中生数字化学习能力中创新性数字化学习能力较弱，数字化学习道德与法律方面较强，其次是基础性数字化学习能力。

表 5-11 X学校初一和初二实验班学生数字化学习能力发展情况

基础性数字化学习能力平均值	创新性数字化学习能力平均值	数字化学习道德与法律平均值	数字化学习能力平均值
4.08	3.90	4.29	4.09

X学校初中生数字化学习能力五点量表得分平均值为4.09分，百分制权重得分为28.19+25.02+28.19=81.40。总体而言，学生数字化学习能力发展相对较好。

3. 学生数字化学习能力发展程度统计学变量比较分析

我们将从性别、年级、使用频率最高的电子设备、数字化学习时长等几个统计学变量比较分析X学校初中生数字化学习能力发展的差异情况。

（1）性别对学生数字化学习能力发展的影响

由表5-12可知，基础性数字化学习能力方面，操作类知识与技能维度上男生得分高于女生，信息与数据素养维度上男生得分略高于女生。操作类知识与技能的显著性系数小于0.05，说明该校初中男女生操作类知识与技能的掌握有显著性差异。信息与数据素养的显著性系数大于0.05，说明男女生的信息与数据素养无显著性差异。

创新性数字化学习能力方面，主动学习维度女生得分高于男生，交流合作维度女生得分等于男生，问题解决和创新创造两个维度男生得分高于女生，但主动学习、交流合作、问题解决和创新创造四个方面的显著性系数均大于0.05，说明该校初中男女生的创新性数字化学习能力无显著性差异。

数字化学习道德与法律方面，价值观与道德规范、法律法规与安全两个维度，女生得分均高于男生，但显著性系数均大于0.05，说明该校初中男女生在数字化学习道德与法律方面无显著性差异。

从整体看，基础性数字化学习能力方面，男生得分高于女生，显著性系数小于0.05，说明该校男女生的基础性数字化学习能力有显著性差异。创新性数字化学习能力方面，男生得分高于女生，显著性系数大于0.05，说明该校男女生的创新性数字化学习能力无显著性差异。数字化学习道德与法律方面，女生得分高于男生，显著性系数大于0.05，说明该校男女生在数字化学习道德与法律方面无显著性差异。该校初中生总体数字化学习能力，男生得分高于女生，显著性系数大于0.05，说明该校男女生的数字化学习能力无显著性差异。

表5-12 性别对学生数字化学习能力发展的影响

比较指标或内容	性别	平均值	显著性（双尾）
操作类知识与技能	男	4.30	0.037
	女	4.08	
信息与数据素养	男	4.05	0.145
	女	3.90	
主动学习	男	3.77	0.576
	女	3.83	
交流合作	男	4.06	0.985
	女	4.06	
问题解决	男	4.06	0.078
	女	3.89	
创新创造	男	3.81	0.566
	女	3.75	
价值观与道德规范	男	4.07	0.445
	女	4.14	
法律法规与安全	男	4.40	0.138
	女	4.53	
基础性数字化学习能力	男	4.19	0.040
	女	4.01	
创新性数字化学习能力	男	3.92	0.660
	女	3.88	
数字化学习道德与法律	男	4.16	0.280
	女	4.25	
学生数字化学习能力	男	4.03	0.572
	女	3.99	

（2）年级对学生数字化学习能力发展的影响

由表5-13可知，基础性数字化学习能力方面，在操作类知识与技能和信息与数据素养维度上，得分随着年级的增加而增加。但显著性系数均大于0.05，说明该校初中不同年级学生的基础性数字化学习能力无显著性差异。

创新性数字化学习能力方面，主动学习维度上初一与初二得分相同。交流合作和问题解决维度上分数随着年级的增加而增加。创新创造维度上初二得分比初一低，二者分值相差不大。显著性系数均大于0.05，说明该校不同年级学生的创新性数字化学习能力无显著性差异。

数字化学习道德与法律方面，价值观与道德规范维度的得分随着年级的增加而增加，法律法规与安全维度初二学生分数略低于初一学生。显著性系数均大于0.05，说明该校不同年级学生的数字化学习道德与法律方面无显著性差异。

从整体看，基础性数字化学习能力方面，得分随着年级的增加而增加，但显著性系数大于0.05，说明该校不同年级学生的基础性数字化学习能力无显著性差异。创新性数字化学习能力方面，得分随着年级的增加而增加，但显著性系数大于0.05，说明该校不同年级学生的创新性数字化学习能力无显著性差异。数字化学习道德与法律方面，得分随着年级的增加而增加，但显著性系数大于0.05，说明该校不同年级学生的数字化学习道德与法律方面无显著性差异。该校初中生总体数字化学习能力，得分随着年级的增加而增加，但显著性系数大于0.05，说明该校不同年级学生的数字化学习能力无显著性差异。

表5-13 年级对学生数字化学习能力发展的影响

比较指标或内容	年级	平均值	显著性（双尾）
操作类知识与技能	初一	4.15	0.355
	初二	4.26	
信息与数据素养	初一	3.92	0.120
	初二	4.10	

（续表）

比较指标或内容	年级	平均值	显著性（双尾）
主动学习	初一	3.80	0.998
	初二	3.80	
交流合作	初一	4.04	0.354
	初二	4.13	
问题解决	初一	3.97	0.976
	初二	3.96	
创新创造	初一	3.79	0.585
	初二	3.73	
价值观与道德规范	初一	4.10	0.792
	初二	4.13	
法律法规与安全	初一	4.47	0.875
	初二	4.46	
基础性数字化学习能力	初一	4.05	0.177
	初二	4.19	
创新性数字化学习能力	初一	3.89	0.952
	初二	3.90	
数字化学习道德与法律	初一	4.21	0.869
	初二	4.22	
学生数字化学习能力	初一	4.00	0.658
	初二	4.04	

（3）使用频率最高电子设备对学生数字化学习能力发展的影响

由表5-14可知，基础性数字化学习能力方面，主要使用电脑学习的学生操作类知识与技能得分最高，信息与数据素养得分也高于用其他设备学习的学生。操作类知识与技能和信息与数据素养的显著性系数均大于0.05，说明使用频率最高的电子设备的不同没有对学生的基础性数字化学习能力造成显著性影响。

创新性数字化学习能力方面，主要使用电脑学习的学生在主动学习、交流合作、问题解决、创新创造四个方面的得分最高，但主动学习、交流合作、问题解决、创新创造四个方面的显著性系数均大于0.05，说明使用频率最高的电子设备的不同没有对学生的创新性数字化学习能力造成显著性影响。

数字化学习道德与法律方面，使用平板学习的学生数字化学习道德与法律得分最高。但价值观与道德规范和法律法规与安全的显著性系数均大于0.05,说明使用频率最高的电子设备的不同没有对学生数字化学习道德与法律造成显著性影响。

从整体看,基础性数字化学习能力方面,主要使用电脑学习的学生得分最高,但显著性系数大于0.05,说明使用不同电子设备学习的学生基础性数字化学习能力无显著性差异。创新性数字化学习能力方面,使用电脑学习的学生得分最高,但显著性系数大于0.05,说明使用不同电子设备学习的学生的创新性数字化学习能力无显著性差异。数字化学习道德与法律方面,使用平板学习的学生得分最高,但显著性系数大于0.05,说明该校使用不同电子设备学习的学生的数字化学习道德与法律方面无显著性差异。该校初中生总体数字化学习能力,使用电脑学习的学生得分最高,但显著性系数大于0.05,说明该校使用不同电子设备学习的学生的数字化学习能力无显著性差异。

表5-14 使用频率最高电子设备对学生数字化学习能力发展的影响

比较指标或内容	使用频率最高电子设备	平均值	显著性(双尾)
操作类知识与技能	手机	4.17	0.820
	平板	4.22	
	电脑	4.63	
	其他	4.21	
信息与数据素养	手机	3.92	0.169
	平板	4.20	
	电脑	4.50	
	其他	4.22	
主动学习	手机	3.77	0.415
	平板	3.95	
	电脑	4.40	
	其他	3.87	
交流合作	手机	4.05	0.858
	平板	4.11	
	电脑	4.38	
	其他	4.04	

（续表）

比较指标或内容	使用频率最高电子设备	平均值	显著性（双尾）
问题解决	手机	3.94	0.661
	平板	4.03	
	电脑	4.25	
	其他	4.21	
创新创造	手机	3.75	0.061
	平板	4.07	
	电脑	4.13	
	其他	3.29	
价值观与道德规范	手机	4.09	0.092
	平板	4.36	
	电脑	4.10	
	其他	3.70	
法律法规与安全	手机	4.45	0.373
	平板	4.66	
	电脑	4.50	
	其他	4.25	
基础性数字化学习能力	手机	4.06	0.463
	平板	4.21	
	电脑	4.57	
	其他	4.21	
创新性数字化学习能力	手机	3.87	0.476
	平板	4.03	
	电脑	4.29	
	其他	3.85	
数字化学习道德与法律	手机	4.19	0.079
	平板	4.45	
	电脑	4.21	
	其他	3.86	
学生数字化学习能力	手机	3.99	0.348
	平板	4.17	
	电脑	4.34	
	其他	3.94	

（4）每周数字化学习时长对学生数字化学习能力发展的影响

由表5-15可知，基础性数字化学习能力方面，每周数字化学习时长在6—8小时区间的学生，在操作类知识与技能和信息与数据素养两个方面的得分最高。但显著性系数均大于0.05，说明每周数字化学习时长不同的学生基础性数字化学习能力无显著性差异。

创新性数字化学习能力方面，每周数字化学习时长在6—8小时区间的学生，在主动学习、问题解决、创新创造三个方面的得分最高，每周数字化学习时长在4—6小时区间的学生，在交流合作方面的得分最高。主动学习、交流合作、创新创造三个方面的显著性系数均大于0.05，说明每周数字化学习时长不同的学生在主动学习、交流合作、创新创造能力方面无显著性差异。问题解决方面的显著性系数小于0.05，说明每周数字化学习时长不同的学生在问题解决能力方面有显著性差异。

数字化学习道德与法律方面，每周数字化学习时长在6—8小时区间的学生，在价值观与道德规范、法律法规与安全两个方面的得分最高。价值观与道德规范、法律法规与安全两个方面的显著性系数均大于0.05，说明每周数字化学习时长不同的学生在数字化学习道德与法律方面无显著性差异。

从整体看，基础性数字化学习能力方面，每周数字化学习时长在6—8小时区间的学生得分最高，但显著性系数大于0.05，说明每周数字化学习时长不同的学生基础性数字化学习能力无显著性差异。创新性数字化学习能力方面，每周数字化学习时长在6—8小时区间的学生得分最高，但显著性系数大于0.05，说明每周数字化学习时长不同的学生创新性数字化学习能力无显著性差异。数字化学习道德与法律方面，每周数字化学习时长在6—8小时区间的学生得分最高，但显著性系数大于0.05，说明每周数字化学习时长不同的学生在数字化学习道德与法律方面无显著性差异。该校初中生总体数字化学习能力，每周数字化学习时长在6—8小时区间的学生得分最高，但显著性系数大于0.05，说明每周数字化学习时长不同的学生的数字化学习能力无显著性差异。

表5-15 每周数字化学习时长对学生数字化学习能力发展的影响

比较指标或内容	每周数字化学习时长	平均值	显著性（双尾）
操作类知识与技能	2小时以下	4.21	0.808
	2—4小时	4.11	
	4—6小时	4.24	
	6—8小时	4.35	
	8小时以上	4.14	
信息与数据素养	2小时以下	3.94	0.651
	2—4小时	3.90	
	4—6小时	3.99	
	6—8小时	4.25	
	8小时以上	3.99	
主动学习	2小时以下	3.86	0.429
	2—4小时	3.69	
	4—6小时	3.70	
	6—8小时	4.02	
	8小时以上	3.86	
交流合作	2小时以下	4.07	0.428
	2—4小时	3.94	
	4—6小时	4.22	
	6—8小时	4.13	
	8小时以上	4.09	
问题解决	2小时以下	4.10	0.039
	2—4小时	3.74	
	4—6小时	3.91	
	6—8小时	4.19	
	8小时以上	4.01	
创新创造	2小时以下	3.81	0.690
	2—4小时	3.73	
	4—6小时	3.73	
	6—8小时	4.04	
	8小时以上	3.74	

(续表)

比较指标或内容	每周数字化学习时长	平均值	显著性（双尾）
价值观与道德规范	2小时以下	4.18	0.198
	2—4小时	4.09	
	4—6小时	4.15	
	6—8小时	4.37	
	8小时以上	3.94	
法律法规与安全	2小时以下	4.51	0.575
	2—4小时	4.48	
	4—6小时	4.28	
	6—8小时	4.58	
	8小时以上	4.48	
基础性数字化学习能力	2小时以下	4.09	0.700
	2—4小时	4.02	
	4—6小时	4.13	
	6—8小时	4.31	
	8小时以上	4.08	
创新性数字化学习能力	2小时以下	3.95	0.357
	2—4小时	3.77	
	4—6小时	3.88	
	6—8小时	4.09	
	8小时以上	3.92	
数字化学习道德与法律	2小时以下	4.27	0.331
	2—4小时	4.20	
	4—6小时	4.19	
	6—8小时	4.43	
	8小时以上	4.09	
学生数字化学习能力	2小时以下	4.06	0.430
	2—4小时	3.92	
	4—6小时	4.00	
	6—8小时	4.22	
	8小时以上	3.99	

总体而言，性别对该校学生操作类知识与技能的发展有显著性影响，男生的能力发展水平高于女生，这可能与男生的动手操作能力相对较强有关。

年级对该校学生数字化学习能力发展没有显著性影响。

使用频率最高的电子设备对该校学生数字化学习能力发展没有显著影响。

每周数字化学习时长对该校学生问题解决能力的发展有显著性影响，每周数字化学习时长在6—8小时的学生问题解决能力发展水平最高。学生选择适当的学习时长，有利于其数字化学习能力的提高。

三、Y学校初中生数字化学习能力发展现状调查

我们与Y学校SS老师合作，调查了Y学校初中生数字化学习能力发展情况。调查样本选择采用方便抽样方式，由SS老师把调查问卷的问卷星链接发送给熟悉的班主任老师，再由班主任老师转发给班级学生。本次调查发放问卷218份，回收问卷218份，其中无效问卷共7份，有效问卷共211份，有效问卷回收率达到96.8%。自评调查问卷在学生数字化学习能力测量方面采用李克特五点量表，分别赋值1、2、3、4、5，具体问卷见附录六。

1. 基本信息分析

（1）男女比例

如图5-8所示，男生占51.7%，女生占48.3%。

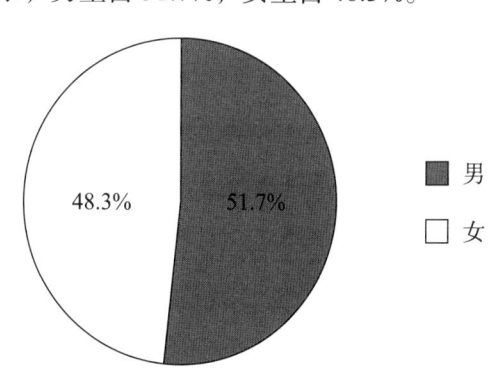

图5-8 Y学校初中生男女比例

（2）年级分布

如图5-9所示，初一占28.4%，初二占71.1%，初三占0.5%。

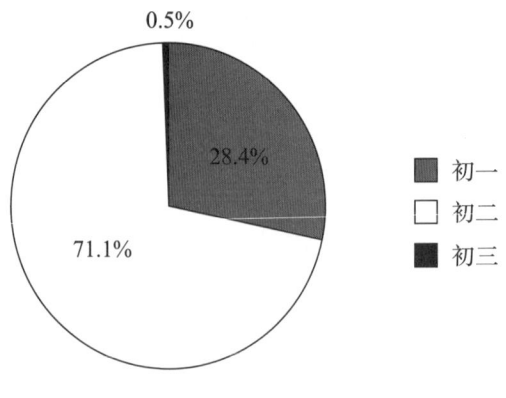

图 5-9　Y 学校初中生年级分布

（3）在学习中使用频率最高的电子设备

如图 5-10 所示，80.6% 的学生使用频率最高的电子设备是手机，6.2% 的学生使用频率最高的电子设备是平板，9.5% 的学生使用频率最高的电子设备是电脑，3.8% 的学生使用频率最高的电子设备是其他设备。总体来看，手机的使用频率最高。

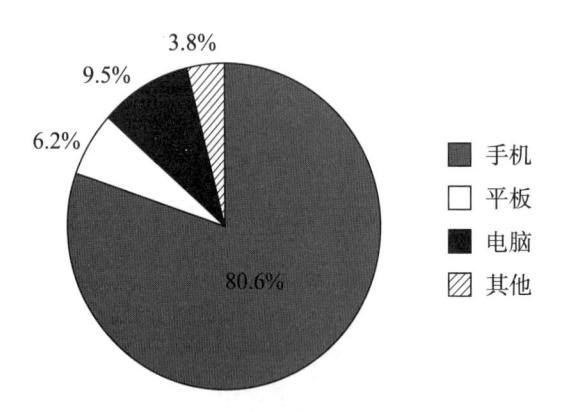

图 5-10　Y 学校初中生使用频率最高的电子设备

（4）每周数字化学习时长

如图 5-11 所示，27.0% 的学生数字化学习时长少于 2 小时，29.9% 的学生数字化学习时长在 2 小时至 4 小时之间，19.0% 的学生数字化学习时长在 4 小时至 6 小时之间，9.5% 的学生数字化学习时长在 6 小时至 8 小时之间，

14.7%的学生数字化学习时长多于8小时。总体来看，半数以上的学生每周数字化学习时长少于4小时，少数学生每周的数字化学习时长超过6小时。

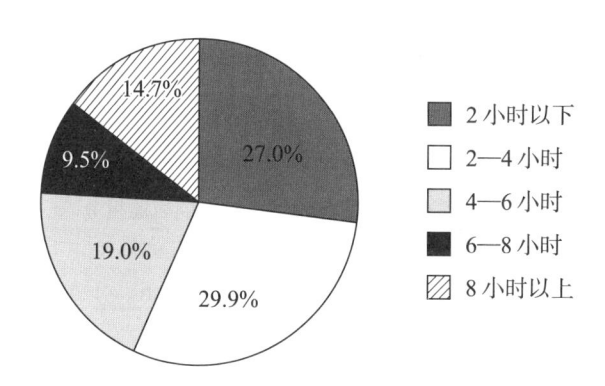

图5-11 Y学校初中生每周数字化学习时长

2. 学生数字化学习能力发展程度整体分析

该问卷的分析主要使用SPSS计算平均值结果，再结合中小学生数字化学习能力评价指标权重计算百分制得分，计算方式为百分制权重满分乘以学生在二级指标下得分平均值与李克特五点量表最大值5分的比值。如，表5-16中，操作类知识与技能百分制权重满分为15.4，操作类知识与技能的得分平均值为4.16分，那么，平均值4.16与李克特五点量表最大值5的比值为0.832，所以，操作类知识与技能的百分制权重得分为15.4×0.832=12.81分。根据计算结果，可以知道该校初中生数字化学习能力处于哪个发展水平。我们将从三方面进行分析。第一方面为基础性数字化学习能力，计算结果如表5-16所示。

表5-16 Y学校初中生基础性数字化学习能力发展情况

二级评价指标	平均值	百分制权重满分	百分制权重得分	百分制总分
操作类知识与技能	4.16	15.4	12.81	28.91
信息与数据素养	4.17	19.3	16.10	

从表5-16可知，Y学校初中生基础性数字化学习能力中，操作类知识与技能得分平均值为4.16分，信息与数据素养得分平均值为4.17分，接近5

分满分，学生基础性数字化学习能力发展情况较好。操作类知识与技能维度的得分低于信息与数据素养维度，说明该校初中生应注意学习操作类知识与技能。

第二方面为创新性数字化学习能力，计算结果如表5-17所示。

表5-17 Y学校初中生创新性数字化学习能力发展情况

二级评价指标	平均值	百分制权重满分	百分制权重得分	百分制总分
主动学习	3.80	11.8	8.97	25.19
交流合作	4.15	6.2	5.15	
问题解决	3.97	7.3	5.80	
创新创造	3.82	6.9	5.27	

从表5-17可知，Y学校初中生创新性数字化学习能力中，主动学习、交流合作、问题解决和创新创造维度得分平均值均超过3.8分，在4分左右，说明Y学校初中生创新性数字化学习能力发展相对充分，主动学习和创新创造能力还需要提高。

第三方面为数字化学习道德与法律，计算结果如表5-18所示。

表5-18 Y学校初中生数字化学习道德与法律发展情况

二级评价指标	总分	百分制权重满分	百分制权重得分	百分制总分
价值观与道德规范	4.12	19.5	16.07	28.28
法律法规与安全	4.49	13.6	12.21	

从表5-18可知，Y学校初中生数字化学习道德与法律中，价值观与道德规范、法律法规与安全得分平均值都超过4.1分，说明该校初中生的道德和法律意识较强，且法律意识高于道德意识，基本能按网络准则行事，遵守相关法律法规。

如表5-19所示，Y学校初中生数字化学习能力中，基础性数字化学习能力、创新性数字化学习能力、数字化学习道德与法律三个方面平均值都超过3.9分。其中，基础性数字化学习能力平均值为4.17，创新性数字化学习能力平均值为3.94，数字化学习道德与法律平均值为4.31，学生的数字化学习道德与法律得分最高，创新性数字化学习能力得分最低。这表明，该校初中生数字化学习能力中创新性数字化学习能力较弱，数字化学习道德与法律方面较强，其次是基础性数字化学习能力。

表5-19 Y学校初中生数字化学习能力发展情况

基础性数字化学习能力平均值	创新性数字化学习能力平均值	数字化学习道德与法律平均值	学生数字化学习能力平均值
4.17	3.94	4.31	4.14

Y学校初中生数字化学习能力五点量表得分平均值为4.14分，百分制权重得分为28.91+25.19+28.28=82.38。总体而言，学生数字化学习能力发展相对较好。

3. 学生数字化学习能力发展程度统计学变量比较分析

我们将从性别、年级、使用频率最高的电子设备、数字化学习时长等几个统计学变量比较分析Y学校初中生数字化学习能力发展的差异情况。

（1）性别对学生数字化学习能力发展的影响

由表5-20可知，基础性数字化学习能力方面，操作类知识与技能维度上男生得分高于女生，信息与数据素养维度上女生得分高于男生。显著性系数均大于0.05，说明该校男女生的基础性数字化学习能力无显著性差异。

创新性数字化学习能力方面，主动学习、交流合作、问题解决、创新创造四个维度，女生得分均高于男生。主动学习和交流合作两个维度的显著性系数小于0.05，说明该校男女生的主动学习和交流合作能力有显著性差异。问题解决和创新创造两个维度的显著性系数大于0.05，说明该校男女生的问题解决和创新创造能力无显著性差异。

数字化学习道德与法律方面，价值观与道德规范、法律法规与安全两个维度，女生得分均高于男生，但显著性系数均大于0.05，说明该校男女生的数字化学习道德与法律方面无显著性差异。

从整体看，基础性数字化学习能力方面，男生得分比女生高0.01分，显著性系数大于0.05，说明该校男女生的基础性数字化学习能力无显著性差异。创新性数字化学习能力方面，女生得分高于男生，显著性系数小于0.05，说明该校男女生的创新性数字化学习能力有显著性差异。数字化学习道德与法律方面，女生得分高于男生，显著性系数大于 0.05，说明该校男女生的数字化学习道德与法律方面无显著性差异。该校初中生总体数字化学习能力，女生得分高于男生，显著性系数大于 0.05，说明该校男女生的数字化学习能力无显著性差异。

表 5-20 性别对学生数字化学习能力发展的影响

比较指标或内容	性别	平均值	显著性（双尾）
操作类知识与技能	男	4.18	0.679
	女	4.14	
信息与数据素养	男	4.15	0.704
	女	4.19	
主动学习	男	3.65	0.004
	女	3.97	
交流合作	男	4.04	0.029
	女	4.27	
问题解决	男	3.92	0.313
	女	4.03	
创新创造	男	3.76	0.250
	女	3.89	
价值观与道德规范	男	4.09	0.506
	女	4.15	
法律法规与安全	男	4.45	0.425
	女	4.52	
基础性数字化学习能力	男	4.17	0.963
	女	4.16	
创新性数字化学习能力	男	3.83	0.041
	女	4.04	
数字化学习道德与法律	男	4.25	0.432
	女	4.32	
学生数字化学习能力	男	4.02	0.169
	女	4.14	

（2）年级对学生数字化学习能力发展的影响

由表 5-21 可知，基础性数字化学习能力方面，在操作类知识与技能维度上，得分随着年级的增加而增加。信息与数据素养维度上，初二学生比初一学生分数略低，初三学生的得分高于初一和初二学生。但显著性系数均大于 0.05，说明该校不同年级学生的基础性数字化学习能力无显著性差异。

创新性数字化学习能力方面，主动学习和交流合作能力得分随着年级的增加而增加，问题解决能力得分初一与初三学生水平相当，初二学生略低。创新创造能力初一与初二学生得分低于初三学生。但显著性系数均大于 0.05，说明该校不同年级学生的创新性数字化学习能力无显著性差异。

数字化学习道德与法律方面，价值观与道德规范得分随着年级的增加而减少，法律法规与安全方面初三学生得分明显高于初一与初二学生，初二学生得分略低于初一学生。但显著性系数均大于 0.05，说明该校不同年级学生在数字化学习道德与法律方面无显著性差异。

从整体看，基础性数字化学习能力方面，得分随着年级的增加而增加，但显著性系数大于 0.05，说明该校不同年级学生的基础性数字化学习能力无显著性差异。创新性数字化学习能力方面，得分随着年级的增加而增加，但显著性系数大于 0.05，说明该校不同年级学生的创新性数字化学习能力无显著性差异。数字化学习道德与法律方面，初一学生得分最高，其次是初三学生，初二学生得分最低，但显著性系数大于 0.05，说明该校不同年级学生在数字化学习道德与法律方面无显著性差异。该校初中生总体数字化学习能力，初一初二学生得分相等，低于初三学生，但显著性系数大于 0.05，说明该校不同年级学生的数字化学习能力无显著性差异。

表 5-21　年级对学生数字化学习能力发展的影响

比较指标或内容	年级	平均值	显著性（双尾）
操作类知识与技能	初一	3.99	0.059
	初二	4.23	
	初三	4.75	

（续表）

比较指标或内容	年级	平均值	显著性（双尾）
信息与数据素养	初一	4.18	0.830
	初二	4.16	
	初三	4.25	
主动学习	初一	3.78	0.780
	初二	3.81	
	初三	4.20	
交流合作	初一	4.08	0.428
	初二	4.18	
	初三	4.25	
问题解决	初一	4.00	0.730
	初二	3.96	
	初三	4.00	
创新创造	初一	3.86	0.678
	初二	3.81	
	初三	4.00	
价值观与道德规范	初一	4.24	0.113
	初二	4.07	
	初三	4.00	
法律法规与安全	初一	4.51	0.767
	初二	4.48	
	初三	4.75	
基础性数字化学习能力	初一	4.09	0.329
	初二	4.19	
	初三	4.50	
创新性数字化学习能力	初一	3.92	0.929
	初二	3.93	
	初三	4.12	
数字化学习道德与法律	初一	4.36	0.267
	初二	4.25	
	初三	4.33	
学生数字化学习能力	初一	4.08	0.986
	初二	4.08	
	初三	4.26	

（3）使用频率最高电子设备对学生数字化学习能力发展的影响

由表 5-22 可知，基础性数字化学习能力方面，主要使用电脑学习的学生操作类知识与技能和信息与数据素养得分最高。操作类知识与技能和信息与数据素养方面的显著性系数均小于 0.05，说明使用频率最高的电子设备的不同对学生基础性数字化学习能力有显著性影响。

创新性数字化学习能力方面，主要使用电脑学习的学生在主动学习、交流合作两个方面得分最高，主要使用其他设备学习的学生在问题解决、创新创造两个方面得分最高。主动学习和交流合作方面的显著性系数均小于 0.05，说明使用频率最高的电子设备的不同对学生主动学习和交流合作能力有显著性影响。问题解决和创新创造方面的显著性系数均大于 0.05，说明使用频率最高的电子设备的不同对学生问题解决和创新创造能力没有显著性影响。

数字化学习道德与法律方面，主要使用其他设备学习的学生价值观与道德规范得分最高，主要使用电脑学习的学生法律法规与安全得分最高。价值观与道德规范方面的显著性系数大于 0.05，说明使用频率最高的电子设备的不同对学生价值观与道德规范方面没有显著性影响。法律法规与安全方面的显著性系数大于 0.05，说明使用频率最高的电子设备的不同对学生法律法规与安全方面没有显著性影响。

从整体看，基础性数字化学习能力方面，主要使用电脑学习的学生得分最高，且显著性系数小于 0.05，说明使用频率最高的电子设备的不同对学生基础性数字化学习能力有显著性影响。创新性数字化学习能力方面，主要使用电脑学习的学生得分最高，且显著性系数小于 0.05，说明使用频率最高的电子设备的不同对学生创新性数字化学习能力有显著性影响。数字化学习道德与法律方面，主要使用电脑学习的学生得分最高，但显著性系数大于 0.05，说明使用频率最高的电子设备的不同对学生的数字化学习道德与法律方面没有显著性影响。该校初中生总体数字化学习能力，主要使用电脑学习的学生得分最高，且显著性系数小于 0.05，说明使用频率最高的电子设备的不同对学生的数字化学习能力有显著性影响。

表 5-22 使用频率最高电子设备对学生数字化学习能力发展的影响

比较指标或内容	使用频率最高电子设备	平均值	显著性（双尾）
操作类知识与技能	手机	4.11	0.002
	平板	3.87	
	电脑	4.79	
	其他	4.16	
信息与数据素养	手机	4.13	0.019
	平板	4.00	
	电脑	4.63	
	其他	4.03	
主动学习	手机	3.75	0.011
	平板	3.55	
	电脑	4.30	
	其他	4.18	
交流合作	手机	4.10	0.040
	平板	4.00	
	电脑	4.60	
	其他	4.28	
问题解决	手机	3.93	0.277
	平板	3.88	
	电脑	4.24	
	其他	4.25	
创新创造	手机	3.77	0.052
	平板	3.60	
	电脑	4.20	
	其他	4.25	
价值观与道德规范	手机	4.08	0.114
	平板	4.08	
	电脑	4.40	
	其他	4.45	
法律法规与安全	手机	4.45	0.162
	平板	4.44	
	电脑	4.76	
	其他	4.69	
基础性数字化学习能力	手机	4.12	0.002
	平板	3.93	
	电脑	4.71	
	其他	4.09	

（续表）

比较指标或内容	使用频率最高电子设备	平均值	显著性（双尾）
创新性数字化学习能力	手机	3.88	0.028
	平板	3.75	
	电脑	4.33	
	其他	4.24	
数字化学习道德与法律	手机	4.24	0.085
	平板	4.24	
	电脑	4.56	
	其他	4.56	
学生数字化学习能力	手机	4.03	0.012
	平板	3.92	
	电脑	4.48	
	其他	4.29	

（4）每周数字化学习时长对学生数字化学习能力发展的影响

由表5-23可知，基础性数字化学习能力方面，每周数字化学习时长在6—8小时区间的学生，在操作类知识与技能和信息与数据素养方面得分最高。操作类知识与技能方面的显著性系数大于0.05，说明每周数字化学习时长不同的学生所掌握的操作类知识与技能无显著性差异。信息与数据素养方面的显著性系数小于0.05，说明每周数字化学习时长不同的学生的信息与数据素养有显著性差异。

创新性数字化学习能力方面，每周数字化学习时长在6—8小时区间的学生，在主动学习、交流合作、问题解决、创新创造四个方面的得分最高，主动学习、交流合作、问题解决、创新创造四个方面的显著性系数均小于0.05，说明每周数字化学习时长不同的学生的创新性数字化学习能力有显著性差异。

数字化学习道德与法律方面，每周数字化学习时长在6—8小时区间的学生，在价值观与道德规范、法律法规与安全两个方面的得分最高。价值观与道德规范方面的显著性系数小于0.05，说明每周数字化学习时长不同的学生在价值观与道德规范方面有显著性差异。法律法规与安全方面的显著性系数小于0.05，说明每周数字化学习时长不同的学生在法律法规与安全方面有显著性差异。

从整体看，基础性数字化学习能力方面，每周数字化学习时长在6—8小时区间的学生得分最高，显著性系数大于0.05，说明每周数字化学习时长不同的学生基础性数字化学习能力无显著性差异。创新性数字化学习能力方面，每周数字化学习时长在6—8小时区间的学生得分最高，显著性系数小于0.05，说明每周数字化学习时长不同的学生创新性数字化学习能力有显著性差异。数字化学习道德与法律方面，每周数字化学习时长在6—8小时区间的学生得分最高，显著性系数小于0.05，说明每周数字化学习时长不同的学生在数字化学习道德与法律方面有显著性差异。该校初中生总体数字化学习能力，每周数字化学习时长在6—8小时区间的学生得分最高，显著性系数小于0.05，说明每周数字化学习时长不同的学生的数字化学习能力有显著性差异。

表5-23 每周数字化学习时长对学生数字化学习能力发展的影响

比较指标或内容	每周数字化学习时长	平均值	显著性（双尾）
操作类知识与技能	2小时以下	4.12	0.158
	2—4小时	4.00	
	4—6小时	4.19	
	6—8小时	4.43	
	8小时以上	4.35	
信息与数据素养	2小时以下	3.99	0.039
	2—4小时	4.11	
	4—6小时	4.21	
	6—8小时	4.48	
	8小时以上	4.35	
主动学习	2小时以下	3.64	0.001
	2—4小时	3.69	
	4—6小时	3.70	
	6—8小时	4.33	
	8小时以上	4.15	
交流合作	2小时以下	4.04	0.011
	2—4小时	3.99	
	4—6小时	4.19	
	6—8小时	4.58	
	8小时以上	4.37	

（续表）

比较指标或内容	每周数字化学习时长	平均值	显著性（双尾）
问题解决	2小时以下	3.91	0.001
	2—4小时	3.77	
	4—6小时	3.90	
	6—8小时	4.48	
	8小时以上	4.26	
创新创造	2小时以下	3.76	0.023
	2—4小时	3.69	
	4—6小时	3.70	
	6—8小时	4.25	
	8小时以上	4.09	
价值观与道德规范	2小时以下	4.04	0.006
	2—4小时	3.96	
	4—6小时	4.17	
	6—8小时	4.58	
	8小时以上	4.24	
法律法规与安全	2小时以下	4.48	0.041
	2—4小时	4.34	
	4—6小时	4.46	
	6—8小时	4.78	
	8小时以上	4.66	
基础性数字化学习能力	2小时以下	4.06	0.072
	2—4小时	4.06	
	4—6小时	4.20	
	6—8小时	4.45	
	8小时以上	4.35	
创新性数字化学习能力	2小时以下	3.82	0.001
	2—4小时	3.78	
	4—6小时	3.86	
	6—8小时	4.40	
	8小时以上	4.21	
数字化学习道德与法律	2小时以下	4.23	0.006
	2—4小时	4.13	
	4—6小时	4.30	
	6—8小时	4.67	
	8小时以上	4.43	

（续表）

比较指标或内容	每周数字化学习时长	平均值	显著性（双尾）
学生数字化学习能力	2小时以下	3.99	0.002
	2—4小时	3.94	
	4—6小时	4.06	
	6—8小时	4.48	
	8小时以上	4.30	

总体而言，性别对该校学生主动学习、交流合作能力发展有显著性影响，因而对该校学生的创新性数字化学习能力发展有显著性影响，且女生的相关能力高于男生，这可能与女生在初中的成长速度比男生快有关。

年级对该校学生数字化学习能力发展没有显著性影响。

使用频率最高的电子设备对该校学生基础性数字化学习能力发展有显著性影响，对该校学生主动学习、交流合作能力发展有显著性影响，因而对该校学生的创新性数字化学习能力发展有显著性影响，对该校学生法律法规与安全方面的发展也有显著性影响，整体来看，对该校学生数字化学习能力的发展有显著性影响。使用电脑学习的学生数字化学习能力发展最好，可能与电脑上的无关因素少于平板和手机有关。手机和平板的娱乐信息较多且可操作性强，电脑相对来说更适合学生学习。

每周数字化学习时长对该校学生基础性数字化学习能力发展无显著性影响，对创新性数字化学习能力发展和数字化学习道德与法律方面的发展有显著性影响，因而整体来看，对该校学生数字化学习能力的发展有显著性影响。每周数字化学习时长在6—8小时的学生数字化学习能力发展最好。学习时长过长会导致注意力不集中，学习效率低，因此学生选择适当的学习时长，有利于其数字化学习能力的发展。

四、Z高中学生数字化学习能力发展现状调查

我们与Z高中合作，调查了Z高中学生数字化学习能力发展情况。调查样本抽样采用方便抽样方式，由Z高中的教师以现场发放的形式发放调查问卷。本次调查发放问卷184份，回收问卷184份，删除无效问卷共6份，有

效问卷共178份，有效问卷回收率达到96.74%。自评调查问卷在学生数字化学习能力测量方面采用李克特五点量表，分别赋值1、2、3、4、5，具体问卷见附录七。

1. 基本信息分析

（1）男女比例

男生占31.5%，女生占68.5%，如图5-12所示。

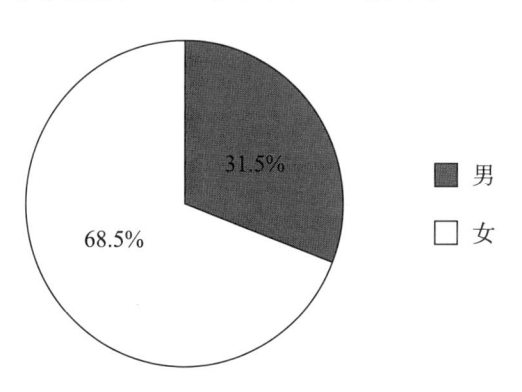

图5-12 Z高中学生男女比例

（2）年级分布

高一占47.2%，高二占46.1%，高三占6.7%，如图5-13所示。

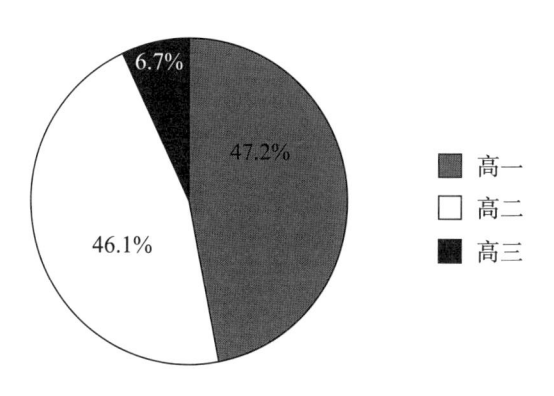

图5-13 Z高中学生年级分布

（3）在学习中使用频率最高的电子设备

87.6%的学生使用频率最高的电子设备是手机，2.3%的学生使用频率最高的电子设备是平板，3.9%的学生使用频率最高的电子设备是电脑，6.2%的学生使用频率最高的电子设备是其他设备。总体来看，手机的使用频率最高。如图5-14所示。

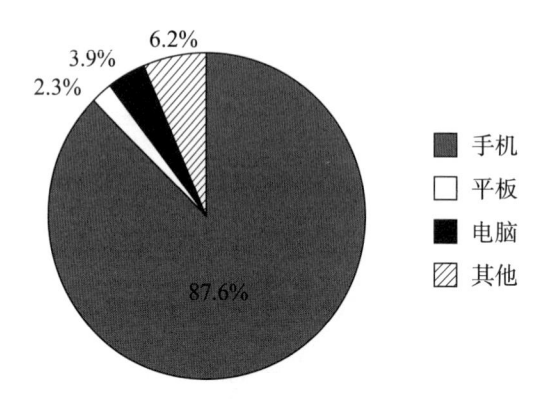

图5-14 Z高中学生使用频率最高的电子设备

（4）每周数字化学习时长

42.7%的学生学习时长在2小时以下，27.5%的学生学习时长在2—4小时，11.8%的学生学习时长在4—6小时，4.5%的学生学习时长在6—8小时，13.5%的学生学习时长在8小时以上。如图5-15所示。总体来看，半数以上的学生每周数字化学习时长少于4小时，少数学生每周的数字化学习时长超过6小时。

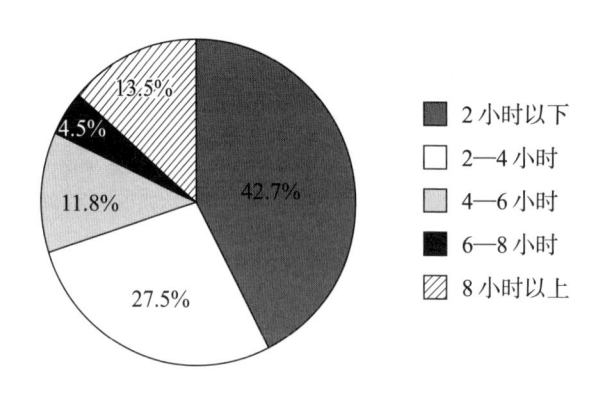

图5-15 Z高中学生每周数字化学习时长

2. 学生数字化学习能力发展程度整体分析

该问卷的分析主要通过 SPSS 计算平均值结果，再结合中小学生数字化学习能力评价指标权重计算百分制得分，根据计算结果，可以知道高中生数字化学习能力处于哪个发展水平。我们将从三方面进行分析。

第一方面为基础性数字化学习能力，计算结果如表 5-24 所示。

表 5-24　Z 高中学生基础性数字化学习能力发展情况

二级评价指标	平均值	百分制权重满分	百分制权重得分	百分制总分
操作类知识与技能	3.58	15.4	11.03	25.47
信息与数据素养	3.74	19.3	14.44	

从表 5-24 可知，Z 高中学生的基础性数字化学习能力在中等以上水平。操作类知识与技能提升的空间比较大。信息与数据素养维度的得分高于操作类知识与技能维度。因此，在教学过程中，教师应注重学生的操作类知识与技能的发展，与此同时继续培养学生的信息与数据素养。

第二方面为创新性数字化学习能力，计算结果如表 5-25 所示。

表 5-25　Z 高中学生创新性数字化学习能力发展情况

二级评价指标	平均值	百分制权重满分	百分制权重得分	百分制总分
主动学习	3.13	11.8	7.39	21.62
交流合作	3.70	6.2	4.59	
问题解决	3.40	7.3	4.96	
创新创造	3.39	6.9	4.68	

从表 5-25 可知，Z 高中学生的创新性数字化学习能力相比于基础性数字化学习能力较弱一些。在创新性数字化学习能力中，交流合作能力最强，其次是问题解决能力和创新创造能力，主动学习能力相对较弱，分值刚刚超过 3 分。而且总体来看，Z 高中学生的创新性数字化学习能力这几个方面的发展水平都不是很高。教师要注意运用技术手段和工具培养学生的主动学习能力，也要注意培养学生的交流合作能力、问题解决能力和创新创造能力。

第三方面为数字化学习道德与法律，计算结果如表5-26所示。

表5-26 Z高中学生数字化学习道德与法律发展情况

二级评价指标	总分	百分制权重满分	百分制权重得分	百分制总分
价值观与道德规范	3.84	19.5	14.98	25.94
法律法规与安全	4.03	13.6	10.96	

从表5-26可知，Z高中学生的数字化学习道德与法律意识较强，且法律法规与安全意识高于价值观与道德规范意识，而且总体来看，数字化学习道德与法律的分值相对于前两个方面的分值是比较高的。因此，总体上可认为Z高中学生基本能按照网络法律法规和道德的准则进行网络学习活动。在日常学习中家长和教师要注意引导高中生在利用技术手段学习的同时形成正确的价值观，提高网络道德意识和法律法规意识。

如表5-27所示，高中学生数字化学习能力总体和部分的分值都处于中等偏上位置，可以认为当前Z高中学生数字化学习能力发展处于较好的阶段，其中创新性数字化学习能力的发展稍弱。

Z高中学生数字化学习能力五点量表得分平均值为3.67分，百分制权重得分为25.47+21.62+25.94=73.03分。总体来看，Z高中学生的数字化学习能力仍有很大的发展空间，因此，教育工作者要注重对其数字化学习能力的培养，尤其要注意培养创新性数字化学习能力，最终实现学生数字化学习能力的全面发展。

表5-27 Z高中学生数字化学习能力平均得分

基础性数字化学习能力平均值	创新性数字化学习能力平均值	数字化学习道德与法律平均值	数字化学习能力平均值
3.66	3.41	3.94	3.67

3. 学生数字化学习能力发展程度统计学变量比较分析

我们将从性别、年级、使用频率最高的电子设备、数字化学习时长等几个统计学变量比较分析Z高中学生数字化学习能力发展的差异情况。

（1）性别对学生数字化学习能力发展的影响

如表5-28所示，根据不同性别对每个维度进行计分，男生的得分大多高于女生的得分，只有法律法规与安全这一项，男女生得分是一样的。从显著性系数来看，在创新创造方面，显著性系数为0.009，小于0.05，表明男女生之间存在显著性差异，其余各个维度的显著性系数均大于0.05，可见总体来看，男女生在数字化学习能力发展的各个维度上差异不大。

表5-28 性别对学生数字化学习能力发展的影响

比较指标或内容	性别	平均值	显著性（双尾）
操作类知识与技能	男	3.69	0.180
	女	3.53	
信息与数据素养	男	3.82	0.273
	女	3.70	
主动学习	男	3.18	0.540
	女	3.11	
交流合作	男	3.79	0.215
	女	3.65	
问题解决	男	3.55	0.075
	女	3.33	
创新创造	男	3.61	0.009
	女	3.29	
价值观与道德规范	男	3.88	0.625
	女	3.82	
法律法规与安全	男	4.03	0.978
	女	4.03	
基础性数字化学习能力	男	3.76	0.183
	女	3.60	
创新性数字化学习能力	男	3.53	0.067
	女	3.35	
数字化学习道德与法律	男	3.96	0.770
	女	3.92	
学生数字化学习能力	男	3.69	0.081
	女	3.56	

（2）年级对学生数字化学习能力发展的影响

如表 5-29 所示，根据不同年级对每个维度进行计分，首先从总体数字化学习能力来看，高三年级明显要比高一、高二年级得分高，高二和高一年级的分数相差不多。具体来看，有比较明显区别的是主动学习、交流合作维度，高三年级得分要明显高于高一、高二年级。从显著性系数来看，交流合作方面的显著性系数为 0.039，小于 0.05，因此我们认为在交流合作方面不同年级的学生存在显著性差异，其他方面的显著性系数均大于 0.05，表明不同年级之间没有显著性差异。

表 5-29 年级对学生数字化学习能力发展的影响

比较指标或内容	年级	平均值	显著性（双尾）
操作类知识与技能	高一	3.49	0.216
	高二	3.68	
	高三	3.50	
信息与数据素养	高一	3.75	0.933
	高二	3.72	
	高三	3.77	
主动学习	高一	3.13	0.378
	高二	3.09	
	高三	3.42	
交流合作	高一	3.69	0.039
	高二	3.63	
	高三	4.19	
问题解决	高一	3.40	0.787
	高二	3.38	
	高三	3.54	
创新创造	高一	3.33	0.186
	高二	3.39	
	高三	3.77	
价值观与道德规范	高一	3.85	0.541
	高二	3.77	
	高三	4.14	

(续表)

比较指标或内容	年级	平均值	显著性（双尾）
法律法规与安全	高一	4.05	0.903
	高二	4.01	
	高三	4.08	
基础性数字化学习能力	高一	3.62	0.723
	高二	3.70	
	高三	3.64	
创新性数字化学习能力	高一	3.39	0.199
	高二	3.37	
	高三	3.79	
数字化学习道德与法律	高一	3.95	0.442
	高二	3.89	
	高三	4.11	
学生数字化学习能力	高一	3.59	0.402
	高二	3.58	
	高三	3.80	

（3）使用频率最高电子设备对学生数字化学习能力发展的影响

如表5-30所示，从总体来看，主要使用手机进行数字化学习的学生得分要高于其他三者。但从显著性系数来看，显著性系数均大于0.05，可见使用频率最高的电子设备的不同没有对学生各个指标造成显著性影响。

表5-30 使用频率最高电子设备对学生数字化学习能力发展的影响

比较指标或内容	使用频率最高电子设备	平均值	显著性（双尾）
操作类知识与技能	手机	3.59	0.825
	平板	3.44	
	电脑	3.36	
	其他	3.64	
信息与数据素养	手机	3.75	0.400
	平板	3.38	
	电脑	3.93	
	其他	3.52	
主动学习	手机	3.17	0.385
	平板	2.80	
	电脑	3.03	
	其他	2.82	

（续表）

比较指标或内容	使用频率最高电子设备	平均值	显著性（双尾）
交流合作	手机	3.17	0.873
	平板	3.50	
	电脑	3.54	
	其他	3.73	
问题解决	手机	3.71	0.694
	平板	3.06	
	电脑	3.25	
	其他	3.27	
创新创造	手机	3.42	0.491
	平板	3.00	
	电脑	3.14	
	其他	3.24	
价值观与道德规范	手机	3.88	0.204
	平板	3.42	
	电脑	3.57	
	其他	3.55	
法律法规与安全	手机	4.08	0.143
	平板	3.67	
	电脑	3.71	
	其他	3.70	
基础性数字化学习能力	手机	3.67	0.839
	平板	3.41	
	电脑	3.65	
	其他	3.58	
创新性数字化学习能力	手机	3.34	0.524
	平板	3.37	
	电脑	3.09	
	其他	3.24	
数字化学习道德与法律	手机	3.98	0.060
	平板	3.55	
	电脑	3.64	
	其他	3.63	

（续表）

比较指标或内容	使用频率最高电子设备	平均值	显著性（双尾）
学生数字化学习能力	手机	3.60	0.423
	平板	3.28	
	电脑	3.44	
	其他	3.43	

（4）每周数字化学习时长对学生数字化学习能力发展的影响

如表5-31所示，从总体来看，每周数字化学习时长在6—8小时区间的学生得分明显高出其他学习时长区间的学生。从显著性系数来看，显著性系数均大于0.05，可见每周数字化学习时长不同的学生在各个维度上没有显著性差异。

表5-31 每周数字化学习时长对学生数字化学习能力发展的影响

比较指标或内容	每周数字化学习时长	平均值	显著性（双尾）
操作类知识与技能	2小时以下	3.50	0.235
	2—4小时	3.55	
	4—6小时	3.55	
	6—8小时	4.00	
	8小时以上	3.78	
信息与数据素养	2小时以下	3.65	0.373
	2—4小时	3.70	
	4—6小时	3.83	
	6—8小时	3.97	
	8小时以上	3.91	
主动学习	2小时以下	3.00	0.347
	2—4小时	3.17	
	4—6小时	3.22	
	6—8小时	3.38	
	8小时以上	3.29	
交流合作	2小时以下	3.62	0.261
	2—4小时	3.68	
	4—6小时	3.63	
	6—8小时	4.06	
	8小时以上	3.91	

（续表）

比较指标或内容	每周数字化学习时长	平均值	显著性（双尾）
问题解决	2 小时以下	3.38	0.622
	2—4 小时	3.45	
	4—6 小时	3.31	
	6—8 小时	3.78	
	8 小时以上	3.33	
创新创造	2 小时以下	3.31	0.530
	2—4 小时	3.52	
	4—6 小时	3.25	
	6—8 小时	3.50	
	8 小时以上	3.44	
价值观与道德规范	2 小时以下	3.76	0.414
	2—4 小时	3.90	
	4—6 小时	3.83	
	6—8 小时	4.04	
	8 小时以上	3.88	
法律法规与安全	2 小时以下	3.98	0.676
	2—4 小时	4.08	
	4—6 小时	4.05	
	6—8 小时	4.33	
	8 小时以上	3.99	
基础性数字化学习能力	2 小时以下	3.58	0.240
	2—4 小时	3.62	
	4—6 小时	3.69	
	6—8 小时	3.99	
	8 小时以上	3.85	
创新性数字化学习能力	2 小时以下	3.33	0.493
	2—4 小时	3.46	
	4—6 小时	3.35	
	6—8 小时	3.68	
	8 小时以上	3.49	

（续表）

比较指标或内容	每周数字化学习时长	平均值	显著性（双尾）
数字化学习道德与法律	2小时以下	3.87	0.563
	2—4小时	3.99	
	4—6小时	3.94	
	6—8小时	4.19	
	8小时以上	3.94	
学生数字化学习能力	2小时以下	3.53	0.339
	2—4小时	3.63	
	4—6小时	3.58	
	6—8小时	3.88	
	8小时以上	3.69	

第三节 中小学生数字化学习能力评价标准编制

就中小学生数字化学习能力评价标准而言，考虑到各个学段学生认知水平及数字化学习实践的差异性，我们需要开发各个学段不同的数字化学习能力评价标准。在参考国内外中小学生数字化学习能力评价标准相关研究的基础上，结合我国中小学生数字化学习能力发展情况，我们将中小学生数字化学习能力评价标准划分为四个学段的评价标准，即小学低年级、小学高年级、初中、高中四个学段的评价标准。在评价标准的评价等级上，我们参考国内外相关研究的通用做法，将评价等级分为优秀、良好、一般、较差四个等级。

一、小学低年级学生数字化学习能力评价标准编制

小学生的数字化学习能力发展处于启蒙状态。小学低年级学生正处于初步学习各种知识与技能，培养学习习惯的起步时期，还不具备主动学习能力。小学低年级学生的学习主要依靠教师的示范、引导和直接教授，尤其是小学

一年级学生。小学低年级学生在阅读能力方面还相对欠缺，还不能够完整地阅读较为复杂的短文，因此在自主阅读和自主学习方面相对欠缺。另外，在小学一年级和二年级阶段，还没有开设信息技术课程，也就是说，对学生的信息技术知识与技能并不作硬性要求。但是，作为数字"原住民"，小学低年级学生对信息技术并不陌生，一些家庭信息化条件较好的学生，已经具备一定的信息技术硬件与软件知识和技能，在日常生活中已经会使用信息技术进行学习。在日常教学中，教师在课堂上使用信息技术，也给学生提供了示范，一定程度上培养了学生的信息技术认知。

在小学低年级学生数字化学习能力评价标准开发过程中，我们参照中小学生数字化学习能力评价指标，结合小学低年级学生认知特点及数字化学习实践情况，以培养学生数字化学习启蒙意识和能力为出发点，构建小学低年级学生数字化学习能力评价标准。在小学低年级学生数字化学习能力评价标准开发过程中，我们始终与小学教师及学生保持紧密联系，听取小学教师和学生的建议，不断修改和完善评价标准，最终拟定了小学低年级学生数字化学习能力评价标准，具体评价标准参见附录十。在评价标准开发过程中，为使评价标准更加方便中小学教师使用，我们尽量采取举例的方式，形象直观地表述评价标准。

二、小学高年级学生数字化学习能力评价标准编制

小学高年级学生数字化学习能力评价标准开发遵循与小学低年级学生评价标准开发相同的思路。我们认为，学生在经历小学低年级阶段数字化学习能力启蒙后，进入数字化学习能力初步养成阶段。小学高年级阶段学生数字化学习能力主要体现在，学生可以初步使用信息技术进行学习，初步养成使用简单信息技术进行学习的习惯。该阶段学生已经具备数字化学习意识，能够使用简单的信息技术工具进行学习，但是，还不会使用复杂的信息技术工具进行学习，同时，学生高级认知能力发展还相对不成熟。

从小学生信息技术课程开设内容我们不难看出，该阶段学生信息技术知识与技能的掌握要求相对较为简单，基本上处于信息技术入门阶段，对信息技术和信息素养的理解还不够深入。小学高年级学生数字化学习能力评价标准应该在充分考虑信息技术课程知识与技能发展要求的同时，适当对学生数字化学习能力中信息技术相关知识与技能提出发展性要求。

在充分考虑小学高年级学生数字化学习实践基本情况及学生认知特点和学科知识情况的基础上，我们遵循与小学低年级学生数字化学习能力评价标准开发相同的思路，通过与小学教师及学生充分沟通交流，拟定了小学高年级学生数字化学习能力评价标准，具体评价标准参见附录十一。

三、初中生数字化学习能力评价标准编制

初中生数字化学习能力评价标准开发，我们遵循与小学生数字化学习能力评价标准开发相同的思路。考虑到学生在小学阶段已经初步养成了数字化学习能力，我们将初中生数字化学习能力的发展阶段界定为养成与初步成熟期。也就是说，学生在初中阶段，已经基本具备数字化学习能力。初中生已经基本具备自主阅读、逻辑判断、自主决策、自主学习、交流合作等各方面的能力，在此基础上可以发展出初步成熟的数字化学习能力。

以初中生数字化学习能力发展的养成与初步成熟期为依据，参考初中生数字化学习实践情况、初中生认知特点、初中信息技术课程要求和中小学生数字化学习能力评价指标，我们拟定了初中生数字化学习能力评价标准。评价标准拟定之后，我们与初中教师和学生进行了深入交流，多次修改和完善评价标准，最终拟定了初中生数字化学习能力评价标准，具体评价标准参见附录十二。

四、高中生数字化学习能力评价标准编制

高中生数字化学习能力评价标准开发，我们遵循与小学生和初中生数字化学习能力评价标准相同的开发思路。在高中阶段，学生的数字化学习能力

进入成熟阶段，也就是说，高中阶段学生开始形成稳定而成熟的数字化学习能力，形成各自的数字化学习风格。

从知识储备水平和认知特点而言，高中生已经具备较为成熟的学习能力，尤其是自主学习能力。高中生已经能够在日常生活和学习中处理较为复杂的问题。作为独立的个体，高中生需要在数字化学习中独立承担学习任务，或与同伴合作承担学习任务。从高中信息技术课程开设内容我们不难看出，高中生的信息技术知识与技能已较为复杂，包含程序设计、编程、人工智能等专业和前沿的知识与技能。高中生已经可以使用复杂的信息技术工具进行学习。高中信息技术课程核心素养中，明确要求学生具备数字化学习与创新素养。

在充分分析高中生数字化学习能力发展阶段特征基础上，我们参照中小学生数字化学习能力评价指标，结合高中生数字化学习实践情况，在与高中教师和学生积极沟通的基础上，拟定了高中生数字化学习能力评价标准，具体评价标准参见附录十三。

第四节 中小学生数字化学习能力评价标准应用

中小学生数字化学习能力评价标准开发的目的是应用，即使用评价标准对学生数字化学习能力发展情况进行评价，为教师培养学生数字化学习能力提供依据。在中小学生数字化学习能力评价标准应用方面，我们的定位是评价标准供教师使用，教师使用评价标准对学生数字化学习能力进行评价，为设计数字化学习活动提供依据。在评价标准使用过程中，考虑评价标准的复杂性，我们认为该评价标准更适合一对一的评价形式，也就是教师使用该评价标准有针对性地对学生的数字化学习能力进行评价，为促进学生的数字化学习能力发展提供依据。评价过程中，可以对班级内学生的数字化学习能力进行分类，然后选取每种类型的典型学生进行一对一评价。教师在综合评价信息基础上，设计和开发数字化教学活动，培养学生的数字化学习能力。具体评价活动中，教师可以根据自己平时对学生数字化学习能力发展情况的观察，结合访谈等形式，综合评价学生数字化学习能力发展情况。

为检验中小学生数字化学习能力评价标准的适用性，我们与中小学老师合作，由四位中小学老师选取他们熟悉的中小学生进行学生数字化学习能力评价。收集完评价信息之后，我们与中小学教师一起分析学生数字化学习能力发展情况，提供诊断性建议，为教师数字化教学活动设计提供参考。参照中小学生数字化学习能力评价标准在评价等级方面分为优秀、良好、一般和较差四个等级（赋值系数分别为 1.0、0.8、0.6 和 0.4），我们将学生数字化学习能力得分等级也划分为优秀、良好、一般和较差四个等级，其中 85 分及以上区间为优秀等级，70—85 分区间为良好等级，55—70 分区间为一般等级，55 分以下区间为较差等级。

一、小学低年级学生数字化学习能力评价——以 A 学生为例

我们与 YY 老师合作，由 YY 老师对她的一名小学一年级的学生 A 进行评价。这里具体分析 A 学生数字化学习能力发展情况。A 学生就读学校为市区信息化条件较好的学校，该学校在信息化配备、管理和使用等方面在该市都名列前茅。A 学生在一年级选修了学校的机器人课程，在机器人选修课上表现突出。YY 老师对 A 学生数字化学习能力发展的评价如表 5-32 所示。

表 5-32 小学低年级 A 学生数字化学习能力得分

一级指标	二级指标	三级指标	百分制权重满分	评定等级 优秀	评定等级 良好	评定等级 一般	评定等级 较差	百分制权重得分	百分制总得分
基础性数字化学习能力	操作类知识与技能	掌握信息技术基础知识	6.45		良好			5.160	
		会使用基础性技术工具	8.94			一般		5.364	
	信息与数据素养	准确搜索数据、信息与知识	5.52				较差	2.208	
		科学评估数据、信息与知识	4.78				较差	1.912	
		有效管理数据、信息与知识	2.99			一般		1.794	
		合理应用数据、信息与知识	6.01		良好			4.808	
创新性数字化学习能力	主动学习	主动制定学习目标	3.32			一般		1.992	67.81
		主动选择学习内容	2.47			一般		1.482	
		主动制定学习策略	2.78			一般		1.668	
		主动构建学习环境	1.37				较差	0.548	
		主动寻求评价反馈	1.87			一般		1.122	
	交流合作	选择恰当的交流合作工具	1.12			一般		0.672	
		清晰有效地进行交流	1.86			一般		1.116	
		根据需求选择适宜的合作对象	1.50	优秀				1.500	
		在合作中胜任不同任务角色	1.67	优秀				1.670	
	问题解决	发现并选择有意义真实问题	2.56		良好			2.048	
		以批判视角分析问题	2.36		良好			1.888	
		提出并持续优化问题解决方案	2.37			一般		1.422	
	创新创造	具备主动创新意识	1.82			一般		1.092	
		具备勇于尝试的创新品质	1.37			一般		0.822	
		在知识建构中提出新观点	1.20		良好			0.960	
		提出新颖的问题解决方案	1.43		良好			1.144	
		将新想法创作为作品	1.11		良好			0.888	
数字化学习道德与法律	价值观与道德规范	公平、正义和善良的价值观	4.64	优秀				4.640	
		爱国主义的价值观	4.38		良好			3.504	
		遵守社会道德规范	3.50		良好			2.800	
		维护个人数字声誉	3.30			一般		1.980	
		健康的技术使用习惯	3.72		良好			2.976	
	法律法规与安全	遵守国家法律法规	4.25	优秀				4.250	
		维护社会信息安全	3.15				较差	1.260	
		维护个人信息安全	2.96				较差	1.184	
		尊重知识产权	3.23			一般		1.938	

A学生数字化学习能力的百分制得分为67.81分，能力发展等级为一般。由于A学生为一年级学生，还未接触信息技术课程，且认知能力尚处于幼儿园到小学的过渡阶段，因此，A学生在数字化学习能力的各个方面表现相对一般，尤其是在主动学习、维护社会信息安全和维护个人信息安全等方面表现不理想。由于小学生在一年级阶段主要是在教师直接指导下培养学习习惯，还处于学习能力发展的起步阶段，因此，A学生的主动学习能力还不理想。在维护社会信息安全和维护个人信息安全方面，小学生对于虚拟世界的认识比较初步，不能充分认识虚拟世界给信息安全带来的挑战，分辨信息真伪、保护个人信息安全的意识不足。A学生在"准确搜索数据、信息与知识""科学评估数据、信息与知识"指标方面能力评定等级为较差，说明一年级学生处于学习的入门阶段，在搜索信息、分辨信息真伪等方面需要教师的指导与支持。

我们从A学生数字化学习能力评定等级中，可以看出A学生在"掌握信息技术基础知识""根据需求选择适宜的合作对象""在合作中胜任不同任务角色"等方面表现优异，这源于A学生所在学校一直推行"五人合作小组"、"271"教学模式和阳光评价体系等面向学生核心素养发展的教育教学改革，给学生提供充分的课外学习机会，并提供了机器人、编程、科学STEAM等选修课，很大程度上发展了学生的问题解决和合作交流能力。当然，由于信息技术工具掌握水平有限，A学生在合作交流中能够使用的信息技术工具并不多。

总之，我们认为小学低年级学生数字化学习能力评价标准，能够较好地分辨学生数字化学习能力中各个维度的发展情况，为教师的针对性教学提供依据。对于A学生而言，我们建议在数字化学习中，更多地给予A学生主动学习、虚拟世界安全意识、信息搜索与分辨等方面的教育，更好地发展其数字化学习能力。

二、小学低年级学生数字化学习能力评价 —— 以 B 学生为例

我们与 SYH 老师合作，由 SYH 老师对她的一名小学三年级的学生 B 进行评价。这里我们具体分析 B 学生数字化学习能力发展情况。B 学生就读学校为县里信息化发展情况最好的学校，该学校在信息化配备、管理和使用等方面都是县里最好的。B 学生从一年级开始就参加了学校的信息技术兴趣班，并开始制作电子作品。B 学生母亲的职业是教师，平时也会对 B 学生进行一些信息技术使用方面的指导。SYH 老师对 B 学生数字化学习能力发展的评价如表 5-33 所示。

表 5-33 小学低年级 B 学生数字化学习能力得分

一级指标	二级指标	三级指标	百分制权重满分	评定等级 优秀	评定等级 良好	评定等级 一般	评定等级 较差	百分制权重得分	百分制总得分
基础性数字化学习能力	操作类知识与技能	掌握信息技术基础知识	6.45		良好			5.160	
		会使用基础性技术工具	8.94	优秀				8.940	
	信息与数据素养	准确搜索数据、信息与知识	5.52	优秀				5.520	
		科学评估数据、信息与知识	4.78	优秀				4.780	
		有效管理数据、信息与知识	2.99	优秀				2.990	
		合理应用数据、信息与知识	6.01		良好			4.808	
创新性数字化学习能力	主动学习	主动制定学习目标	3.32		良好			2.656	90.88
		主动选择学习内容	2.47		良好			1.976	
		主动制定学习策略	2.78		良好			2.224	
		主动构建学习环境	1.37		良好			1.096	
		主动寻求评价反馈	1.87		良好			1.496	
	交流合作	选择恰当的交流合作工具	1.12	优秀				1.120	
		清晰有效地进行交流	1.86		良好			1.488	
		根据需求选择适宜的合作对象	1.50	优秀				1.500	
		在合作中胜任不同任务角色	1.67		良好			1.336	
	问题解决	发现并选择有意义真实问题	2.56	优秀				2.560	
		以批判视角分析问题	2.36			一般		1.416	
		提出并持续优化问题解决方案	2.37			一般		1.422	

（续表）

一级指标	二级指标	三级指标	百分制权重满分	评定等级				百分制权重得分	百分制总得分
				优秀	良好	一般	较差		
创新性数字化学习能力	创新创造	具备主动创新意识	1.82		良好			1.456	
		具备勇于尝试的创新品质	1.37		良好			1.096	
		在知识建构中提出新观点	1.20		良好			0.960	
		提出新颖的问题解决方案	1.43			一般		0.858	
		将新想法创作为作品	1.11		良好			0.888	
数字化学习道德与法律	价值观与道德规范	公平、正义和善良的价值观	4.64	优秀				4.640	90.88
		爱国主义的价值观	4.38	优秀				4.380	
		遵守社会道德规范	3.50	优秀				3.500	
		维护个人数字声誉	3.30	优秀				3.300	
		健康的技术使用习惯	3.72	优秀				3.720	
	法律法规与安全	遵守国家法律法规	4.25	优秀				4.250	
		维护社会信息安全	3.15	优秀				3.150	
		维护个人信息安全	2.96	优秀				2.960	
		尊重知识产权	3.23	优秀				3.230	

B学生数字化学习能力的百分制得分为90.88分，能力发展等级为优秀。但是，B学生在"以批判视角分析问题""提出并持续优化问题解决方案""提出新颖的问题解决方案"三个指标方面数字化学习能力发展相对不足。另外，B学生在"掌握信息技术基础知识""合理应用数据、信息与知识""主动制定学习目标""主动选择学习内容""主动制定学习策略""主动构建学习环境""主动寻求评价反馈""在合作中胜任不同任务角色""将新想法创作为作品"等指标方面评定结果为良好，还有进一步提升空间。

通过分析，我们不难看出，B学生在数字化学习能力发展方面整体较为优秀，但是，使用信息技术解决问题的能力发展相对不足。虽然B学生能够发现并提出有意义的真实问题，但是，在以批判视角分析问题及提出问题解决方案，尤其是提出新颖的问题解决方案等方面能力发展相对不足。另外，B学生在主动学习方面还有进一步提升空间，主动学习能力维度下各个指标都为良好，还不够优秀。

考虑到B学生处于小学低年级阶段，在主动学习及问题解决能力上发展不足，有其年龄限制的原因。但是，这也启示我们在数字化学习中，要加强小学低年级学生问题解决能力和主动学习能力培养。

总之，优越的学校信息化环境和家庭信息化环境，尤其是学校教师和家长的支持与指导，使得B学生数字化学习能力发展相对充分。比如，B学生所在小学校本课程包括FLASH动画制作，B学生母亲作为英语教师，信息化教学能力较好，课件制作多，畅言教学软件应用熟练，讲课展演机会多，潜移默化地促进了B学生数字化学习能力发展。在小学低年级阶段，还要注意加强学生数字化学习中的主动学习和问题解决能力培养，让学生不仅获得知识，更会主动学习知识，并在生活中应用知识解决问题。

三、小学高年级学生数字化学习能力评价——以C学生为例

我们与SYH老师合作，由SYH老师对她的一名小学四年级的学生C进行评价。这里我们具体分析C学生数字化学习能力发展情况。C学生就读学校为县里信息化条件最好的学校，该学校在信息化配备、管理和使用等方面都是县里最好的。C学生从一年级开始就参加了学校的信息技术兴趣班，并开始制作电子作品。C学生父母职业都是教师，平时也会对C学生进行一些信息技术使用方面的指导。SYH老师对C学生数字化学习能力发展的评价如表5-34所示。

表 5-34　小学高年级 C 学生数字化学习能力得分

一级指标	二级指标	三级指标	百分制权重满分	评定等级 优秀	评定等级 良好	评定等级 一般	评定等级 较差	百分制权重得分	百分制总得分
基础性数字化学习能力	操作类知识与技能	掌握信息技术基础知识	6.45	优秀				6.450	
		会使用基础性技术工具	8.94	优秀				8.940	
	信息与数据素养	准确搜索数据、信息与知识	5.52	优秀				5.520	
		科学评估数据、信息与知识	4.78	优秀				4.780	
		有效管理数据、信息与知识	2.99	优秀				2.990	
		合理应用数据、信息与知识	6.01				较差	2.404	
创新性数字化学习能力	主动学习	主动制定学习目标	3.32				较差	1.328	
		主动选择学习内容	2.47				较差	0.988	
		主动制定学习策略	2.78				较差	1.112	
		主动构建学习环境	1.37				较差	0.548	
		主动寻求评价反馈	1.87				较差	0.748	
	交流合作	选择恰当的交流合作工具	1.12				较差	0.448	
		清晰有效地进行交流	1.86			一般		1.116	74.33
		根据需求选择适宜的合作对象	1.50		良好			1.200	
		在合作中胜任不同任务角色	1.67				较差	0.668	
	问题解决	发现并选择有意义真实问题	2.56				较差	1.024	
		以批判视角分析问题	2.36				较差	0.944	
		提出并持续优化问题解决方案	2.37				较差	0.948	
	创新创造	具备主动创新意识	1.82		良好			1.456	
		具备勇于尝试的创新品质	1.37	优秀				1.370	
		在知识建构中提出新观点	1.20				较差	1.200	
		提出新颖的问题解决方案	1.43			一般		0.858	
		将新想法创作为作品	1.11			一般		0.666	
数字化学习道德与法律	价值观与道德规范	公平、正义和善良的价值观	4.64	优秀				4.640	
		爱国主义的价值观	4.38	优秀				4.380	
		遵守社会道德规范	3.50				较差	1.400	
		维护个人数字声誉	3.30		良好			1.980	
		健康的技术使用习惯	3.72				较差	1.488	
	法律法规与安全	遵守国家法律法规	4.25		良好			3.400	
		维护社会信息安全	3.15	优秀				3.150	
		维护个人信息安全	2.96	优秀				2.960	
		尊重知识产权	3.23	优秀				3.230	

C学生数字化学习能力的百分制总得分为74.33分，能力发展等级为良好。从表5-34可以看出，C学生在主动学习构成指标、问题解决构成指标，及"合理应用数据、信息与知识""选择恰当的交流合作工具""在合作中胜任不同任务角色""遵守社会道德规范""健康的技术使用习惯"等指标方面能力发展较差。在"清晰有效地进行交流""提出新颖的问题解决方案""将新想法创作为作品"等指标方面能力发展一般。在"根据需求选择适宜的合作对象""具备主动创新意识""维护个人数字声誉""遵守国家法律法规"等方面能力发展处于良好水平。其他指标能力发展处于优秀水平。

　　通过分析，不难发现，C学生在需要发挥个人主动性和积极性的主动学习、问题解决、合作交流、创新创造等创新性数字化学习能力发展方面相对较差，而在操作类知识与技能、信息与数据素养等基础性数字化学习能力发展方面较为充分。在数字化学习道德与法律方面，除了在技术使用习惯、遵守社会道德规范方面发展较差，其他方面能力发展较好。C学生之所以出现基础性数字化学习能力发展充分、创新性数字化学习能力发展不足的情况，其原因主要是C学生所在学校信息化环境和条件较好，学校在小学一年级就开设信息技术兴趣班，C学生父母都是教师，也能够给C学生一定程度的信息技术指导。另外，C学生兴趣爱好为唱歌跳舞，经常参加比赛活动，需要搜索信息等，所以，在搜索、评估信息等方面能力发展相对较好。但是，C学生在体现软技能的创新性数字化学习能力方面明显发展不充分，其中有小学生年龄特征及认知水平的限制，也有该学生在学习中不够主动、知识应用转化不足、自我约束力不足等方面的问题，比如，C学生技术使用习惯差，在虚拟世界中道德规范意识淡薄等。

　　我们建议学校在学生数字化学习能力培养中，不仅要重视学生操作类知识与技能、信息与数据素养等基础性数字化学习能力培养，更要重视学生主动学习、问题解决、交流合作、创新创造等创新性数字化学习能力发展，让学生不仅获取知识，更会应用知识，学会交流与合作，学会问题解决，学会创新创造，并能够抵御虚拟世界的诱惑，养成健康的技术使用习惯。

四、初中生数字化学习能力评价——以D学生为例

我们与SYH老师合作，由SYH老师对她的一名初中二年级的学生D进行评价。这里我们具体分析D学生的数字化学习能力发展情况。D学生就读于一所新建九年一贯制学校，学校信息化设备都是新配备的，信息化基础设施和硬件条件较好，但是，由于是新建学校，在信息化管理和使用方面有待提升。D学生家中信息化条件一般，但拥有电脑、手机等信息化设备。D学生在小学和初中都担任班干部，初中阶段担任班长。作为班干部，D学生积极参与信息化教学活动，帮助教师管理多媒体教学设备、计算机教室等。SYH老师对D学生数字化学习能力发展的评价如表5-35所示。

表5-35 初中D学生数字化学习能力得分

一级指标	二级指标	三级指标	百分制权满分	评定等级				百分制权重得分	百分制总得分
				优秀	良好	一般	较差		
基础性数字化学习能力	操作类知识与技能	掌握信息技术基础知识	6.45		良好			5.160	97.48
		会使用基础性技术工具	8.94	优秀				8.940	
	信息与数据素养	准确搜索数据、信息与知识	5.52	优秀				5.520	
		科学评估数据、信息与知识	4.78	优秀				4.780	
		有效管理数据、信息与知识	2.99	优秀				2.990	
		合理应用数据、信息与知识	6.01	优秀				6.010	
创新性数字化学习能力	主动学习	主动制定学习目标	3.32	优秀				3.320	
		主动选择学习内容	2.47	优秀				2.470	
		主动制定学习策略	2.78	优秀				2.780	
		主动构建学习环境	1.37	优秀				1.370	
		主动寻求评价反馈	1.87	优秀				1.870	
	交流合作	选择恰当的交流合作工具	1.12	优秀				1.120	
		清晰有效地进行交流	1.86	优秀				1.860	
		根据需求选择适宜的合作对象	1.50	优秀				1.500	
		在合作中胜任不同任务角色	1.67	优秀				1.670	

（续表）

一级指标	二级指标	三级指标	百分制权重满分	评定等级 优秀	评定等级 良好	评定等级 一般	评定等级 较差	百分制权重得分	百分制总得分
创新性数字化学习能力	问题解决	发现并选择有意义真实问题	2.56		良好			2.048	
		以批判视角分析问题	2.36	优秀				2.360	
		提出并持续优化问题解决方案	2.37		良好			1.896	
	创新创造	具备主动创新意识	1.82	优秀				1.820	
		具备勇于尝试的创新品质	1.37	优秀				1.370	
		在知识建构中提出新观点	1.20		良好			0.960	
		提出新颖的问题解决方案	1.43	优秀				1.430	
		将新想法创作为作品	1.11	优秀				1.110	
数字化学习道德与法律	价值观与道德规范	公平、正义和善良的价值观	4.64	优秀				4.640	97.48
		爱国主义的价值观	4.38	优秀				4.380	
		遵守社会道德规范	3.50	优秀				3.500	
		维护个人数字声誉	3.30	优秀				3.300	
		健康的技术使用习惯	3.72	优秀				3.720	
	法律法规与安全	遵守国家法律法规	4.25	优秀				4.250	
		维护社会信息安全	3.15	优秀				3.150	
		维护个人信息安全	2.96	优秀				2.960	
		尊重知识产权	3.23	优秀				3.230	

D学生数字化学习能力的百分制总得分为97.48分，接近满分，说明D学生的数字化学习能力是卓越的。D学生只在"掌握信息技术基础知识""发现并选择有意义真实问题""提出并持续优化问题解决方案""在知识建构中提出新观点"四个指标上评定等级为良好，其余指标上评定等级都为优秀。

通过分析D学生的资料，我们认为D学生数字化学习能力卓越，主要有以下几方面原因。

第一，D学生自身的努力。D学生上进心强，学习成绩一直名列前茅，更为重要的是，D学生不仅重视各学科课程成绩，也重视课外活动表现。D学生先后获得读书征文大赛、绘画比赛、数学趣味大赛等各类比赛的奖项，还有创客大赛、电脑作品大赛等比赛的一系列奖项。优秀的学生往往在各方面都优秀，D学生在传统学习上的优异表现也迁移和体现在数字化学习能力发展中。

第二，D学生担任班长等班干部角色，平时在学习中能够更多地接触和使用信息化设备，一定程度上能更多地得到教师的直接指导与支持。D学生作为班长，直接参与教室多媒体设备和计算机教室的管理工作，有更多的机会去操作和使用信息化设备，也更容易得到教师的直接指导。

第三，D学生直接参与和制作了一系列数字化电子作品，并在比赛中获得奖项，这促成了D学生数字化学习能力相对其他同学更为突出，在数字化学习能力评定中也容易得到SYH老师的认可。比如，D学生2016年获第六届校园文化艺术节电脑制作比赛三等奖，2017年创作的"浮力成因演示仪"获晋中市首届创客节暨第五届科技模型展示活动一等奖，"手动投篮器""喷水转筒"等作品也获得了奖项。2020年获第三十五届全国青少年科技创新大赛晋中赛区科幻画比赛三等奖、八年级"诵读中国"微视频朗读比赛三等奖。一系列信息化作品参赛获奖，既为D学生提升数字化学习能力提供了平台，也是对D学生数字化学习能力的肯定。

第四，D学生一直以来都积极参加信息技术兴趣班活动，从小学到初中，都积极参加了SYH老师组织的电脑作品创作兴趣班活动，在PS图片处理、Flash动画制作等方面都表现优异。长期积极参与信息技术兴趣班活动，为D学生的数字化学习能力发展奠定了基础。虽然D学生家庭条件一般，父母都为务工人员，在家庭信息化环境和指导方面，家长给予不了D学生太多的指导与支持，但是，学校良好的信息化成长环境为D学生数字化学习能力发展提供了有力支持。

第五，D学生从小学到初中一直担任班干部角色，乐于助人，积极组织学生的学习活动。D学生一直担任SYH老师安排的小教师角色，帮助其他学生学习信息技术知识与技能。D学生所在班级2021年获得当地信息技术会考第一名的优异成绩。由于D学生长期担任班干部角色，与教师和学生的交流合作活动多，自然而然在问题解决、合作交流、创新创造、主动学习等软技能方面发展较好，这些软技能方面的发展很容易迁移到数字化学习能力发展中，使得D学生创新性数字化学习能力表现突出。D学生在数字化学习道德与法律方面表现优异，也是一样的道理。

总之，D学生数字化学习能力发展卓越带给我们以下几点启示。第一，学习能力是可迁移的，学生在传统学习中的优异表现会迁移到数字化学习能力发展中。第二，应多给学生创造信息技术方面的兴趣班、综合实践活动课等信息化实践机会，让学生在信息化实践中提升数字化学习能力。第三，注重学生合作交流、创新创造、问题解决等软技能发展，学生在传统学习中发展的软技能很容易迁移到数字化学习能力发展中。第四，应积极组织信息化作品大赛等活动，为学生数字化学习能力发展提供更广阔的平台。

五、初中生数字化学习能力评价——以E学生为例

我们与SS老师合作，由SS老师对她的一名初中二年级的学生E进行评价。这里具体分析E学生的数字化学习能力发展情况。E学生家中信息化条件较好，父母对E学生的数字化学习能力培养较为重视。E学生从初一入学起，在信息技术课上就表现出对计算机的浓厚兴趣并具备较好的计算机基础，因此SS老师在课堂中的计算机操作环节经常让E学生作为小助手帮助其他学生。

在编程课程中，SS老师发现E学生在图形化编程上有一定的天赋，经常鼓励其根据自己的想法创作作品。E学生多次参加中学生电脑制作活动及编程比赛，并取得优异成绩。在数字化作品创作实践中，E学生的信息素养得到了较大提升。在信息技术课程的项目式学习中，SS老师发现E学生虽然有自己独特的想法，但不能很好地与小组成员交流，经常是自己独立完成任务。SS老师会鼓励该生主动担任组长角色，学习与小组成员一起努力完成任务，提升协作能力。

SS老师对E学生数字化学习能力发展的评价如表5-36所示。

表 5-36 初中 E 学生数字化学习能力得分

一级指标	二级指标	三级指标	百分制权重满分	评定等级 优秀	评定等级 良好	评定等级 一般	评定等级 较差	百分制权重得分	百分制总得分
基础性数字化学习能力	操作类知识与技能	掌握信息技术基础知识	6.45	优秀				6.450	
		会使用基础性技术工具	8.94	优秀				8.940	
	信息与数据素养	准确搜索数据、信息与知识	5.52	优秀				5.520	
		科学评估数据、信息与知识	4.78		良好			3.824	
		有效管理数据、信息与知识	2.99		良好			2.392	
		合理应用数据、信息与知识	6.01	优秀				6.010	
创新性数字化学习能力	主动学习	主动制定学习目标	3.32	优秀				3.320	
		主动选择学习内容	2.47	优秀				2.470	
		主动制定学习策略	2.78		良好			2.224	
		主动构建学习环境	1.37	优秀				1.370	
		主动寻求评价反馈	1.87	优秀				1.870	
	交流合作	选择恰当的交流合作工具	1.12	优秀				1.120	
		清晰有效地进行交流	1.86			一般		1.116	
		根据需求选择适宜的合作对象	1.50				较差	0.600	
		在合作中胜任不同任务角色	1.67	优秀				1.670	95.26
	问题解决	发现并选择有意义真实问题	2.56	优秀				2.560	
		以批判视角分析问题	2.36	优秀				2.360	
		提出并持续优化问题解决方案	2.37		良好			1.896	
	创新创造	具备主动创新意识	1.82	优秀				1.820	
		具备勇于尝试的创新品质	1.37	优秀				1.370	
		在知识建构中提出新观点	1.20	优秀				1.200	
		提出新颖的问题解决方案	1.43		良好			1.144	
		将新想法创作为作品	1.11		良好			0.888	
数字化学习道德与法律	价值观与道德规范	公平、正义和善良的价值观	4.64	优秀				4.640	
		爱国主义的价值观	4.38	优秀				4.380	
		遵守社会道德规范	3.50	优秀				3.500	
		维护个人数字声誉	3.30	优秀				3.300	
		健康的技术使用习惯	3.72	优秀				3.720	
	法律法规与安全	遵守国家法律法规	4.25	优秀				4.250	
		维护社会信息安全	3.15	优秀				3.150	
		维护个人信息安全	2.96	优秀				2.960	
		尊重知识产权	3.23	优秀				3.230	

E 学生数字化学习能力的百分制得分为 95.26 分，处于优秀水平。E 学生在交流合作维度中的"清晰有效地进行交流"指标上处于一般的发展水平，在"根据需求选择适宜的合作对象"指标上处于较差的发展水平。在"科学评估数据、信息与知识""有效管理数据、信息与知识""主动制定学习策略""提出并持续优化问题解决方案""提出新颖的问题解决方案""将新想法创作为作品"等指标上处于良好的发展水平。在其他指标上，尤其是数字化学习道德与法律方面处于优秀水平。

通过分析不难发现，E 学生数字化学习能力整体发展水平较高，但是，在清晰有效地交流、选择恰当合作对象等方面发展不足，这说明 E 学生的数字化学习能力发展存在偏差。E 学生在信息技术知识与技能方面发展较为充分，比如，E 学生在图形化编程方面有一定天赋，多次参加各类比赛并获奖。E 学生在独立自主学习、独立解决问题、创新创造方面发展也较为充分，但是，在学习中缺乏与他人的交流合作。因此，SS 老师在日常教学中，尤其是项目式教学中，刻意培养 E 学生的合作与交流能力。在数字化学习道德与法律方面，得益于 E 学生所在学校的高质量办学和严格的教学管理，E 学生在数字化学习道德与法律方面表现优异。

总之，通过使用我们开发的初中生数字化学习能力评价标准，可以发现 E 学生虽然数字化学习能力整体发展处于优秀水平，但是，在清晰有效地交流及选择适宜的合作对象等方面还有待进一步提升，以更全面地促进数字化学习能力发展。

六、高中生数字化学习能力评价 —— 以 F 学生为例

我们与 WYH 老师合作，由 WYH 老师对她的一名高中学生 F 进行评价。这里我们具体分析 F 学生的数字化学习能力发展情况。F 学生是高中一年级学生，就读高中为一所农村高中，家庭环境为农村家庭，家中信息化条件一般。F 学生在班级中的成绩排名为中等，担任班级劳动委员。F 学生在学习中喜欢钻研和探索，平时对信息技术的了解主要是通过信息技术课程学习。表 5-37 是 WYH 老师对 F 学生数字化学习能力的评价情况。

表 5-37 高中 F 学生数字化学习能力得分

一级指标	二级指标	三级指标	百分制权重满分	评定等级 优秀	评定等级 良好	评定等级 一般	评定等级 较差	百分制权重得分	百分制总得分
基础性数字化学习能力	操作类知识与技能	掌握信息技术基础知识	6.45				较差	2.580	
		会使用基础性技术工具	8.94		良好			7.152	
	信息与数据素养	准确搜索数据、信息与知识	5.52			一般		3.312	
		科学评估数据、信息与知识	4.78				较差	1.912	
		有效管理数据、信息与知识	2.99			一般		1.794	
		合理应用数据、信息与知识	6.01			一般		3.606	
创新性数字化学习能力	主动学习	主动制定学习目标	3.32				较差	1.328	66.47
		主动选择学习内容	2.47				较差	0.988	
		主动制定学习策略	2.78			一般		1.668	
		主动构建学习环境	1.37		良好			1.096	
		主动寻求评价反馈	1.87		良好			1.496	
	交流合作	选择恰当的交流合作工具	1.12		良好			0.896	
		清晰有效地进行交流	1.86			一般		1.116	
		根据需求选择适宜的合作对象	1.50				较差	0.600	
		在合作中胜任不同任务角色	1.67			一般		1.002	
	问题解决	发现并选择有意义真实问题	2.56				较差	1.024	
		以批判视角分析问题	2.36				较差	0.944	
		提出并持续优化问题解决方案	2.37		良好			1.896	
	创新创造	具备主动创新意识	1.82				较差	0.728	
		具备勇于尝试的创新品质	1.37				较差	0.548	
		在知识建构中提出新观点	1.20			一般		0.720	
		提出新颖的问题解决方案	1.43				较差	0.572	
		将新想法创作为作品	1.11			一般		0.666	
数字化学习道德与法律	价值观与道德规范	公平、正义和善良的价值观	4.64		良好			3.712	
		爱国主义的价值观	4.38	优秀				4.380	
		遵守社会道德规范	3.50		良好			2.800	
		维护个人数字声誉	3.30		良好			2.640	
		健康的技术使用习惯	3.72		良好			2.976	
	法律法规与安全	遵守国家法律法规	4.25	优秀				4.250	
		维护社会信息安全	3.15		良好			2.520	
		维护个人信息安全	2.96	优秀				2.960	
		尊重知识产权	3.23		良好			2.584	

F学生数字化学习能力的百分制得分为66.47分，数字化学习能力发展等级处于一般水平。F学生数字化学习能力各个三级指标维度多处于一般或较差水平，只有在数字化学习道德与法律维度下，数字化学习能力得分相对较高，处于良好及以上水平。

具体而言，F学生在掌握信息技术操作类知识与技能方面处于较差水平。虽然F学生是高一年级学生，但是，F学生对于信息技术操作类知识与技能掌握得较为凌乱，不够系统，因此，评价等级为较差。但是，F学生对于信息技术工具掌握得相对较好，处于良好水平。这符合高中生实际情况。F学生对于信息技术的概念和理论知识的掌握相对较差，可能是由于此前信息技术课程开设不够规范，但是，由于在日常生活和学习中经常使用信息技术，所以，F学生对信息技术工具的掌握相对较好，能够较为熟练地使用常见信息技术工具。F学生作为班干部，在日常学习和管理工作中经常使用WORD、EXCEL、PPT等办公软件，另外，F学生在生活中也喜欢拍摄和编辑短视频等。由于经常使用常见的信息技术工具，F学生的信息技术工具使用能力相对较好。

F学生在准确搜索数据、信息与知识，有效管理数据、信息与知识，合理应用数据、信息与知识三个指标上，能力处于一般水平，在科学评估数据、信息与知识方面，能力处于较差水平。F学生在日常学习中，主要是在教师布置的作业或安排的活动中从事数据、信息与知识的搜索、评估、管理及应用活动，因此，该部分能力发展相对不足，尤其是在科学评估数据、信息与知识方面，由于总是按部就班地完成教师布置的课程作业，因此，很少主动评估数据、信息与知识的科学性和有效性。

F学生在主动制定学习目标、主动选择学习内容方面处于较差水平。在主动构建学习环境、主动寻求评价反馈方面处于良好水平，而在主动制定学习策略方面则处于一般水平。在应试氛围之下，尤其是高中阶段，学生的学习主要是在教师安排和直接教授下的被动学习，所以，学生在主动制定学习目标、主动选择学习内容方面难以发挥主动性。但是，"新冠"疫情期间的在线学习给学生的主动学习提供了一个窗口，一定程度上给学生创造了主动学习机会。虽然学生在主动制定学习目标、主动选择学习内容方面的自主权仍然得不到充分发挥，但是，在主动制定学习策略、主动构建学习环境、主动寻求评价反馈等方面，学生能力得到了发展，相关数字化学习能力明显提升。

F同学在选择恰当的交流合作工具方面发展相对较好，处于良好水平，在清晰有效地进行交流和在合作中胜任不同任务角色方面则处于一般水平，在根据需求选择适宜的合作对象方面处于较差水平。整体而言，交流合作能力较弱，还有较大的提升空间。其中原因，主要是受传统教学形式限制，合作学习中只能被动听从教师安排，缺乏选择合作形式的主动权，导致这方面能力发展相对较差。

F学生在提出并持续优化问题解决方案能力方面处于良好水平，在发现并选择有意义真实问题、以批判视角分析问题能力方面处于较差水平，还有较大提升空间。F学生问题解决能力得分较低的原因是，F学生能够参与的问题解决活动主要由教师安排，教师在教学中没有给学生授权，学生只能被动解决教师给予的问题。F学生在发现问题、批判质疑问题等方面能力较差，但是，在教师提出问题之后，F学生能够积极尝试解决问题，因此，在提出问题解决方案方面能力相对较好。

F学生在知识建构中提出新观点和将新想法创作为作品方面处于一般水平，在具备主动创新意识、具备勇于尝试的创新品质、提出新颖的问题解决方案方面处于较差水平。由于缺乏教师的授权，F学生在学习中更多的是听从教师的安排和要求，学习活动中主动创新意识淡薄、创新意志不坚定。F学生能够在学习中提出新观点和创作数字作品，但是，往往受到教师教学活动安排的限制。

F学生在价值观与道德规范的五个能力维度方面得分都相对较高，处于良好及以上水平，尤其是在爱国主义的价值观方面，处于优秀水平。这得益于我国基础教育领域历来重视立德树人的教育传统。虽然我们评价的是数字化学习中的价值观与道德规范，但是，学生在传统学习中养成的积极的价值观与道德习惯是很容易迁移到数字化学习中的。

F学生在遵守国家法律法规和维护个人信息安全方面处于优秀水平，在尊重知识产权和维护社会信息安全方面处于良好水平。我们认为，得益于我国基础教育的传统优势，F学生在法律法规和安全方面的能力相对较强。我国传统教育一直强调法律法规和安全教育，学生由此形成的素养能够很自然地迁移到数字化学习之中。

总之，F学生数字化学习能力处于一般水平，有着较大的提升空间。F学生在信息与数据素养，及创新性数字化学习能力的主动学习、交流合作、创新创造、问题解决等方面的能力相对较弱，主要原因是我国基础教育重视学生基础知识和技能的掌握，而在主动学习、交流合作、创新创造、问题解决等方面的培养相对不足。尤其是在传统教育思想主宰下，教师在教学中给学生赋权不足，学生难以发挥学习主动性，也缺乏批判质疑精神及主动解决问题的探索精神。另一方面，得益于我国基础教育历来重视立德树人的优良传统，学生在数字化学习的价值观与道德规范、法律法规与安全方面，情况相对较好。

从F学生的数字化学习能力分析不难发现，作为数字时代的"原住民"，学生在日常生活和学习中对信息技术有着浓厚的兴趣，在日常生活中也经常使用信息技术。但是，受到信息技术课程开设不规范及传统教学思想和教学组织形式的限制，尤其是以教师为中心的教学思想的限制，学生在主动学习等创新性数字化学习能力方面发展还有很多不足。建议加强课堂教学改革，以信息技术为突破口，转变传统教学理念和方式，推动以学生为中心的教学。以学生为中心的教学是发展学生创新性数字化学习能力的必由之路。

七、高中生数字化学习能力评价——以G学生为例

我们与WCG老师合作，由WCG老师对他的一名高中二年级的学生G

进行评价。这里具体分析这名学生的数字化学习能力发展情况。G学生就读学校为城乡结合部省重点高中，G学生家中信息化条件良好，G学生在班级中的成绩排名靠后。G学生能够很快接受各种信息技术新事物，但由于高考成绩压力，信息技术课程无法得到全面保障，学生对信息技术的了解以课外居多，课上教师的讲解作为补充。由于平时的课业压力较大及信息技术课程在学校不受重视，学生课上并非全身心投入。在平时接触信息技术时，也主要以缓解压力为主，比如打游戏、听音乐或者了解自己感兴趣的新闻。课上也很容易受到无关信息干扰，例如游戏、B站视频等。学生偶尔会用答题软件来学习，但是使用频率相对较低。G学生虽然接触信息技术的途径较多，也比较容易，但较少对其进行学习方面的深入探究，知道的相关知识也泛而不精。表5-38是WCG老师对G学生数字化学习能力的评价情况。

表5-38 高中G学生数字化学习能力得分

一级指标	二级指标	三级指标	百分制权重满分	评定等级				百分制权重得分	百分制总得分
				优秀	良好	一般	较差		
基础性数字化学习能力	操作类知识与技能	掌握信息技术基础知识	6.45		良好			5.160	72.87
		会使用基础性技术工具	8.94			一般		5.364	
	信息与数据素养	准确搜索数据、信息与知识	5.52	优秀				5.520	
		科学评估数据、信息与知识	4.78				较差	1.912	
		有效管理数据、信息与知识	2.99				较差	1.196	
		合理应用数据、信息与知识	6.01		良好			4.808	
创新性数字化学习能力	主动学习	主动制定学习目标	3.32			一般		1.992	
		主动选择学习内容	2.47			一般		1.482	
		主动制定学习策略	2.78			一般		1.668	
		主动构建学习环境	1.37				较差	0.548	
		主动寻求评价反馈	1.87			一般		1.122	

（续表）

一级指标	二级指标	三级指标	百分制权重满分	评定等级				百分制权重得分	百分制总得分
				优秀	良好	一般	较差		
创新性数字化学习能力	交流合作	选择恰当的交流合作工具	1.12	优秀				1.120	72.87
		清晰有效地进行交流	1.86		良好			1.488	
		根据需求选择适宜的合作对象	1.50		良好			1.200	
		在合作中胜任不同任务角色	1.67			一般		1.002	
	问题解决	发现并选择有意义真实问题	2.56			一般		1.536	
		以批判视角分析问题	2.36			一般		1.416	
		提出并持续优化问题解决方案	2.37		良好			1.896	
	创新创造	具备主动创新意识	1.82				较差	0.728	
		具备勇于尝试的创新品质	1.37			一般		0.822	
		在知识建构中提出新观点	1.20				较差	0.480	
		提出新颖的问题解决方案	1.43			一般		0.858	
		将新想法创作为作品	1.11				较差	0.444	
数字化学习道德与法律	价值观与道德规范	公平、正义和善良的价值观	4.64	优秀				4.640	
		爱国主义的价值观	4.38	优秀				4.380	
		遵守社会道德规范	3.50		良好			2.800	
		维护个人数字声誉	3.30		良好			2.640	
		健康的技术使用习惯	3.72		良好			2.976	
	法律法规与安全	遵守国家法律法规	4.25	优秀				4.250	
		维护社会信息安全	3.15		良好			2.520	
		维护个人信息安全	2.96	优秀				2.960	
		尊重知识产权	3.23			一般		1.938	

G学生数字化学习能力总体得分为72.87分，能力发展等级处于良好水平。G学生在主动学习构成指标、创新创造构成指标，及"会使用基础性技术工具""科学评估数据、信息与知识""有效管理数据、信息与知识""在合作中胜任不同任务角色""发现并选择有意义真实问题""以批判视角分析问题""尊重知识产权"等指标上评定等级为一般或较差，能力发展不充分。在数字化学习道德与法律构成指标等能力指标上大多评定等级为良好和优秀，发展相对充分。

通过分析，我们不难发现，G学生在主动学习和创新创造等方面发展明显不足，这可能与高中阶段学生更多地重视应试教育，对于发展主动学习、创新创造、批判质疑等素质重视不足，与G学生所在学校迫于升学竞争压力，将主要资源投入应试教育、追求升学率，对学生数字化学习能力培养投入不足，都有较大关系。受传统教育中立德树人的影响，G学生的数字化学习道德与法律发展相对充分，但是，在尊重知识产权方面的发展还需要加强。

  总之，在高中阶段，尤其是高中二年级和三年级阶段，如何破解升学和素质教育的矛盾，充分重视学生数字化学习能力发展，尤其是信息素养、主动学习、创新创造、问题解决等未来社会必备的核心素养的培养，还需要教育界的共同努力。实际上，升学和素质教育并不矛盾，充分发展学生数字化学习能力，不仅能够提高学生升学率，也能让学生掌握未来社会生存发展的主动学习、创新创造等关键能力。

第六章

研究展望

第一节　研究成果

一、科学界定学生数字化学习能力

在教育信息化2.0时代，在教育4.0时代，在中小学教育信息化进入融合创新发展的新阶段，在中小学生学习中普遍使用信息技术的新阶段，如何用一个准确的词描述中小学生在学习中使用信息技术的能力，成为课题研究首先需要破解的难题。当前，在中小学生使用信息技术的能力方面，有信息技术能力、信息素养、数字素养、信息化学习能力、媒体素养、数字智能等概念。经过综合分析，我们认为信息技术能力的概念更加突出学生的信息技术操作类知识与技能，显然，学生掌握信息技术操作类知识与技能，仅仅为学生数字化学习提供了可能，并不代表学生有使用信息技术进行学习的能力。信息素养的概念突破了技术操作类知识与技能的藩篱，然而，却将能力界定停留在学生对信息的查找、存储、管理、评价、分析、综合、应用等方面，将学生使用信息技术进行学习的能力界定在信息层面，难以涵盖学生获取和应用知识的能力及交流合作、创新创造、问题解决等高级思维能力。数字素养突破了信息素养停留在信息层面的简单化理解，将学生使用信息技术的能力拓展到数据、信息和知识层面。数字素养术语也能够更加突出现代信息技术的本质属性，明确定位于学生在现代信息技术方面的素养。但是，对中小学生而言，学习活动，尤其是学校环境下的正式学习活动，是学生日常活动的主要内容，学生数字素养应该突出学习素养，淡化数字技术素养。因此，用数字素养术语描述学生在学习中使用信息技术方面的素养，有些过于宽泛，缺乏针对性。信息化学习能力强调了学生在教与学中使用信息技术进行学习的能力，但是，考虑到当前，我国在《普通高中信息技术课程标准（2017年版）》等国家政策文件中，多使用数字化学习或数字化学习能力等表述方式，且数字化这种表述方式也与国际社会的相关表述相对应，因此，我们使用了数字化学习能力这个概念去描述学生在教与学活动中使用信息技术进行学习的能力。在中小学生数字化学习能力的具体内涵方面，我们指出，数字化学习能力是指学生完成数字化学习活动的能力，包括学生在课内和课外两个阶段的数字化学习能力。

二、厘清学生数字化学习能力的理论基础

不同的学习理论描述着不同的学习活动，不同的信息技术使用也界定了不同的学习活动。就学生数字化学习能力而言，学生学习活动背后的学习理论不同，发展出的学习能力就不同，也就有不同的数字化学习能力。学生使用不同的信息技术，自然也对应着不同的数字化学习能力。我们从行为主义、认知主义、建构主义、人本主义、联通主义等不同学习理论出发，界定了不同学习理论视角下的学生数字化学习能力。我们根据信息技术与教学整合的不同方式，参考其以教为中心和以学为中心的划分方式，界定了以教为中心的信息技术和以学为中心的信息技术两类信息技术，并论述了两类信息技术支持下的学生数字化学习能力。此外，我们还单独论述了人工智能时代，人工智能技术与学生数字化学习能力的相互关系和互动过程。

在深入论述学生数字化学习能力理论的基础上，我们综合学生数字化学习能力的学习理论和信息技术基础，提出赋权学习概念，并深入分析了赋权学习理论在指导中小学数字化教与学中的重要性，设计了教学案例描述学生

数字化学习的现实场景。赋权学习成为中小学生数字化学习能力评价指标体系研究的主要理论基础。赋权学习实质是指在信息技术与教学整合过程中，在教师和学生使用信息技术教与学的过程中，教师给学生学习赋权，让学生在学习过程中发挥主动性和能动性，实现学生的深度学习，更好地培养学生的主动学习、创新创造、问题解决、合作交流、批判思维、设计思维、计算思维、情绪管控能力等高级认知能力。当然，在赋权学习过程中，我们也不排斥学生的浅层学习，也就是学生获取和简单应用知识的能力。赋权学习理论体系的形成，为中小学生数字化学习能力评价指标体系的构建提供了理论基础，即，学生数字化学习能力评价指标开发应该以追求学生深度学习、发展学生高级认知能力为核心，同时，还需要兼顾学生的浅层学习，兼顾学生获取知识及应用知识的能力。

三、提出了学生数字化学习能力的结构框架

学生数字化学习能力的结构模型是什么样的，包含哪些构成要素，各个要素之间是什么关系，从哪些维度或视角去界定、分析和评价学生数字化学习能力，这是学生数字化学习能力评价指标开发的重要前提。在学生数字化学习实践及其能力发展过程中，不同的实践群体或利益群体对学生数字化学习能力的看法有其独特的视角和分析框架。在综述国内外文献基础上，我们认为学生数字化学习能力结构的分析框架主要有两种类型。从技术属性而言，学生数字化学习能力的提出或发展，是因为信息技术或数字技术的发展，也就是说，正是因为信息技术在教育教学领域的出现，才有了学生数字化学习能力这个术语。学生的学习能力从古至今就有，在现代信息技术出现之前，学生就具有学习能力，甚至可以说，为了生存，动物也存在学习能力，如果没有学习能力，动物就无法生存。显然，学生学习能力的数字化属性是伴随信息技术的出现而产生的，所以，一些学者强调学生数字化学习能力中技术能力或素养的重要性，关注学生数字化学习能力中的技术能力，在论述学生数字化学习能力结构框架时也着重阐述其应用信息技术的能力的重要性。和

信息技术应用能力相对应，相关学者将数字化学习能力的技术能力向信息素养延伸。从相关文献中，我们不难发现，这类学者理解的学生数字化学习能力结构框架更偏重于学生的信息技术能力或信息素养。

在教育信息化发展的起步和初级应用阶段，由于对信息技术的陌生及对信息技术效用的过高期待，实践领域和学术界关注学生数字化学习能力中的技术能力和信息素养无可厚非。在信息技术推广的初期阶段，掌握和使用信息技术是时代的必备要求，只有掌握信息技术知识和技能，了解信息搜索、存储、评价、管理和应用的知识和技能，才能谈得上学生的数字化学习，而信息技术能力或信息素养恰恰是学生数字化学习能力相比于传统学习能力不同的地方。

但是，在教育信息化实践深入推进过程中，在学生数字化学习已经成为新常态的情况下，在信息时代和智能时代对人类生存发展提出新要求的情况下，学者们发现，学生的数字化学习能力偏重信息技术能力或信息素养的弊端日渐显现。诚然，将信息技术能力或信息素养视为知识经济时代和信息时代学生的必备技能是合适的，但是，作为数字时代成长起来的数字"原住民"，中小学生显然已经对信息技术不再陌生，中小学生已经天然地融入信息社会乃至智能社会。在知识经济时代、信息时代和智能社会背景下，学生的主动学习、创新创造、问题解决、合作交流、批判思维、计算思维、设计思维、情绪管控等能力和素养显得更加重要，成为新时代学生生存发展必备的关键素质。从信息技术在教与学实践中的使用来看，如果仅仅将学生的数字化学习能力定位于信息技术能力或信息素养，显然不利于学生的深度学习和高级认知能力发展，也让学生的数字化学习能力发展受到制约。在这种情况下，一些学者在学生数字化学习能力结构论述中，开始淡化学生的信息技术能力或信息素养，突出学生主动学习、创新创造、问题解决、合作交流等高级认知能力中的数字化学习能力发展。

有学必有教，学生的数字化学习必然伴随着教师的数字化教学，学生的数字化学习能力发展，必然对应着教师的数字化教学能力发展。显然，有了教师的数字化教学能力发展，才有学生的数字化学习能力发展。分析现有的教师数字化教学能力结构框架可以为学生数字化学习能力结构提供参考。我们以联合国教科文组织发布的教师信息技术应用能力框架为参考，将学生数字化学习能力结构分为基础性数字化学习能力和创新性数字化学习能力两个阶段，分别对应学生数字化学习中获取和应用知识及深度应用和创新知识两个阶段，前者注重学生获取和应用知识的能力，后者注重学生深度应用和创新知识的能力。另外，无论是学生的基础性数字化学习能力，还是创新性数字化学习能力，其中非常重要的组成部分是学生的数字化学习道德与法律素养，只有确保学生在数字化学习中具备较好的道德与法律素养，才能保证学生的数字化学习质量。

简言之，我们提出了包括两个阶段三个维度的中小学生数字化学习能力结构框架：基础性数字化学习能力、创新性数字化学习能力、数字化学习道德与法律。

四、构建了中小学生数字化学习能力评价指标体系

以两阶段三维度学生数字化学习能力结构框架为出发点，我们参考国内外教师和学生信息技术应用能力标准、信息素养评价指标、数字素养框架、信息化学习能力结构、数字化学习能力模型等文献资料或研究报告，初步拟定了中小学生数字化学习能力评价指标。在评价指标初步拟定过程中，我们重点参考的是美国ISTE学生标准、欧盟公民数字素养标准、联合国教科文组织全球数字素养框架、我国教师信息技术应用能力标准等具有较高影响力的国内外标准。同时，我们也深入中小学进行实地调研，了解中小学生数字化学习能力发展情况。经综合考虑，拟定了中小学生数字化学习能力评价指标初稿。在此基础上，我们在全国范围内遴选、邀请了20位学生数字化学习方面的专家参与咨询，以修订和完善中小学生数字化学习能力评价指标。参与咨询的专家主要为研究学生数字化学习的学者，或具有丰富数字化教学经验、了解学生数字化学习情况的中小学教师和教研人员。通过两轮专家咨

询，我们确立了中小学生数字化学习能力评价指标。中小学生数字化学习能力评价指标包含基础性数字化学习能力、创新性数字化学习能力、数字化学习道德与法律3个一级指标，操作类知识与技能、信息与数据素养、主动学习、交流合作、问题解决、创新创造、价值观与道德规范、法律法规与安全8个二级指标，掌握信息技术基础知识等32个三级指标。此后，通过咨询17位专家，采用层次分析法并应用yaahp软件分析专家数据，我们确立了中小学生数字化学习能力各个一级指标、二级指标和三级指标的权重。在确定中小学生数字化学习能力评价指标及权重的基础上，我们通过咨询学者、中小学教师及学生意见，开发了中小学生数字化学习能力评价指标的评价标准，将评价标准确定为优秀、良好、一般、较差四个等级，赋值系数分别为1.0、0.8、0.6、0.4。至此，我们构建了完整的包含评价标准、指标权重的由32个三级指标、8个二级指标、3个一级指标构成的中小学生数字化学习能力评价指标体系。

五、开发了中小学生数字化学习能力评价工具

开发中小学生数字化学习能力评价指标体系的主要目的是：在中小学教育信息化实践中，使用该评价指标体系为中小学数字化教与学提供指导。而中小学教育信息化的实践场域是复杂的，尤其是包括了小学低年级、小学高年级、初中、高中各个阶段的学生数字化学习实践场域。考虑到中小学生数字化学习能力评价的实践情况，我们开发了小学高年级、初中、高中三个学段的学生数字化学习能力自评问卷，供中小学生对自己的数字化学习能力进行自我评价。同时，我们开发了教师版和学生版中小学生数字化学习能力访谈提纲这两个访谈工具，用于配合中小学生数字化学习能力自评问卷，开展较大规模的针对学校、地域层面的中小学生数字化学习能力发展现状调查，为学校或地域性的学生数字化学习能力发展提供决策依据。

我们还开发了小学低年级、小学高年级、初中、高中四个版本的中小学生数字化学习能力评价标准，用于具体指导学生的数字化学习能力培养工作。

四个版本的学生数字化学习能力评价标准采用教师评价的他评方式，由熟知学生情况的教师对学生的数字化学习能力发展情况进行评价，评价结果用于指导教师的数字化教学活动和学生的数字化学习能力发展。当然，高中生等具有较高认知能力的学生，也可以采用该评价标准进行自我评价。我们认为课堂是学生数字化学习能力发展的主要场所，教师是学生数字化学习能力培养的主要责任人，最好是由教师使用该评价标准评价学生数字化学习能力发展情况，并依据评价结果调整和优化教学，为学生数字化学习能力发展设计相应的学习资源和学习活动。在该评价标准的使用实践中，我们也提倡高中生等具有较高自主学习能力的学生利用该评价标准进行自我评价，并根据评价结果，有针对性地提升自身的数字化学习能力。

第二节　研究不足

中小学生数字化学习能力评价指标体系的确立是一个系统而复杂的工程。保证评价指标的科学性和有效性，一直是本研究的重点和难点。虽然我们参考了大量国内外文献，并组织了实地调研工作，并且采用德尔菲法等方法咨询了中小学生数字化学习方面的专家，但是，限于研究人力、物力及经费，中小学生数字化学习能力评价指标体系仍然不够完善，在科学性和有效性方面应该继续改进。比如，在全国范围内咨询更多、更权威的中小学数字化学习能力评价专家，以及扩大中小学生数字化学习能力发展情况调研工作，以增强学生数字化学习能力评价指标构建的科学性和有效性。另外，中小学生数字化学习能力评价指标体系要用于小学、初中、高中各个学段的学生群体，再加上我国中小学教育信息化发展的区域不平衡特点，这些都给中小学生数字化学习能力评价指标体系开发增加了难度和不确定性，后续需要继续加强关注和研究。

从中小学生数字化学习能力评价指标体系到评价工具的开发，经历了漫长而又复杂的过程。虽然，我们开发了小学低年级、小学高年级、初中和高中各个学段的学生数字化学习能力自评工具和他评工具，及教师版和学生版学生数字化学习能力评价访谈提纲等，并通过试用，初步保证了评价工具的科学性和有效性，但是，我们开发的评价工具在科学性和有效性方面仍然需要不断改进，通过中小学生数字化学习能力评价的实践，对评价工具进行修正，针对我国复杂多变的中小学教育信息化实践场域，开发出更具针对性的中小学生数字化学习能力评价工具。

第三节 未来展望

一、继续完善中小学生数字化学习能力评价指标

在中小学教育信息化发展实践中，一成不变的中小学生数字化学习能力评价指标体系是不适用的。随着中小学教育信息化实践的不断发展，我们将继续完善中小学生数字化学习能力评价指标体系。我们将持续加大专家学者咨询广度，加强中小学生数字化学习能力实践调研工作，通过数据补充完善评价指标体系。另外，我们将针对少数民族教育、农村教育等具有特殊性的教育信息化场域，开发具有针对性的学生数字化学习能力评价指标体系。

二、继续完善中小学生数字化学习能力评价工具

中小学生数字化学习能力评价工具的完善是一个需要长期努力的过程，我们将继续完善中小学生数字化学习能力自评工具和他评工具，进一步提高自评工具的信度和效度，以及他评工具的科学性和有效性。就中小学生数字化学习能力自评工具而言，更典型地设计题项，更科学地设计问卷形式，让

自评工具更好用，这是需要进一步努力的具体方向。在教师作为评价主体的中小学生数字化学习能力他评工具方面，我们将继续咨询中小学教师意见，进一步修改完善小学、初中、高中各个学段的他评工具，让中小学教师用起来觉得更加可靠、更加方便。另外，我们也希望开发在线版的中小学生数字化学习能力评价工具，增加评价工具的智能元素，让学生和教师在评价数字化学习能力的时候，及时获得评价结果反馈，并收到针对性指导建议，提升评价工具对实践的指导价值。

三、后续将开展中小学生数字化学习能力发展现状调查研究

中小学生数字化学习能力评价工具的开发，最终目的是在中小学教育信息化实践中，使用该评价工具指导实践工作。后续，我们将联合各地教育行政部门开展中小学生数字化学习能力发展现状调研，分析各地中小学生数字化学习能力发展的情况和存在的问题，并提出改进的对策。我们已经联合山西省电教馆等机构，准备在山西省范围内定期组织中小学生数字化学习能力发展现状调研。调研工作将采取大规模问卷调查和典型个案实地考查相结合的方式，分析山西省中小学生数字化学习能力发展的情况、存在的问题，力求提出针对性的改进建议，为山西省中小学生数字化学习能力培养提供指导与支持。

四、后续将关注中小学生数字化学习能力提升路径研究

我们认为评价本身不是目的，通过评价提升学生数字化学习能力，是研究的出发点和落脚点。在中小学生数字化学习能力评价研究的基础上，我们将关注中小学生数字化学习能力提升路径研究，从课堂教学、学校发展、政策保障等各个层面研究构建一体化的中小学生数字化学习能力提升保障体系。课堂是中小学生数字化学习能力培养的主阵地，后续我们将深入中小学课堂，开展中小学生数字化学习能力提升研究，为学生数字化学习能力发展提供具体指导。在课题研究活动中，我们已经依托中小学信息技术课程教学，研究

和开发了项目式教学、混合式教学等行之有效的教学模式,以培养学生数字化学习能力。相关研究活动,将通过准实验研究、行动研究、信效度检验等方式,证明我们开发的项目式教学、混合式教学对提升学生数字化学习能力的作用。

参考文献

[1] 《中国中小学生学习能力发展报告》课题组. 中国中小学生学习能力发展报告.[M].北京：教育科学出版社，2016.

[2] Joint Research Centre (European Commission). DigComp 2.0: the digital competence framework for citizens[EB/OL]. [2021-06-21]. https：//op.europa.eu/en/publication-detail/-/publication/bc52328b-294e-11e6-b616-01aa75ed71a1/language-en.

[3] Klemenčič M. From student engagement to student agency: conceptual considerations of European policies on student-centered learning in higher education[J]. Higher Education Policy, 2017, 30(1): 69-85.

[4] Lee E, Hannafin M J. A design framework for enhancing engagement in student-centered learning：own it, learn it, and share it[J]. Educational Technology Research & Development, 2016, 64(4): 707-734.

[5] Luckin R, Holmes W. Intelligence unleashed: an argument for AI in education [EB/OL]. [2021-06-18]. https://static.googleusercontent.com/media/edu.google.com/zh-CN//pdfs/Intelligence-Unleashed-Publication.pdf.

[6] Luckin R. Machine learning and human intelligence: the future of education for the 21st century[M]. London: UCL Institute of Education Press, 2018.

[7] Metiri group. The empowered learner: an introduction[DB/OL]. [2021-06-12]. https: //istestandardspd.org/read-empowered-learner-introduction.

［8］ Metiri group. On-ramps to the empowered learner standard[DB/OL]. [2021-06-12]. https: // istestandardspd.org/read-it-on-ramps-to-the-empowered-learner-standard.

［9］ NWY Law. A global framework of reference on digital literacy skills for indicator 4.4.2[EB/OL]. [2021-06-20]. http: //uis.unesco.org/sites/default/files/documents/ip51-global-framework-reference-digital-literacy-skills-2018-en.pdf.

［10］ Redecker C. European framework for the digital competence of educators: DigCompEdu[EB/OL]. [2021-06-20]. https: //publications.jrc.ec.europa.eu/repository/handle/JRC107466.

［11］ Ryan R M, Deci E L. Self-determination theory and the facilitation of intrinsic motivation, social development, and well-being.[J]. American Psychologist, 2000, 55(1): 68.

［12］ Snelling, J. New ISTE standards aim to develop lifelong learners [EB/OL]. [2021-06-12]. https: //www.iste.org/explore/articleDetail?articleid=751.

［13］ The institute for the future. Future work skills 2020[DB/OL]. [2021-06-12]. http: //www.iftf.org/uploads/media/SR-1382A_UPRI_future_work_skills_sm.pdf.

［14］ The international society for technology in education. ISTE standards for students[EB/OL]. [2021-06-12]. https://www.iste.org/standards/standards/for-students.

［15］ The international society for technology in education. Redefining learning in a technology-driven world: a report to support adoption of the ISTE standards for students[EB/OL]. [2021-08-20]. https://cdn.iste.org/www-root/PDF/advocacy-pages/Making%20the%20Case%20for%20the%20ISTE%20Standards.pdf.

［16］ The office of educational technology. Reimagining the role of technology in education: 2017 national education technology plan update[DB/OL]. [2021-06-12]. https://tech.ed.gov/files/2017/01/NETP17.pdf.

［17］ Tuomi I. The impact of artificial intelligence on learning, teaching, and education [EB/OL]. [2021-06-18]. https://core.ac.uk/reader/162257140.

［18］ UNESCO. UNESCO ICT competency framework for teachers（chi）[EB/OL]. [2021-06-20]. https://unesdoc.unesco.org/ark/48223/pf0000371113.

［19］ World economic forum.The future of jobs employment，skills and workforce strategy for the fourth industrial revolution[DB/OL]. [2021-06-12]. http://www3.weforum.org/docs/WEF_FOJ_Executive_Summary_Jobs.pdf.

［20］ 白学军.智力心理学的研究进展[M].杭州：浙江人民出版社，1996.

［21］ 毕华林.学习能力的实质及其结构构建[J].教育研究，2000,（07）：78-80.

［22］ 陈琳，王蔚，李冰冰，等.智慧学习内涵及其智慧学习方式[J].中国电化教育，2016,（12）：31-37.

［23］ 陈琦，刘儒德.教育心理学[M].北京：高等教育出版社，2011.

［24］ 大卫·罗斯.致辞：从"4C"到"5C"：祝贺"21世纪核心素养5C模型"发布[J].华东师范大学学报（教育科学版），2020,38（02）：19.

［25］ 顾秀林，丁念金.核心素养导向的课程改革：新加坡基础教育课程改革刍议[J].外国中小学教育，2017,（04）：68-75.

［26］ 郭文娟，刘洁玲.核心素养框架构建：自主学习能力的视角[J].全球教育展望，2017,46（03）：16-28.

［27］ 郭昱麟.浅谈认知主义学习理论的研究及其应用[J].黑龙江科学，2015,6（09）：112-113.

［28］ 韩庆祥.能力本位[M].北京：中国发展出版社，1999.

［29］ 何克抗，李克东，谢幼如，等.小学语文"四结合"教学改革试验研究

[J].电化教育研究,1996,(01):12-21,80.

[30] 何克抗,李晓庆.信息化教学创新理论和实践服务乡村教师跨越式教学:专访北京师范大学何克抗教授[J].教师教育学报,2021,8(01):1-7.

[31] 何克抗,吴娟.信息技术与课程整合:信息技术与课程深度融合的理论与实践[M].2版.北京:高等教育出版社,2019.

[32] 核心素养研究课题组.中国学生发展核心素养[J].中国教育学刊,2016,(10):1-3.

[33] 贺斌.智慧学习:内涵、演进与趋向:学习者的视角[J].电化教育研究,2013,34(11):24-33,52.

[34] 黄荣怀,马丁,张进宝.信息技术与教育[M].2版.北京:北京师范大学出版社,2008.

[35] 黄荣怀,汪燕,王欢欢,等.未来教育之教学新形态:弹性教学与主动学习[J].现代远程教育研究,2020,32(03):3-14.

[36] 黄荣怀,王运武,等.中国教育改革40年:教育信息化[M].北京:科学出版社,2018.

[37] 贾林祥.认知心理学的联结主义理论研究[D].南京:南京师范大学,2002.

[38] 贾绪计,王泉泉,林崇德."学会学习"素养的内涵与评价[J].北京师范大学学报(社会科学版),2018,(01):34-40.

[39] 姜沛雯,刘向永,王萍.从"使用技术学习"到"利用技术变革学习":2016版ISTE学生教育技术能力标准解读[J].中小学数字化教学,2017,(02):90-92.

[40] 教育部发布《关于实施全国中小学教师信息技术应用能力提升工程2.0的意见》[J].教育发展研究,2019,39(07):6.

[41] 靳昕,蔡敏.美国中小学"21世纪技能"计划及启示[J].外国教育研究,2011,38(02):50-54,77.

［42］兰国帅，张怡，魏家财，等.提升教师ICT能力 驱动教师专业发展：UNESCO《教师ICT能力框架（第3版）》要点与思考[J].开放教育研究，2021,27（02）：4-17.

［43］李葆萍.中小学生信息化学习能力城乡差异分析：基于北京市的实地调查[J].中国教育学刊，2013,（03）：20-23.

［44］李锋，赵健.高中信息技术课程标准修订：理念与内容[J].中国电化教育，2016,（12）：4-9.

［45］李凌云.美国国家学生教育技术标准新旧三版对比分析[J].现代教育技术，2018,28（01）：19-25.

［46］李佺宁.浅论学生学习能力的培养[J].安康师专学报，1999,（03）：58-59.

［47］李晓静，胡柔嘉.我国中小学生数字技能测评框架构建与证实[J].中国电化教育，2020,（07）：112-118.

［48］李亚娟，李莉.奥苏贝尔有意义学习理论及对小学教学的启示[J].吉林省教育学院学报，2007,（08）：3-4.

［49］李运桂.浅谈学生学习能力的培养[J].基础教育研究，1996,（04）：30-31.

［50］李子建，尹弘飚.课堂环境对香港学生自主学习的影响：兼论"教师中心"与"学生中心"之辨[J].北京大学教育评论，2010,8（01）：70-82,192.

［51］联合国教科文组织.反思教育：向"全球共同利益"的理念转变？[M].北京：教育科学出版社，2017.

［52］林崇德.中国独生子女教育百科[M].杭州：浙江人民出版社，1999.

［53］林崇德.论学科能力的建构[J].北京师范大学学报（社会科学版），1997,（01）：5-12.

［54］刘晋红.人本主义学习理论述评[J].黑龙江生态工程职业学院学报，2009,22（05）：109-111.

[55] 刘飒.数字化学习能力的构成要素及其关系[J].东方教育,2014,(07):26.

[56] 马吉建.人本主义学习理论视角下信息化教学CIPP评价模式应用实践[J].教育观察,2021,10(02):70-72.

[57] 马利红,魏锐,刘坚,等.审辨思维:21世纪核心素养5C模型之二[J].华东师范大学学报(教育科学版),2020,38(02):45-56.

[58] 南国农.教育信息化建设的几个理论和实际问题(上)[J].电化教育研究,2002,(11):3-6.

[59] 南国农.教育信息化建设的几个理论和实际问题(下)[J].电化教育研究,2002,(12):20-24.

[60] 庞维国.论学生的自主学习[J].华东师范大学学报(教育科学版),2001,20(02):78-83.

[61] 彭绍东.信息技术教育学[M].长沙:湖南师范大学出版社,2002.

[62] 秦吉,张翼鹏.现代统计信息分析技术在安全工程方面的应用:层次分析法原理[J].工业安全与防尘,1999,(05):44-48.

[63] 石映辉,彭常玲,吴砥,等.中小学生信息素养评价指标体系研究[J].中国电化教育,2018,(08):73-77,93.

[64] 时龙.当代教育的主题和归宿:提升学生学习能力[J].中国教育学刊,2016,(10):45-49.

[65] 斯莱文.教育心理学:理论与实践:第10版[M].吕红梅,姚梅林,等译.北京:人民邮电出版社,2016.

[66] 宋欣欣.中学数学教师信息化教学技能现状调查及提升对策研究[D].延安:延安大学,2021.

[67] 苏莉.人本主义视角下导学教师的角色与目标定位[J].广西教育学院学报,2019,(03):51-54.

[68] 孙小伟.基于联通主义的高职思政课堂构建[J].教育与职业,2021,(13):107-112.

[69] 王彬菁.基于人本主义教学理论的应用型本科师范生信息化教学能力培养模式研究[J].课程教育研究,2019,(29):21,24.

[70] 王婷婷,庞维国.自我决定理论对学生学习自主学习能力培养的启示[J].全球教育展望,2009,38(11):40-43.

[71] 王秀芳.学习检测学[M].北京:新华出版社,1997.

[72] 王祎祺.中学生信息化学习能力评价指标体系的构建与实证研究[D].临汾:山西师范大学,2020.

[73] 王永锋,王以宁,何克抗.从"学习使用技术"到"使用技术学习":解读新版美国"国家学生教育技术标准"[J].电化教育研究,2007,(12):82-85.

[74] 王永固,许家奇,丁继红.教育4.0全球框架:未来学校教育与模式转变:世界经济论坛《未来学校:为第四次工业革命定义新的教育模式》之报告解读[J].远程教育杂志,2020,38(03):3-14.

[75] 王永军.女性主义理论及其对教育传播的价值[J].电化教育研究,2011,(11):33-36.

[76] 王永军.农村教师信息技术教育应用影响因素研究:基于甘肃省两个农村学区的实地研究[D].兰州:西北师范大学,2014.

[77] 王永军.教育技术(电化教育)学科发展的南国农道路:基于南国农期刊论文的NVivo分析[J].中国教育信息化,2017,(20):6-11.

[78] 王永军.赋权学习理论及实践案例研究:赋权视域中的技术变革学习[J].中国电化教育,2018,(11):79-86.

[79] 王永军.技术赋能的未来学习者:新版ISTE学生标准解读及其对我国中小学学生信息化学习能力建设的启示[J].中国远程教育,2019,(04):17-24,92.

[80] 王永军.中小学教师信息技术创新应用能力框架构建研究:基于ISTE 2017版《教育者标准》[J].远程教育杂志,2019,37(06):50-60.

[81] 王永军.面向教育4.0的创新发展:中小学校长信息化领导力框架之构

建[J].远程教育杂志,2020,38(06):41-49.

[82] 王永军,杨晓宏.e-Learning大讲堂现状分析及建议[J].中国电化教育,2008,(10):54-59.

[83] 王佑镁,赵文竹,宛平,等.应对数字社会挑战:数字智商及其在线教育体系[J].现代远程教育研究,2020,32(01):61-67,92.

[84] 王佑镁,赵文竹,宛平,等.数字智商及其能力图谱:国际进展与未来教育框架[J].中国电化教育,2020,(01):46-55.

[85] 王志军,陈丽.联通主义学习理论及其最新进展[J].开放教育研究,2014,20(05):11-28.

[86] 魏晓俊.语文教学中信息技术应用的困境与超越[J].语文建设,2019,(14):64-67.

[87] 熊应.行为主义心理学视域下的教师教育惩戒权[J].教学与管理,2021,(21):62-66.

[88] 徐亚苹.泛在学习背景下大学生数字化学习能力的培养研究[D].徐州:江苏师范大学,2014.

[89] 杨素娟.在线学习能力的本质及构成[J].中国远程教育,2009,(05):43-48,80.

[90] 杨晓宏,王永军,张玲玲.农村党员干部现代远程教育资源整合模式研究[J].电化教育研究,2011,(10):44-48.

[91] 杨晓哲,任友群.高中信息技术学科的价值追求:数字化学习与创新[J].中国电化教育,2017,(01):21-26.

[92] 杨治良,郝兴昌.心理学辞典[M].上海:上海辞书出版社,2016.

[93] 杨治良.简明心理学辞典[M].上海:上海辞书出版社,2007.

[94] 张传燧,邹群霞.学生核心素养及其培养的国际比较研究[J].课程·教材·教法,2017,37(03):37-44,36.

[95] 张恩铭,盛群力.培育学习者的数字素养:联合国教科文组织《全球数字素养框架》及其评估建议报告的解读与启示[J].开放教育研究,

2019，25（06）：58-65.

［96］张建伟.数学教师在使用信息技术的现状分析［J］.教育现代化，2017，4（11）：134-135.

［97］张娜.DeSeCo项目关于核心素养的研究及启示［J］.教育科学研究，2013，（10）：39-45.

［98］张倩苇.美国国家教育技术学生标准及其对我国信息技术教育的启示［J］.外国教育研究，2003，（09）：11-15.

［99］张仲明，李红.学习能力理论研究述评［J］.西华师范大学学报（哲社版），2004，（4）：136-139.

［100］郑旭东，范小雨.欧盟公民数字胜任力研究：基于三版欧盟公民数字胜任力框架的比较分析［J］.比较教育研究，2020，42（06）：26-34.

［101］郑旭东，马云飞，岳婷燕.欧盟教师数字胜任力框架：技术创新教师发展的新指南［J］.电化教育研究，2021，42（02）：121-128.

［102］智库百科.建构主义学习理论［DB/OL］.［2021-06-12］. http://wiki.mbalib.com/zh-tw/%E5%BB%BA%E6%9E%84%E4%B8%BB%E4%B9%89%E5%AD%A6%E4%B9%A0%E7%90%86%E8%AE%BA.

［103］中小学信息技术课程指导纲要（试行）［J］.管理信息系统，2001，（02）：3-5.

［104］钟志贤，杨蕾.论网络时代的学习能力［J］.电化教育研究，2001，（11）：22-27.

［105］朱莎，吴砥，石映辉，等.学生信息素养评估国际比较及启示［J］.中国电化教育，2017，（09）：25-32.

［106］祝智庭，贺斌.智慧教育：教育信息化的新境界［J］.电化教育研究，2012，33（12）：5-13.

［107］祝智庭，彭红超.技术赋能智慧教育之实践路径［J］.中国教育学刊，2020，（10）：1-8.

［108］祝智庭，闫寒冰.《中小学教师信息技术应用能力标准（试行）》解读

[J].电化教育研究,2015,36(09):5-10.

[109]庄榕霞,杨俊锋,李冀红,等.中小学生数字化学习能力测评框架研究[J].中国电化教育,2018,(12):1-10,24.

附　录

附录一　中小学生数字化学习能力评价指标开发咨询问卷（第一轮专家咨询）

尊敬的专家：

您好！非常感谢您参与此次咨询。

本研究旨在开发中小学生数字化学习能力评价指标，以促进学生数字化学习能力发展，推动信息技术与教学融合。知悉您在该领域有丰富的学识和经验，真诚邀请您作为评价指标开发的咨询专家，您的宝贵意见将成为我们构建评价指标的重要依据！

本研究将学生数字化学习能力界定为正式教育语境中学生使用数字化工具学习的能力。参考国内外学生数字化学习能力评价指标文献，我们从学生数字化学习的初级能力、高级能力和态度价值观三个层面，拟定了中小学生数字化学习能力构成要素指标。数字化学习的初级能力指向学生的信息技术操作知识与技能，及学生使用信息技术获取学科知识的能力。数字化学习的高级能力指向学生使用信息技术发展主动学习、合作交流、创新创造、问题解决、批判思维等21世纪核心素养的能力。数字化学习的态度价值观指向学生数字化学习中应该具备的价值观、道德规范、法律法规、安全意识、社会责任等。评价指标包括3个一级指标、8个二级指标、36个三级指标，如表1所示。

咨询问卷包括三部分：第一部分是专家咨询表，第二部分是专家权威程度自评表，第三部分为专家基本情况调查表。请您根据填表说明填写问卷，并尽量于3日内返回。问卷填写中如有疑问，可随时致电183××××××××（王××）。此次专家咨询结果仅用于本学术研究，所有个人信息将作保密处理。衷心感谢您的大力支持！我们将为您准备纪念品一份以作留念，请您填写邮寄地址及联系方式。

表1 中小学生数字化学习能力评价指标概览

一级指标	二级指标	三级指标	指标说明	序号
基础性数字化学习	技术操作	掌握信息技术基础知识	掌握基础性的信息技术硬件和软件知识，比如硬件使用、文件管理、软件安装、网络基础等。	1
		会使用常见的技术工具	会使用常见的技术工具，比如办公软件、音视频处理软件、网络下载工具、思维导图等。	2
		解决常见的技术故障	在学习活动中，能够排除常见的技术故障，比如在学习活动中排除互联网中断故障。	3
		不断学习新技术	在已有信息技术知识基础上，举一反三，不断学习并掌握最新信息技术知识和技能。	4
	信息、数据与知识	搜索数据、信息与知识	能够通过互联网、校园网、官方数据库、中国知网等查找和搜索数据、信息和知识。	5
		评估数据、信息与知识	分析和评估数据、信息和知识的可靠性和有效性，并理解数据、信息和知识的真正意义。	6
		管理数据、信息与知识	根据个人或机构需要，使用技术工具存储、管理和调用数据、信息和知识。	7
		初步应用数据、信息与知识	将数据、信息与知识初步应用到学习和生活中，以理解社会现象，并深化和巩固知识。	8

（续表）

一级指标	二级指标	三级指标	指标说明	序号
创新性数字化学习	主动学习	主动选择学习目标	在信息技术与教学整合中，在教师指导下，学生主动选择学习目标。	9
		主动选择学习内容	在信息技术与教学整合中，在教师指导下，学生主动选择学习的内容。	10
		主动制定学习策略	在信息技术与教学整合中，在教师指导下，学生主动制定学习策略，比如小组合作学习策略。	11
		主动构建学习环境	在信息技术与教学整合中，在教师指导下，学生使用技术工具主动建构个性化学习环境。	12
		主动寻求评价反馈	在信息技术与教学整合中，在教师指导下，学生使用技术工具主动寻求反馈信息，以改进学习。	13
	交流合作	选择恰当的交流合作工具	学生和他人交流合作时，根据预期的交流与合作目的，选择恰当的技术工具开展交流与合作。	14
		清晰有效地进行交流	在合作交流活动中，能够使用图形、模型等多样化的技术工具清晰有效地表达自己的观点。	15
		为交流对象定制表达方式	学生能够根据沟通或交流对象的文化差异、性别差异等，为交流对象定制个性化的表达方式。	16
		使用技术与各类群体合作	学生具备多元文化视角，会使用技术工具与学生、教师、专家等各类群体合作。	17
		在合作中胜任不同任务角色	在基于技术的项目式学习中，学生能够根据项目需求担任不同的角色，并完成其角色任务。	18
	问题解决	选择有意义真实问题	学生在项目式学习中，选择国内外或自己生活中有意义有价值的真实问题进行探究。	19
		以批判视角分析问题	在问题解决过程中，对数据和信息进行批判分析，以探索可能的问题解决方案。	20
		合作协商中解决问题	在信息技术与教学整合中，学生在合作协商中与他人共同探究问题解决方案。	21
		以计算思维解决问题	学生以计算思维的方式，使用技术工具开发问题解决方案，并辅助问题解决。	22

（续表）

一级指标	二级指标	三级指标	指标说明	序号
创新性数字化学习	创新创造	主动创新意识	在信息技术与教学整合中，学生具有使用技术工具进行主动创新的意识。	23
		具备开放包容等创新品质	学生具备开放包容等创新品质，能够容忍不确定性，善于解决开放性问题。	24
		在知识建构中提出新观点	学生在学习活动中能够使用技术工具主动建构新观点和新想法。	25
		提出新颖的问题解决方案	在解决问题时，学生使用技术工具提出不同于传统方式的新方法、新思路、新途径以解决问题。	26
		将新想法创作为作品	学生使用技术工具将自己的新想法、新思路等设计并制作成作品。	27
数字化学习道德、法律与责任	价值观与道德规范	公平、正义和善良的价值观	学生在学习活动中使用技术工具时，坚持公平、正义和善良的价值取向。	28
		爱国主义的价值观	学生在学习活动中使用技术工具时，秉持爱国主义思想，积极维护国家利益。	29
		遵守社会道德规范	学生在使用技术时，遵守数字世界道德规范，以合乎伦理道德的方式参与数字化学习活动。	30
		维护个人数字声誉	学生认识到自己在数字世界中是永恒存在的，数字身份非常重要，积极维护其数字声誉。	31
	法律、安全与责任	遵守国家法律法规	学生在数字世界中，主动遵守国家法律法规。	32
		维护社会信息安全	学生在数字化学习中，主动而积极地维护社会信息系统安全。	33
		维护个人数据安全	学生主动维护个人数据安全，严防个人数据泄露，谨防隐私侵犯、账户被盗等。	34
		尊重知识产权	学生在数字化学习中，尊重知识产权，如在使用他人的知识或作品时，能够标明出处。	35
		健康的技术使用习惯	学生自觉抵制数字化学习中的不良信息或无关信息，养成健康的技术使用习惯。	36

第一部分：专家咨询表

填表说明：

1.本问卷采用 Likert 5 级评分法，每项指标按您认同的重要程度分为 5 个等级：5= 非常重要、4= 重要、3= 不确定、2= 不重要、1= 非常不重要。请您在"重要程度"栏评定各指标的重要程度，在对应方框内填写相应等级，或直接填写重要程度对应数字。

2.每项具体指标后都有"修改意见"栏，您可以对指标提出修改意见，比如，是否需要删除某项指标，或某项指标是否表述不当、归属不当，以及是否需要增加其他指标，并给出具体指导意见。

表 2　一级指标咨询表

一级指标	重要程度	修改意见
基础性数字化学习		
创新性数字化学习		
数字化学习道德、法律与责任		

表 3　二级指标咨询表

一级指标	二级指标	重要程度	修改意见
基础性数字化学习	技术操作		
	信息、数据与知识		
创新性数字化学习	主动学习		
	交流合作		
	问题解决		
	创新创造		
数字化学习道德、法律与责任	价值观与道德规范		
	法律、安全与责任		

表4 三级指标咨询表

一级指标	二级指标	三级指标	重要程度	修改意见
基础性数字化学习	技术操作	掌握信息技术基础知识		
		会使用常见的技术工具		
		解决常见的技术故障		
		不断学习新技术		
	信息、数据与知识	搜索数据、信息与知识		
		评估数据、信息与知识		
		管理数据、信息与知识		
		初步应用数据、信息与知识		
创新性数字化学习	主动学习	主动选择学习目标		
		主动选择学习内容		
		主动制定学习策略		
		主动构建学习环境		
		主动寻求评价反馈		
	交流合作	选择恰当的交流合作工具		
		清晰有效地进行交流		
		为交流对象定制表达方式		
		使用技术与各类群体合作		
		在合作中胜任不同任务角色		
	问题解决	选择有意义真实问题		
		以批判视角分析问题		
		合作协商中解决问题		
		以计算思维解决问题		
	创新创造	主动创新意识		
		具备开放包容等创新品质		
		在知识建构中提出新观点		
		提出新颖的问题解决方案		
		将新想法创作为作品		
数字化学习道德、法律与责任	价值观与道德规范	公平、正义和善良的价值观		
		爱国主义的价值观		
		遵守社会道德规范		
		维护个人数字声誉		
	法律、安全与责任	遵守国家法律法规		
		维护社会信息安全		
		维护个人数据安全		
		尊重知识产权		
		健康的技术使用习惯		

其他您认为重要的指导意见：

第二部分：专家权威程度自评表

尊敬的专家：

为了保证研究的质量，我们需要了解您对咨询内容的熟悉程度，以及您填写本次信息的判断依据。请您在相应的空格处打"√"。

1. 您对咨询内容的熟悉程度：

非常熟悉	熟悉	不确定	不熟悉	非常不熟悉

2. 您对咨询内容填写的判断依据：

判断依据	影响程度		
	多	中	少
理论分析			
实践经验			
国内外同行了解			
个人直觉			

第三部分：专家基本信息调查表

1. 您的姓名

2. 您的工作单位

3. 您的性别（   ）

A. 男　　　　　B. 女

4. 您的年龄（   ）

A. <30 岁　　　B. 30—39 岁　C. 40—49 岁　D. 50—59 岁　E. >59 岁

5. 您的学历（   ）

A. 博士研究生　　B. 硕士研究生　C. 本科　　　D. 专科

6. 您的工作职务与职称

7. 纪念品邮寄地址及联系方式

问卷填完之后，请发送至邮箱 554657555@qq.com。

问卷到此结束，再次感谢各位专家对本研究的大力支持！

附录二　中小学生数字化学习能力评价指标开发咨询问卷（第二轮专家咨询）

尊敬的专家：

您好！非常感谢您在百忙之中接受第二轮专家咨询调查。

根据第一轮专家咨询问卷分析结果，我们对原先拟定的评价指标作了修改，现将重新拟定的评价指标咨询问卷呈送于您，希望您能鼎力相助，费心填写。根据第一轮专家咨询的指导意见，**我们删除了两项三级指标，合并了两项三级指标，调整了一项三级指标的归属，对若干一级、二级和三级指标作了表述修订**。表1中详细标注了评价指标修订情况，请各位专家对修订后的评价指标进行评议。

我们承诺收集的资料仅用于学术研究，绝不用于其他用途，绝不泄露您的个人信息。请您在百忙之中抽空填写问卷，并尽量于3日内返回。再次感谢您的指导和帮助。问卷填写中如有疑问，可随时致电183××××××××（王××）。

填表说明：

1. 本问卷采用Likert 5级评分法，每项指标按您认同的重要程度分为5个等级：5=非常重要、4=重要、3=不确定、2=不重要、1=非常不重要。请您在"重要程度"栏对应方框内填写重要程度等级，或直接填写重要程度所对应的数字。

2. 具体指标后都有"修改意见"栏，您可以对指标提出修改意见，比如，是否需要删除某项指标，或某项指标是否表述不当、归属不当，以及是否需要增加指标等。

附 录

表1 中小学生数字化学习能力评价指标修订概览

一级指标	二级指标	三级指标	指标说明	序号
基础性数字化学习能力（表述修订）	技术操作类知识与技能（表述修订）	掌握信息技术基础知识	掌握基础性的信息技术硬件和软件知识，比如硬件使用、文件管理、软件安装、网络基础等。	1
		会使用基础性技术工具（表述修订）	会使用常见的技术工具，比如办公软件、音视频处理软件、网络下载工具、思维导图等。	2
		解决常见的技术故障（删除指标）	在学习活动中，能够排除常见的技术故障，比如在学习活动中排除互联网中断故障。	
		不断学习新技术（删除指标）	在已有信息技术知识基础上，举一反三，不断学习并掌握最新信息技术知识和技能。	
	信息与数据素养（表述修订）	准确搜索数据、信息与知识（表述修订）	能够通过互联网、校园网、官方数据库、中国知网等准确查找和搜索数据、信息和知识。	3
		科学评估数据、信息与知识（表述修订）	科学分析和评估数据、信息和知识的可靠性和有效性，并理解数据、信息和知识的真正意义。	4
		有效管理数据、信息与知识（表述修订）	根据个人或机构需要，使用技术工具有效存储、管理和调用数据、信息和知识。	5
		合理应用数据、信息与知识（表述修订）	将数据、信息与知识合理应用到学习和生活中，以理解社会现象，并深化和巩固知识。	6
创新性数字化学习能力（表述修订）	主动学习	主动制定学习目标（表述修订）	在信息技术与教学整合中，在教师指导下，学生主动制定学习目标。	7
		主动选择学习内容	在信息技术与教学整合中，在教师指导下，学生主动选择学习的内容。	8
		主动制定学习策略	在信息技术与教学整合中，在教师指导下，学生主动制定学习策略，比如小组合作学习策略。	9
		主动构建学习环境	在信息技术与教学整合中，在教师指导下，学生使用技术工具主动建构个性化学习环境。	10
		主动寻求评价反馈	在信息技术与教学整合中，在教师指导下，学生使用技术工具主动寻求反馈信息，以改进学习。	11

（续表）

一级指标	二级指标	三级指标	指标说明	序号
创新性数字化学习能力（表述修订）	交流合作	选择恰当的交流合作工具	学生和他人交流合作时，根据预期的交流与合作目的，选择恰当的技术工具开展交流与合作。	12
		清晰有效地进行交流	在合作交流活动中，能够使用图形、模型等多样化的技术工具清晰有效地表达自己的观点。	13
		根据需求选择适宜的合作对象（合并指标并修订表述）	学生根据学习需求，选择适宜的合作对象进行合作，比如求助校外专家帮忙解答专业问题等。	14
		在合作中胜任不同任务角色	在基于技术的项目式学习中，学生能够根据项目需求担任不同的角色，并完成其角色任务。	15
	问题解决	发现并选择有意义真实问题（表述修订）	学生在项目式学习中，发现并选择国内外或自己生活中有意义有价值的真实问题进行探究。	16
		以批判视角分析问题	在问题解决过程中，对数据和信息进行批判分析，以探索可能的问题解决方案。	17
		迭代循环中不断优化问题解决方案（表述修订）	学生在学习中解决问题时，不断测试问题解决方案，在迭代循环中不断优化问题解决方案。	18
	创新创造	具备主动创新意识	在信息技术与教学整合中，学生具有使用技术工具进行主动创新的意识。	19
		具备勇于尝试的创新品质（表述修订）	学生具备勇于尝试的创新品质，能够容忍不确定性，善于解决开放性问题。	20
		在知识建构中提出新观点	学生在学习活动中能够使用技术工具主动建构新观点和新想法。	21
		提出新颖的问题解决方案	在解决问题时，学生使用技术工具提出不同于传统方式的新方法、新思路、新途径以解决问题。	22
		将新想法创作为作品	学生使用技术工具将自己的新想法、新思路等设计并制作成作品。	23

（续表）

一级指标	二级指标	三级指标	指标说明	序号
数字化学习道德与法律（表述修订）	价值观与道德规范	公平、正义和善良的价值观	学生在学习活动中使用技术工具时，坚持公平、正义和善良的价值取向。	24
		爱国主义的价值观	学生在学习活动中使用技术工具时，秉持爱国主义思想，积极拥护国家利益。	25
		遵守社会道德规范	学生在使用技术时，遵守数字世界道德规范，以合乎伦理道德的方式参与数字化学习活动。	26
		维护个人数字声誉	学生认识到自己在数字世界中是永恒存在的，数字身份非常重要，积极维护其数字声誉。	27
		健康的技术使用习惯（归属调整）	学生自觉抵制数字化学习中的不良信息或无关信息，养成健康的技术使用习惯。	28
	法律法规与安全	遵守国家法律法规	学生在数字世界中，主动遵守国家法律法规。	29
		维护社会信息安全	学生在数字化学习中，主动而积极地维护社会信息系统安全。	30
		维护个人信息安全	学生主动维护个人信息安全，严防个人数据泄露，谨防隐私侵犯、账户被盗等。	31
		尊重知识产权	学生在数字化学习中，尊重知识产权，如在使用他人的知识或作品时，能够标明出处。	32

第一部分：中小学生数字化学习能力评价指标开发一级指标咨询表

根据第一轮专家咨询结果反馈，三个一级指标均符合德尔菲法指标筛选标准，表2为一级指标均值、标准差和变异系数。从表2中可以看出一级指标均值都在4.5以上，说明专家认可指标的重要性，变异系数都小于0.2，说明专家协调度很高，标准差也在正常范围内。

表2　第一轮专家咨询一级指标评议结果

一级指标	平均值	标准差	变异系数
基础性数字化学习	4.85	0.37	0.08
创新性数字化学习	4.60	0.82	0.18
数字化学习道德、法律与责任	4.80	0.41	0.09

有专家建议对一级指标的表述进行修订，使其更加简洁，故将三个一级指标由原来的"基础性数字化学习""创新性数字化学习""数字化学习道德、法律与责任"修订为"基础性数字化学习能力""创新性数字化学习能力""数字化学习道德与法律"，如表3所示。

➢ 请您对表3中修正后的一级指标进行评议：

表3 一级指标咨询表

一级指标	重要程度	修改意见
基础性数字化学习能力		
创新性数字化学习能力		
数字化学习道德与法律		

第二部分：中小学生数字化学习能力评价指标开发二级指标咨询表

根据第一轮专家咨询结果反馈，各个二级指标均符合德尔菲法指标筛选标准，表4为二级指标平均值、标准差和变异系数。从表4中可以看出各二级指标平均值都在4.5以上，说明专家认可指标的重要性，变异系数都小于0.2，说明专家协调度很高，标准差也在正常范围内。

表4 第一轮专家咨询二级指标评议结果

一级指标	二级指标	平均值	标准差	变异系数
基础性数字化学习	技术操作	4.65	0.49	0.11
	信息、数据与知识	4.70	0.47	0.10
创新性数字化学习	主动学习	4.80	0.41	0.09
	交流合作	4.70	0.47	0.10
	问题解决	4.75	0.44	0.10
	创新创造	4.80	0.41	0.09
数字化学习道德、法律与责任	价值观与道德规范	4.60	0.60	0.13
	法律、安全与责任	4.85	0.37	0.08

有专家指出"技术操作""信息、数据与知识""法律、安全与责任"等指标表述不能准确表达其内涵，故将其修正为"技术操作类知识与技能""信息与数据素养""法律法规与安全"，如表5所示。

➢ 请您对表5中修正后的二级指标进行评议：

表5　二级指标咨询表

一级指标	二级指标	重要程度	修改意见
基础性数字化学习能力	技术操作类知识与技能		
	信息与数据素养		
创新性数字化学习能力	主动学习		
	交流合作		
	问题解决		
	创新创造		
数字化学习道德与法律	价值观与道德规范		
	法律法规与安全		

第三部分：中小学生数字化学习能力评价指标开发三级指标咨询表

根据第一轮专家咨询结果反馈，各个三级指标均符合德尔菲法指标筛选标准，表6为三级指标平均值、标准差和变异系数。从表6中可以看出各三级指标平均值都在4.5以上，说明专家认可指标的重要性，变异系数除指标"解决常见的技术故障"和"不断学习新技术"之外都小于0.2，说明专家协调度很高，标准差也在正常范围内。

表6　第一轮专家咨询三级指标评议结果

一级指标	二级指标	三级指标	平均值	标准差	变异系数
基础性数字化学习	技术操作	掌握信息技术基础知识	4.70	0.47	0.10
		会使用常见的技术工具	4.70	0.47	0.10
		解决常见的技术故障	4.30	0.87	0.201
		不断学习新技术	4.30	0.92	0.21
	信息、数据与知识	搜索数据、信息与知识	4.75	0.44	0.09
		评估数据、信息与知识	4.65	0.49	0.11
		管理数据、信息与知识	4.65	0.49	0.11
		初步应用数据、信息与知识	4.70	0.47	0.10

（续表）

一级指标	二级指标	三级指标	平均值	标准差	变异系数
创新性数字化学习	主动学习	主动选择学习目标	4.70	0.57	0.12
		主动选择学习内容	4.70	0.57	0.12
		主动制定学习策略	4.95	0.22	0.05
		主动构建学习环境	4.55	0.76	0.17
		主动寻求评价反馈	4.70	0.47	0.10
	交流合作	选择恰当的交流合作工具	4.50	0.76	0.17
		清晰有效地进行交流	4.60	0.50	0.11
		为交流对象定制表达方式	4.45	0.61	0.14
		使用技术与各类群体合作	4.30	0.66	0.15
		在合作中胜任不同任务角色	4.50	0.51	0.11
	问题解决	选择有意义真实问题	4.65	0.49	0.11
		以批判视角分析问题	4.60	0.60	0.13
		合作协商中解决问题	4.65	0.49	0.11
		以计算思维解决问题	4.55	0.76	0.17
	创新创造	主动创新意识	4.80	0.41	0.09
		具备开放包容等创新品质	4.50	0.61	0.13
		在知识建构中提出新观点	4.60	0.50	0.11
		提出新颖的问题解决方案	4.80	0.41	0.09
		将新想法创作为作品	4.75	0.55	0.12
数字化学习道德、法律与责任	价值观与道德规范	公平、正义和善良的价值观	4.75	0.55	0.12
		爱国主义的价值观	4.80	0.41	0.09
		遵守社会道德规范	4.80	0.41	0.09
		维护个人数字声誉	4.70	0.47	0.10
	法律、安全与责任	遵守国家法律法规	4.85	0.37	0.08
		维护社会信息安全	4.90	0.31	0.06
		维护个人数据安全	4.90	0.31	0.06
		尊重知识产权	4.80	0.41	0.09
		健康的技术使用习惯	4.70	0.47	0.10

依据专家评议结果及修改意见，将变异系数大于 0.20 的"解决常见的技术故障"和"不断学习新技术"指标删除；将与"主动学习"中三级指标有所重复的"合作协商中解决问题"指标删除；将"搜索数据、信息与知识""评估数据、信息与知识""管理数据、信息与知识""初步应用数据、信息与知识""主动选择学习目标""具备开放包容等创新品质"等指标修订为

"准确搜索数据、信息与知识""科学评估数据、信息与知识""有效管理数据、信息与知识""合理应用数据、信息与知识""主动制定学习目标""具备勇于尝试的创新品质"等；将"为交流对象定制表达方式""使用技术与各类群体合作"两项指标合并后修改为"根据需求选择适宜的合作对象"等；将"法律法规与安全"下的三级指标"健康的技术使用习惯"归属于"价值观与道德规范"二级指标下。修正后的三级指标如表7所示。

➢ 请您对表7中修正后的三级指标进行评议：

表7 三级指标咨询表

一级指标	二级指标	三级指标	重要程度	修改意见
基础性数字化学习能力	技术操作类知识与技能	掌握信息技术基础知识		
		会使用基础性技术工具		
	信息与数据素养	准确搜索数据、信息与知识		
		科学评估数据、信息与知识		
		有效管理数据、信息与知识		
		合理应用数据、信息与知识		
创新性数字化学习能力	主动学习	主动制定学习目标		
		主动选择学习内容		
		主动制定学习策略		
		主动构建学习环境		
		主动寻求评价反馈		
	交流合作	选择恰当的交流合作工具		
		清晰有效地进行交流		
		根据需求选择适宜的合作对象		
		在合作中胜任不同任务角色		
	问题解决	发现并选择有意义真实问题		
		以批判视角分析问题		
		迭代循环中优化问题解决方案		
	创新创造	具备主动创新意识		
		具备勇于尝试的创新品质		
		在知识建构中提出新观点		
		提出新颖的问题解决方案		
		将新想法创作为作品		

（续表）

一级指标	二级指标	三级指标	重要程度	修改意见
数字化学习道德与法律	价值观与道德规范	公平、正义和善良的价值观		
		爱国主义的价值观		
		遵守社会道德规范		
		维护个人数字声誉		
		健康的技术使用习惯		
	法律法规与安全	遵守国家法律法规		
		维护社会信息安全		
		维护个人信息安全		
		尊重知识产权		

其他您认为重要的指导意见：

第四部分：专家权威程度自评表

尊敬的专家：

为了保证研究的质量，我们需要了解您对咨询内容的熟悉程度，以及您填写本次信息的判断依据。请您在相应的空格处打"√"。

1. 您对咨询内容的熟悉程度：

非常熟悉	熟悉	不确定	不熟悉	非常不熟悉

2. 您对咨询内容填写的判断依据：

判断依据	影响程度		
	多	中	少
理论分析			
实践经验			
国内外同行了解			
个人直觉			

第五部分：专家基本信息调查表

1. 您的姓名

_____

2. 您的工作单位

_____

3. 您的性别（　　）

A. 男　　B. 女

4. 您的年龄（　　）

A. <30 岁　　　B. 30—39 岁　　C. 40—49 岁　　D. 50—59 岁　　E. >59 岁

5. 您的学历（　　）

A. 博士研究生　　B. 硕士研究生　C. 本科　　　　D. 专科

6. 您的工作职务与职称

_____

问卷填完之后，请发送至邮箱 554657555@qq.com 或微信 183××××　××××。问卷到此结束，再次感谢各位专家对本研究的大力支持！

附录三　中小学生数字化学习能力评价指标权重咨询问卷

尊敬的专家：

您好！首先诚挚感谢您一直以来对本研究的指导和支持。经过两轮专家咨询，我们最终确立了中小学生数字化学习能力评价指标，包含3个一级指标、8个二级指标、32个三级指标，如图1所示。此次调查旨在确立中小学生数字化学习能力各个评价指标的权重。

我们承诺收集的资料仅用于学术研究，绝不用于其他用途，绝不泄露您的个人信息。请您在百忙之中抽空填写问卷，并尽量于3日内返回。再次感谢您的指导和支持。问卷填写中如有疑问，可随时拨打电话183 xxxx xxxx（微信同号）。

附　录

```
中小学生数字化学习能力
├── 基础性数字化学习能力
│   ├── 操作类知识与技能
│   │   ├── 掌握信息技术基础知识
│   │   └── 会使用基础性技术工具
│   └── 信息与数据素养
│       ├── 准确搜索数据、信息与知识
│       ├── 科学评估数据、信息与知识
│       ├── 有效管理数据、信息与知识
│       └── 合理应用数据、信息与知识
├── 创新性数字化学习能力
│   ├── 主动学习
│   │   ├── 主动制定学习目标
│   │   ├── 主动选择学习内容
│   │   ├── 主动制定学习策略
│   │   ├── 主动构建学习环境
│   │   └── 主动寻求评价反馈
│   ├── 交流合作
│   │   ├── 选择恰当的交流合作工具
│   │   ├── 清晰有效地进行交流
│   │   ├── 根据需求选择适宜的合作对象
│   │   └── 在合作中胜任不同任务角色
│   ├── 问题解决
│   │   ├── 发现并选择有意义真实问题
│   │   ├── 以批判视角分析问题
│   │   └── 提出并持续优化问题解决方案
│   └── 创新创造
│       ├── 具备主动创新意识
│       ├── 具备勇于尝试的创新品质
│       ├── 在知识建构中提出新观点
│       ├── 提出新颖的问题解决方案
│       └── 将新想法创作为作品
└── 数字化学习道德与法律
    ├── 价值观与道德规范
    │   ├── 公平、正义和善良的价值观
    │   ├── 爱国主义的价值观
    │   ├── 遵守社会道德规范
    │   ├── 维护个人数字声誉
    │   └── 健康的技术使用习惯
    └── 法律法规与安全
        ├── 遵守国家法律法规
        ├── 维护社会信息安全
        ├── 维护个人信息安全
        └── 尊重知识产权
```

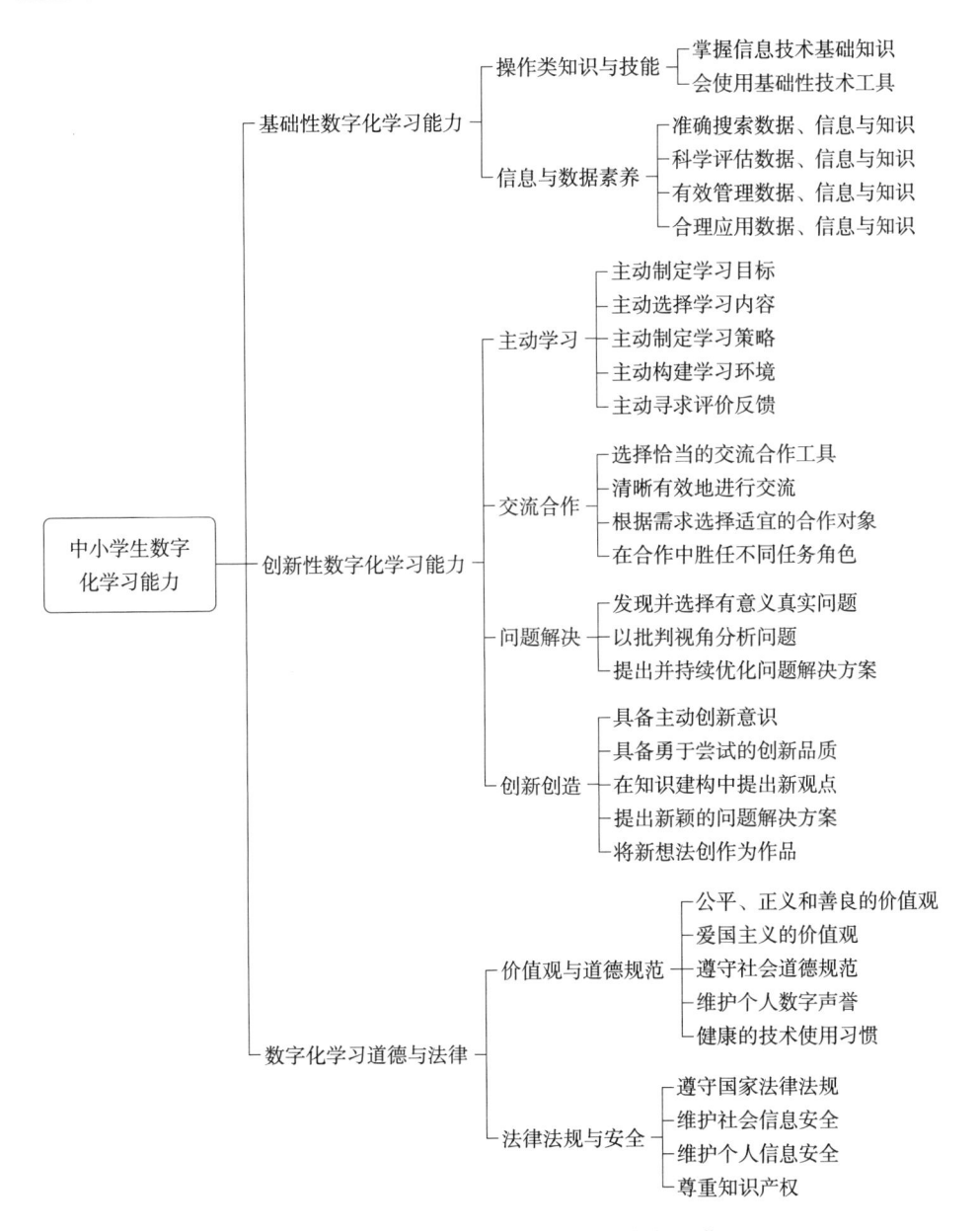

图1　中小学生数字化学习能力评价指标总览

填写说明：本研究运用AHP层次分析法计算权重，采用AHP层次分析法设计问卷，请您对各项指标之间的相对重要性进行比较，并选择对应数字，数字含义及说明如图2所示。

重要性级别	含义	说明
1	同样重要	两因素比较，具有相同的重要性
3	稍微重要	两因素比较，前者比后者稍微重要
5	明显重要	两因素比较，前者比后者明显重要
7	非常重要	两因素比较，前者比后者非常重要
9	极端重要	两因素比较，前者比后者极端重要
1/3	稍微不重要	两因素比较，前者比后者稍微不重要
1/5	明显不重要	两因素比较，前者比后者明显不重要
1/7	非常不重要	两因素比较，前者比后者非常不重要
1/9	极端不重要	两因素比较，前者比后者极端不重要

图2 AHP层次分析法对应数字的含义及说明

填写示例如图3所示：

1. 请您对中小学生数字化学习能力的构成指标（基础性数字化学习能力、创新性数字化学习能力、数字化学习道德与法律）进行两两比较，前者相对于后者对其影响的重要程度是：

	极端重要 9	非常重要 7	明显重要 5	稍微重要 3	同等重要 1	稍微不重要 1/3	明显不重要 1/5	非常不重要 1/7	极端不重要 1/9
基础性数字化学习能力/创新性数字化学习能力	○	○	○	○	○	○	○	○	○

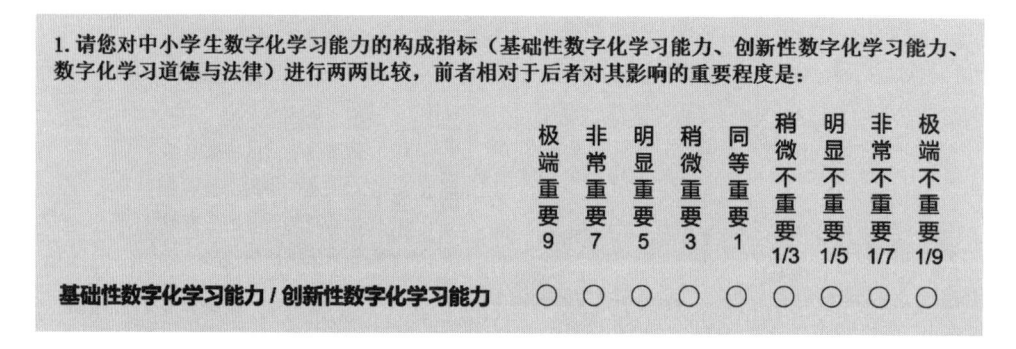

图3 填写示例

就中小学生数字化学习能力而言，指标"基础性数字化学习能力"和"创新性数字化学习能力"相比较：

若您认为"基础性数字化学习能力"对中小学生数字化学习能力的影响程度相对"创新性数字化学习能力"而言是极端重要的，请选择"9"；

若您认为二者对中小学生数字化学习能力的影响程度是同等重要的，请选择"1"；

若您认为"基础性数字化学习能力"对中小学生数字化学习能力的影响程度相对"创新性数字化学习能力"而言是明显不重要的，请选择"1/5"。

附　录

第一部分：中小学生数字化学习能力评价一级指标权重咨询

1.请您对"中小学生数字化学习能力"的构成指标（基础性数字化学习能力、创新性数字化学习能力、数字化学习道德与法律）进行两两比较，前者相对于后者，重要程度是：

指标项比较 重要程度	极端重要 9	非常重要 7	明显重要 5	稍微重要 3	同等重要 1	稍微不重要 1/3	明显不重要 1/5	非常不重要 1/7	极端不重要 1/9
基础性数字化学习能力 / 创新性数字化学习能力									
基础性数字化学习能力 / 数字化学习道德与法律									
创新性数字化学习能力 / 数字化学习道德与法律									

第二部分：中小学生数字化学习能力评价二级指标权重咨询

2.请您对"基础性数字化学习能力"的构成指标（操作类知识与技能、信息与数据素养）进行两两比较，前者相对于后者，重要程度是：

指标项比较 重要程度	极端重要 9	非常重要 7	明显重要 5	稍微重要 3	同等重要 1	稍微不重要 1/3	明显不重要 1/5	非常不重要 1/7	极端不重要 1/9
操作类知识与技能 / 信息与数据素养									

3.请您对"创新性数字化学习能力"的构成指标（主动学习、交流合作、问题解决、创新创造）进行两两比较，前者相对于后者，重要程度是：

指标项比较 重要程度	极端重要 9	非常重要 7	明显重要 5	稍微重要 3	同等重要 1	稍微不重要 1/3	明显不重要 1/5	非常不重要 1/7	极端不重要 1/9
主动学习 / 交流合作									
主动学习 / 问题解决									
主动学习 / 创新创造									
交流合作 / 问题解决									
交流合作 / 创新创造									
问题解决 / 创新创造									

4. 请您对"数字化学习道德与法律"的构成指标（价值观与道德规范、法律法规与安全）进行两两比较，前者相对于后者，重要程度是：

指标项比较 重要程度	极端重要 9	非常重要 7	明显重要 5	稍微重要 3	同等重要 1	稍微不重要 1/3	明显不重要 1/5	非常不重要 1/7	极端不重要 1/9
价值观与道德规范 / 法律法规与安全									

第三部分：中小学生数字化学习能力评价三级指标权重咨询

5. 请您对"操作类知识与技能"的构成指标（掌握信息技术基础知识、会使用基础性技术工具）进行两两比较，前者相对于后者，重要程度是：

指标项比较 重要程度	极端重要 9	非常重要 7	明显重要 5	稍微重要 3	同等重要 1	稍微不重要 1/3	明显不重要 1/5	非常不重要 1/7	极端不重要 1/9
掌握信息技术基础知识 / 会使用基础性技术工具									

6. 请您对"信息与数据素养"的构成指标（准确搜索数据、信息与知识，科学评估数据、信息与知识，有效管理数据、信息与知识，合理应用数据、信息与知识）进行两两比较，前者相对于后者，重要程度是：

指标项比较 重要程度	极端重要 9	非常重要 7	明显重要 5	稍微重要 3	同等重要 1	稍微不重要 1/3	明显不重要 1/5	非常不重要 1/7	极端不重要 1/9
准确搜索数据、信息与知识 / 科学评估数据、信息与知识									
准确搜索数据、信息与知识 / 有效管理数据、信息与知识									
准确搜索数据、信息与知识 / 合理应用数据、信息与知识									
科学评估数据、信息与知识 / 有效管理数据、信息与知识									
科学评估数据、信息与知识 / 合理应用数据、信息与知识									
有效管理数据、信息与知识 / 合理应用数据、信息与知识									

7.请您对"主动学习"的构成指标（主动制定学习目标、主动选择学习内容、主动制定学习策略、主动构建学习环境、主动寻求评价反馈）进行两两比较，前者相对于后者，重要程度是：

指标项比较 重要程度	极端重要 9	非常重要 7	明显重要 5	稍微重要 3	同等重要 1	稍微不重要 1/3	明显不重要 1/5	非常不重要 1/7	极端不重要 1/9
主动制定学习目标 / 主动选择学习内容									
主动制定学习目标 / 主动制定学习策略									
主动制定学习目标 / 主动构建学习环境									
主动制定学习目标 / 主动寻求评价反馈									
主动选择学习内容 / 主动制定学习策略									
主动选择学习内容 / 主动构建学习环境									
主动选择学习内容 / 主动寻求评价反馈									
主动制定学习策略 / 主动构建学习环境									
主动制定学习策略 / 主动寻求评价反馈									
主动构建学习环境 / 主动寻求评价反馈									

8. 请您对"交流合作"的构成指标（选择恰当的交流合作工具、清晰有效地进行交流、根据需求选择适宜的合作对象、在合作中胜任不同任务角色）进行两两比较，前者相对于后者，重要程度是：

指标项比较 重要程度	极端重要 9	非常重要 7	明显重要 5	稍微重要 3	同等重要 1	稍微不重要 1/3	明显不重要 1/5	非常不重要 1/7	极端不重要 1/9
选择恰当的交流合作工具 / 清晰有效地进行交流									
选择恰当的交流合作工具 / 根据需求选择适宜的合作对象									
选择恰当的交流合作工具 / 在合作中胜任不同任务角色									
清晰有效地进行交流 / 根据需求选择适宜的合作对象									
清晰有效地进行交流 / 在合作中胜任不同任务角色									
根据需求选择适宜的合作对象 / 在合作中胜任不同任务角色									

9. 请您对"问题解决"的构成指标（发现并选择有意义真实问题、以批判视角分析问题、提出并持续优化问题解决方案）进行两两比较，前者相对于后者，重要程度是：

指标项比较 重要程度	极端重要 9	非常重要 7	明显重要 5	稍微重要 3	同等重要 1	稍微不重要 1/3	明显不重要 1/5	非常不重要 1/7	极端不重要 1/9
发现并选择有意义真实问题 / 以批判视角分析问题									
发现并选择有意义真实问题 / 提出并持续优化问题解决方案									
以批判视角分析问题 / 提出并持续优化问题解决方案									

10. 请您对"创新创造"的构成指标（具备主动创新意识、具备勇于尝试的创新品质、在知识建构中提出新观点、提出新颖的问题解决方案、将新想法创作为作品）进行两两比较，前者相对于后者，重要程度是：

指标项比较 重要程度	极端重要 9	非常重要 7	明显重要 5	稍微重要 3	同等重要 1	稍微不重要 1/3	明显不重要 1/5	非常不重要 1/7	极端不重要 1/9
具备主动创新意识 / 具备勇于尝试的创新品质									
具备主动创新意识 / 在知识建构中提出新观点									
具备主动创新意识 / 提出新颖的问题解决方案									
具备主动创新意识 / 将新想法创作为作品									
具备勇于尝试的创新品质 / 在知识建构中提出新观点									
具备勇于尝试的创新品质 / 提出新颖的问题解决方案									
具备勇于尝试的创新品质 / 将新想法创作为作品									
在知识建构中提出新观点 / 提出新颖的问题解决方案									
在知识建构中提出新观点 / 将新想法创作为作品									
提出新颖的问题解决方案 / 将新想法创作为作品									

11. 请您对"价值观与道德规范"的构成指标（公平、正义和善良的价值观，爱国主义的价值观，遵守社会道德规范，维护个人数字声誉，健康的技术使用习惯）进行两两比较，前者相对于后者，重要程度是：

指标项比较 重要程度	极端重要 9	非常重要 7	明显重要 5	稍微重要 3	同等重要 1	稍微不重要 1/3	明显不重要 1/5	非常不重要 1/7	极端不重要 1/9
公平、正义和善良的价值观 / 爱国主义的价值观									
公平、正义和善良的价值观 / 遵守社会道德规范									
公平、正义和善良的价值观 / 维护个人数字声誉									
公平、正义和善良的价值观 / 健康的技术使用习惯									
爱国主义的价值观 / 遵守社会道德规范									
爱国主义的价值观 / 维护个人数字声誉									
爱国主义的价值观 / 健康的技术使用习惯									
遵守社会道德规范 / 维护个人数字声誉									
遵守社会道德规范 / 健康的技术使用习惯									
维护个人数字声誉 / 健康的技术使用习惯									

12. 请您对"法律法规与安全"的构成指标（遵守国家法律法规、维护社会信息安全、维护个人信息安全、尊重知识产权）进行两两比较，前者相对于后者，重要程度是：

指标项比较 重要程度	极端重要 9	非常重要 7	明显重要 5	稍微重要 3	同等重要 1	稍微不重要 1/3	明显不重要 1/5	非常不重要 1/7	极端不重要 1/9
遵守国家法律法规 / 维护社会信息安全									
遵守国家法律法规 / 维护个人信息安全									
遵守国家法律法规 / 尊重知识产权									
维护社会信息安全 / 维护个人信息安全									
维护社会信息安全 / 尊重知识产权									
维护个人信息安全 / 尊重知识产权									

13. 其他指导意见：

_____

_____

第四部分：专家权威程度自评表

尊敬的专家：

为了保证研究的质量，我们需要了解您对咨询内容的熟悉程度，以及您填写本次信息的判断依据。请您在相应的空格处打"√"。

1. 您对咨询内容的熟悉程度：

非常熟悉	熟悉	不确定	不熟悉	非常不熟悉

2. 您对咨询内容填写的判断依据：

判断依据	影响程度		
	多	中	少
理论分析			
实践经验			
国内外同行了解			
个人直觉			

第五部分：专家基本信息调查表

1. 您的姓名

_____

2. 您的工作单位

_____

3. 您的性别（　　）

A. 男　　B. 女

4.您的年龄（   ）

A.<30岁　　　　B.30—39岁　　C.40—49岁　　D.50—59岁　　E.>59岁

5.您的学历（   ）

A.博士研究生　　B.硕士研究生　C.本科　　　　D.专科

6.您的工作职务与职称

问卷到此结束，再次感谢各位专家对本研究的大力支持！

附录四 中小学生数字化学习能力评价指标体系

一级指标	权重	二级指标	权重	三级指标	权重	评定等级 优秀	良好	一般	较差
基础性数字化学习能力	0.3468	操作类知识与技能	0.1539	掌握信息技术基础知识	0.0645				
				会使用基础性技术工具	0.0894				
		信息与数据素养	0.1930	准确搜索数据、信息与知识	0.0552				
				科学评估数据、信息与知识	0.0478				
				有效管理数据、信息与知识	0.0299				
				合理应用数据、信息与知识	0.0601				
创新性数字化学习能力	0.3220	主动学习	0.1182	主动制定学习目标	0.0332				
				主动选择学习内容	0.0247				
				主动制定学习策略	0.0278				
				主动构建学习环境	0.0137				
				主动寻求评价反馈	0.0187				
		交流合作	0.0615	选择恰当的交流合作工具	0.0112				
				清晰有效地进行交流	0.0186				
				根据需求选择适宜的合作对象	0.0150				
				在合作中胜任不同任务角色	0.0167				
		问题解决	0.0730	发现并选择有意义真实问题	0.0256				
				以批判视角分析问题	0.0236				
				提出并持续优化问题解决方案	0.0237				
		创新创造	0.0693	具备主动创新意识	0.0182				
				具备勇于尝试的创新品质	0.0137				
				在知识建构中提出新观点	0.0120				
				提出新颖的问题解决方案	0.0143				
				将新想法创作为作品	0.0111				

一级指标	权重	二级指标	权重	三级指标	权重	评定等级			
						优秀	良好	一般	较差
数字化学习道德与法律	0.3312	价值观与道德规范	0.1953	公平、正义和善良的价值观	0.0464				
				爱国主义的价值观	0.0438				
				遵守社会道德规范	0.0350				
				维护个人数字声誉	0.0330				
				健康的技术使用习惯	0.0372				
		法律法规与安全	0.1359	遵守国家法律法规	0.0425				
				维护社会信息安全	0.0315				
				维护个人信息安全	0.0296				
				尊重知识产权	0.0323				

附录五　中小学生数字化学习能力发展现状调查问卷（小学高年级学生）

小学生数字化学习能力发展现状调查问卷

亲爱的同学：

您好！为了解小学生数字化学习能力发展现状，特做此调查。数字化学习是指使用电脑、手机等设备借助数字化资源进行的学习活动，包括课内的数字化学习和课外的数字化学习。数字化学习能力即为学生完成数字化学习的能力。

问卷采用5等级积分进行评定，1为完全不符合，2为基本不符合，3为一般，4为基本符合，5为完全符合。所有题目都没有"正确答案"，请凭您读完句子之后的第一印象选择最贴近自己情况的选项，在最合适的选项上打"√"。问卷采取不记名方式，请大家放心填答。非常感谢您的支持！

● **个人基本信息**

1. 您的性别：

A. 男　　　　B. 女

2. 您的年级：

A. 四年级　　B. 五年级　　C. 六年级

3. 学校所在地：

A. 城市　　　B. 县镇　　　C. 农村

4. 您在学习中使用频率最高的电子设备（单选题）：

A. 手机　　　B. 平板　　　C. 电脑　　　D. 其他

5. 您每周的数字化学习时长：

A. 2小时以下　B. 2—4小时　C. 4—6小时　D. 6—8小时　E. 8小时以上

● **基础性数字化学习能力**

6. 我掌握电脑操作的基础知识。

A. 完全不符合　B. 基本不符合　C. 一般　D. 基本符合　E. 完全符合

7. 我能制作PPT演示文稿。

A. 完全不符合　B. 基本不符合　C. 一般　D. 基本符合　E. 完全符合

8. 我能从互联网上下载图片等文件。

A. 完全不符合　B. 基本不符合　C. 一般　D. 基本符合　E. 完全符合

9. 我能给电脑安装QQ等应用软件。

A. 完全不符合　B. 基本不符合　C. 一般　D. 基本符合　E. 完全符合

10. 遇到不懂的问题，我会从互联网上查找答案。

A. 完全不符合　B. 基本不符合　C. 一般　D. 基本符合　E. 完全符合

11. 我能够大致判断从网络上查找到的知识是否可信。

A. 完全不符合　B. 基本不符合　C. 一般　D. 基本符合　E. 完全符合

12. 我善于把视频等资源在电脑中分类存放，方便使用。

A. 完全不符合　B. 基本不符合　C. 一般　D. 基本符合　E. 完全符合

● **创新性数字化学习能力**

13. 我能根据学习目标，主动选择适合自己的课程学习内容，如，视频形式的学习内容。

A. 完全不符合　B. 基本不符合　C. 一般　D. 基本符合　E. 完全符合

14. 我能主动选择适合自己的学习方法以完成学习目标，如，进行独立自主学习。

    A. 完全不符合　　B. 基本不符合　　C. 一般　　D. 基本符合　　E. 完全符合

15. 我善于在网络上发信息寻求帮助，和网友讨论学习问题。

    A. 完全不符合　　B. 基本不符合　　C. 一般　　D. 基本符合　　E. 完全符合

16. 我知道如何使用WORD等技术手段向老师和同学呈现自己的作品和学习成果。

    A. 完全不符合　　B. 基本不符合　　C. 一般　　D. 基本符合　　E. 完全符合

17. 我能熟练使用QQ等工具与他人交流学习内容。

    A. 完全不符合　　B. 基本不符合　　C. 一般　　D. 基本符合　　E. 完全符合

18. 我善于使用图片、图表等技术手段，清楚明白地表达自己的观点或想法。

    A. 完全不符合　　B. 基本不符合　　C. 一般　　D. 基本符合　　E. 完全符合

19. 我能根据自身学习需求选择合适的学习伙伴。

    A. 完全不符合　　B. 基本不符合　　C. 一般　　D. 基本符合　　E. 完全符合

20. 在小组合作学习中，我善于完成合作学习任务。

    A. 完全不符合　　B. 基本不符合　　C. 一般　　D. 基本符合　　E. 完全符合

21. 我善于发现生活或学习中的有趣问题。

    A. 完全不符合　　B. 基本不符合　　C. 一般　　D. 基本符合　　E. 完全符合

22. 我善于收集真实可信的数据以解决问题。

    A. 完全不符合　　B. 基本不符合　　C. 一般　　D. 基本符合　　E. 完全符合

23. 我善于独立提出问题解决方案。

    A. 完全不符合　　B. 基本不符合　　C. 一般　　D. 基本符合　　E. 完全符合

24. 我善于综合大量知识，提出自己独特的观点或见解。

    A. 完全不符合　　B. 基本不符合　　C. 一般　　D. 基本符合　　E. 完全符合

25. 在解决问题时，我善于提出解决问题的新思路。
   A. 完全不符合　　B. 基本不符合　　C. 一般　　D. 基本符合　　E. 完全符合

26. 我喜欢用我自己已学会的软件去制作一些有趣的电子作品。
   A. 完全不符合　　B. 基本不符合　　C. 一般　　D. 基本符合　　E. 完全符合

● **数字化学习道德与法律**

27. 在数字化学习中，我乐于将自己的知识教授给他人。
   A. 完全不符合　　B. 基本不符合　　C. 一般　　D. 基本符合　　E. 完全符合

28. 在使用网络进行学习时，我文明发言，不说脏话。
   A. 完全不符合　　B. 基本不符合　　C. 一般　　D. 基本符合　　E. 完全符合

29. 我能够自觉抵制网络上的垃圾信息或有害信息。
   A. 完全不符合　　B. 基本不符合　　C. 一般　　D. 基本符合　　E. 完全符合

30. 学习中，我会避免长时间使用电脑、手机、平板等设备。
   A. 完全不符合　　B. 基本不符合　　C. 一般　　D. 基本符合　　E. 完全符合

31. 在使用网络进行学习时，我积极抵制谣言等不可信内容。
   A. 完全不符合　　B. 基本不符合　　C. 一般　　D. 基本符合　　E. 完全符合

32. 在使用网络时，我注重保护个人信息安全，防止个人账户、密码等泄露。
   A. 完全不符合　　B. 基本不符合　　C. 一般　　D. 基本符合　　E. 完全符合

33. 在创作电子作品时，如果使用了别人的作品，我会在自己的作品中说明。
   A. 完全不符合　　B. 基本不符合　　C. 一般　　D. 基本符合　　E. 完全符合

问卷到此结束，谢谢您的参与！

附录六　中小学生数字化学习能力发展现状调查问卷（初中生）

初中生数字化学习能力发展现状调查问卷

亲爱的同学：

　　您好！为了解初中生数字化学习能力发展现状，特做此调查。数字化学习是指使用电脑、手机等设备借助数字化资源进行的学习活动，包括课内的数字化学习和课外的数字化学习。数字化学习能力即为学生完成数字化学习的能力。

　　问卷采用5等级积分进行评定，5为完全符合，4为基本符合，3为一般，2为基本不符合，1为完全不符合。所有题目都没有"正确答案"，请凭您读完句子之后的第一印象选择最贴近自己情况的选项，在最合适的选项上打"√"。问卷采取不记名方式，请大家放心填答。非常感谢您的支持！

● 个人基本信息

1. 您的性别：

A. 男　　　　B. 女

2. 您的年级：

A. 初一　　　B. 初二　　　C. 初三

3. 学校所在地：

A. 城市　　　B. 县镇　　　C. 农村

4. 您在学习中使用频率最高的电子设备（单选题）：

A. 手机　　　B. 平板　　　C. 电脑　　　D. 其他

5. 您每周的数字化学习时长：

A. 2小时以下　B. 2—4小时　C. 4—6小时　D. 6—8小时　E. 8小时以上

● **基础性数字化学习能力**

6. 我掌握电脑操作的基础知识。

A. 完全符合　　B. 基本符合　　C. 一般　　D. 基本不符合　　E. 完全不符合

7. 我能熟练地在PPT演示文稿中插入图片。

A. 完全符合　　B. 基本符合　　C. 一般　　D. 基本不符合　　E. 完全不符合

8. 我能从互联网上下载视频等文件。

A. 完全符合　　B. 基本符合　　C. 一般　　D. 基本不符合　　E. 完全不符合

9. 我能给电脑安装QQ等应用软件。

A. 完全符合　　B. 基本符合　　C. 一般　　D. 基本不符合　　E. 完全不符合

10. 我通常能够描述出我所需要信息的大致范围。

A. 完全符合　　B. 基本符合　　C. 一般　　D. 基本不符合　　E. 完全不符合

11. 遇到不懂的问题，我会从互联网上查找答案。

A. 完全符合　　B. 基本符合　　C. 一般　　D. 基本不符合　　E. 完全不符合

12. 我能够大致判断从网络上查找到的知识是否可信。

A. 完全符合　　B. 基本符合　　C. 一般　　D. 基本不符合　　E. 完全不符合

13. 我善于把视频等资源在电脑中分类存放，方便使用。

A. 完全符合　　B. 基本符合　　C. 一般　　D. 基本不符合　　E. 完全不符合

● **创新性数字化学习能力**

14. 我能够清楚地阐述学习目标，如，清楚地知道每天或每周的课程学习目标。

A. 完全符合　　B. 基本符合　　C. 一般　　D. 基本不符合　　E. 完全不符合

15. 我能根据学习目标，主动选择适合自己的课程学习内容，如，视频形式的学习内容。

A. 完全符合　　B. 基本符合　　C. 一般　　D. 基本不符合　　E. 完全不符合

16. 我能主动选择适合自己的学习方法以完成学习目标，如，进行独立自主学习。

A. 完全符合　　B. 基本符合　　C. 一般　　D. 基本不符合　　E. 完全不符合

17. 我善于在网络上发信息寻求帮助，和网友讨论学习问题。

A. 完全符合　　B. 基本符合　　C. 一般　　D. 基本不符合　　E. 完全不符合

18. 我知道如何使用PPT等技术手段向老师和同学呈现自己的作品和学习成果。

A. 完全符合　　B. 基本符合　　C. 一般　　D. 基本不符合　　E. 完全不符合

19. 我能熟练使用QQ等工具与他人交流学习内容。

A. 完全符合　　B. 基本符合　　C. 一般　　D. 基本不符合　　E. 完全不符合

20. 我善于使用图片、图表等技术手段，清楚明白地表达自己的观点或想法。

A. 完全符合　　B. 基本符合　　C. 一般　　D. 基本不符合　　E. 完全不符合

21. 我能根据自身学习需求选择合适的学习伙伴。

A. 完全符合　　B. 基本符合　　C. 一般　　D. 基本不符合　　E. 完全不符合

22. 在小组合作学习中，我善于完成合作学习任务。

A. 完全符合　　B. 基本符合　　C. 一般　　D. 基本不符合　　E. 完全不符合

23. 我善于结合生活和学习实际，提出有意义的需要解决的问题。

A. 完全符合　　B. 基本符合　　C. 一般　　D. 基本不符合　　E. 完全不符合

24. 我善于收集真实可信的数据以解决问题。

A. 完全符合　　B. 基本符合　　C. 一般　　D. 基本不符合　　E. 完全不符合

25. 我善于独立提出问题解决方案。

    A. 完全符合　　B. 基本符合　　C. 一般　　D. 基本不符合　　E. 完全不符合

26. 我善于在实践中不断改进问题解决方案。

    A. 完全符合　　B. 基本符合　　C. 一般　　D. 基本不符合　　E. 完全不符合

27. 我善于综合大量知识，提出自己独特的观点或见解。

    A. 完全符合　　B. 基本符合　　C. 一般　　D. 基本不符合　　E. 完全不符合

28. 在解决问题时，我善于提出解决问题的新思路。

    A. 完全符合　　B. 基本符合　　C. 一般　　D. 基本不符合　　E. 完全不符合

29. 我喜欢用我自己已学会的软件去创作一些有趣的电子作品。

    A. 完全符合　　B. 基本符合　　C. 一般　　D. 基本不符合　　E. 完全不符合

30. 在使用技术工具创作作品时，我能够做到坚持不懈地不断尝试。

    A. 完全符合　　B. 基本符合　　C. 一般　　D. 基本不符合　　E. 完全不符合

● **数字化学习道德与法律**

31. 在数字化学习中，我乐于将自己的知识教授给他人。

    A. 完全符合　　B. 基本符合　　C. 一般　　D. 基本不符合　　E. 完全不符合

32. 在数字化学习中，我喜欢浏览反映国家和社会先进事迹的相关内容。

    A. 完全符合　　B. 基本符合　　C. 一般　　D. 基本不符合　　E. 完全不符合

33. 在使用网络时，我文明发言，不说脏话。

    A. 完全符合　　B. 基本符合　　C. 一般　　D. 基本不符合　　E. 完全不符合

34. 我能够自觉抵制网络上的垃圾信息或有害信息。

    A. 完全符合　　B. 基本符合　　C. 一般　　D. 基本不符合　　E. 完全不符合

35. 学习中，我会避免长时间使用电脑、手机、平板等设备。

    A. 完全符合　　B. 基本符合　　C. 一般　　D. 基本不符合　　E. 完全不符合

36. 在使用网络进行学习时，我积极抵制谣言等不可信内容。

A. 完全符合　　B. 基本符合　　C. 一般　　D. 基本不符合　　E. 完全不符合

37. 在使用公共电脑时，我不会泄露他人的数据和信息。

A. 完全符合　　B. 基本符合　　C. 一般　　D. 基本不符合　　E. 完全不符合

38. 在创作电子作品时，如果使用了别人的作品，我会在自己的作品中说明。

A. 完全符合　　B. 基本符合　　C. 一般　　D. 基本不符合　　E. 完全不符合

问卷到此结束，谢谢您的参与！

附录七　中小学生数字化学习能力发展现状调查问卷（高中生）

高中生数字化学习能力发展现状调查问卷

亲爱的同学：

您好！为了解高中生数字化学习能力发展现状，特做此调查。数字化学习是指使用电脑、手机等设备借助数字化资源进行的学习活动，包括课内的数字化学习和课外的数字化学习。数字化学习能力即为学生完成数字化学习的能力。

问卷采用5等级积分进行评定，5为完全符合，4为基本符合，3为一般，2为基本不符合，1为完全不符合。所有题目都没有"正确答案"，请凭您读完句子之后的第一印象选择最贴近自己情况的选项，在最合适的选项上打"√"。问卷采取不记名方式，请大家放心填答。非常感谢您的支持！

● **个人基本信息**

1. 您的性别：

   A. 男　　　　B. 女

2. 您的年级：

   A. 高一　　　B. 高二　　　C. 高三

3. 学校所在地：

   A. 城市　　　B. 县镇　　　C. 农村

4. 您在学习中使用频率最高的电子设备（单选题）：

   A. 手机　　　B. 平板　　　C. 电脑　　　D. 其他

5. 您每周的数字化学习时长：

A. 2小时以下　B. 2—4小时　C. 4—6小时　D. 6—8小时　E. 8小时以上

● **基础性数字化学习能力**

6. 我掌握电脑操作的基础知识。

A. 完全符合　　B. 基本符合　　C. 一般　　D. 基本不符合　　E. 完全不符合

7. 我了解电脑上网的基本原理。

A. 完全符合　　B. 基本符合　　C. 一般　　D. 基本不符合　　E. 完全不符合

8. 我能熟练地制作PPT演示文稿。

A. 完全符合　　B. 基本符合　　C. 一般　　D. 基本不符合　　E. 完全不符合

9. 我能熟练地从互联网上下载视频等文件。

A. 完全符合　　B. 基本符合　　C. 一般　　D. 基本不符合　　E. 完全不符合

10. 我能熟练地给电脑安装或卸载QQ等应用软件。

A. 完全符合　　B. 基本符合　　C. 一般　　D. 基本不符合　　E. 完全不符合

11. 我通常能够清晰地描述出我所需要的信息。

A. 完全符合　　B. 基本符合　　C. 一般　　D. 基本不符合　　E. 完全不符合

12. 我掌握个性化的信息或知识查找策略。如，定期浏览自己感兴趣的专题网站。

A. 完全符合　　B. 基本符合　　C. 一般　　D. 基本不符合　　E. 完全不符合

13. 我能够大致判断从网络上查找到的知识是否可信。

A. 完全符合　　B. 基本符合　　C. 一般　　D. 基本不符合　　E. 完全不符合

14. 我善于把视频等资源在电脑中分类存放，方便使用。

A. 完全符合　　B. 基本符合　　C. 一般　　D. 基本不符合　　E. 完全不符合

● 创新性数字化学习能力

15. 我能够清楚地阐述学习目标，如，使用思维导图等清楚地记录每周的学习目标。

A. 完全符合　　B. 基本符合　　C. 一般　　D. 基本不符合　　E. 完全不符合

16. 我能根据学习目标，主动选择适合自己的课程学习内容，如，视频形式的学习内容。

A. 完全符合　　B. 基本符合　　C. 一般　　D. 基本不符合　　E. 完全不符合

17. 我能主动选择适合自己的学习方法以完成学习目标，如，使用网络课程独立自主学习。

A. 完全符合　　B. 基本符合　　C. 一般　　D. 基本不符合　　E. 完全不符合

18. 我善于在网络上发信息寻求帮助，和他人讨论学习问题。

A. 完全符合　　B. 基本符合　　C. 一般　　D. 基本不符合　　E. 完全不符合

19. 我会使用PPT等技术手段向老师和同学呈现自己的作品或学习成果。

A. 完全符合　　B. 基本符合　　C. 一般　　D. 基本不符合　　E. 完全不符合

20. 我能熟练使用QQ等工具与他人交流学习内容。

A. 完全符合　　B. 基本符合　　C. 一般　　D. 基本不符合　　E. 完全不符合

21. 我善于使用图片、图表等技术工具，清楚明白地表达自己的观点或想法。

A. 完全符合　　B. 基本符合　　C. 一般　　D. 基本不符合　　E. 完全不符合

22. 在数字化学习中，我能根据自身学习需求选择合适的学习伙伴。

A. 完全符合　　B. 基本符合　　C. 一般　　D. 基本不符合　　E. 完全不符合

23. 在数字化学习中，我能够根据合作需要，完成相应的合作学习任务。

A. 完全符合　　B. 基本符合　　C. 一般　　D. 基本不符合　　E. 完全不符合

24. 我善于结合生活和学习实际，提出有意义的需要解决的问题。

A. 完全符合　　B. 基本符合　　C. 一般　　D. 基本不符合　　E. 完全不符合

25. 我善于收集真实可信的数据以解决问题，如，使用相机等记录种子发芽的过程，以回答种子如何发芽这个问题。

A. 完全符合　　B. 基本符合　　C. 一般　　D. 基本不符合　　E. 完全不符合

26. 我善于独立解决问题，如，独立使用技术工具收集资料，梳理家乡的历史。

A. 完全符合　　B. 基本符合　　C. 一般　　D. 基本不符合　　E. 完全不符合

27. 我善于在实践中不断改进问题解决方案。

A. 完全符合　　B. 基本符合　　C. 一般　　D. 基本不符合　　E. 完全不符合

28. 我主动利用技术工具去了解和探索新事物。

A. 完全符合　　B. 基本符合　　C. 一般　　D. 基本不符合　　E. 完全不符合

29. 在数字化学习中，我善于综合大量知识，提出自己独特的观点或见解。

A. 完全符合　　B. 基本符合　　C. 一般　　D. 基本不符合　　E. 完全不符合

30. 在数字化学习中，我善于提出解决问题的新思路。

A. 完全符合　　B. 基本符合　　C. 一般　　D. 基本不符合　　E. 完全不符合

31. 我喜欢用我自己已学会的软件去创作一些有趣的电子作品。

A. 完全符合　　B. 基本符合　　C. 一般　　D. 基本不符合　　E. 完全不符合

32. 在创作电子作品时，我能够坚持不懈地不断尝试。

A. 完全符合　　B. 基本符合　　C. 一般　　D. 基本不符合　　E. 完全不符合

● **数字化学习道德与法律**

33. 在数字化学习中，我乐于将自己的知识教授给他人。

A. 完全符合　　B. 基本符合　　C. 一般　　D. 基本不符合　　E. 完全不符合

34. 在数字化学习中，我喜欢浏览反映国家和社会先进事迹的相关内容。

A. 完全符合　　B. 基本符合　　C. 一般　　D. 基本不符合　　E. 完全不符合

35. 在使用网络时,我文明发言,不说脏话。

A. 完全符合　　B. 基本符合　　C. 一般　　D. 基本不符合　　E. 完全不符合

36. 在网络世界中,我主动塑造自己积极正面的个人数字形象。

A. 完全符合　　B. 基本符合　　C. 一般　　D. 基本不符合　　E. 完全不符合

37. 学习中,我会避免长时间使用电脑、手机、平板等设备。

A. 完全符合　　B. 基本符合　　C. 一般　　D. 基本不符合　　E. 完全不符合

38. 我能够自觉抵制网络上的垃圾信息或有害信息。

A. 完全符合　　B. 基本符合　　C. 一般　　D. 基本不符合　　E. 完全不符合

39. 在使用公共电脑时,未经他人同意,我不会传播他人的个人数据或信息。

A. 完全符合　　B. 基本符合　　C. 一般　　D. 基本不符合　　E. 完全不符合

40. 我会对手机、电脑等个人设备的隐私权限作针对性设置(如禁止某 App 访问相册等)。

A. 完全符合　　B. 基本符合　　C. 一般　　D. 基本不符合　　E. 完全不符合

41. 在创作电子作品时,如果使用了别人的作品,我会在自己的作品中说明。

A. 完全符合　　B. 基本符合　　C. 一般　　D. 基本不符合　　E. 完全不符合

42. 您认为哪些因素会影响您的数字化学习能力发展?

_____

_____

问卷到此结束,谢谢您的参与!

附录八　中小学生数字化学习能力访谈提纲（学生版）

1. 请简要介绍学校信息化基础设施情况，包括学校网络带宽、教室信息化设备情况、学生计算机教室设备情况、创客实验室、STEAM 教室、机器人教室等。
2. 请简要介绍学校信息化教学资源和学习资源建设情况，包括学校网络教学平台或学习平台建设、教师信息化教学资源和学生数字化学习资源建设情况。
3. 请简要介绍学校信息化应用能力情况，包括教师信息技术应用能力、学生信息技术应用能力等。
4. 请简要介绍家庭成员信息素养情况。
5. 请简要介绍教师日常信息化教学开展情况。
6. 请简要介绍自己的数字化学习情况，包括课内和课外数字化学习情况。
7. 请简要介绍信息技术课程学习情况，包括信息技术课程内容、每周上几节课、信息技术知识与技能掌握情况。
8. 追问学生基础性数字化学习能力发展情况（访谈内容可参考各个学段学生数字化学习能力评价标准）。

（1）自我评价数字化学习中信息技术操作类知识与技能掌握情况，如，信息技术基础知识掌握情况，信息技术工具掌握情况，并举例说明。根据访谈情境适当追问。

（2）自我评价数字化学习中信息与数据素养情况，如，准确搜索数据、信息与知识的情况，科学评估数据、信息与知识的情况，有效管理数据、信息与知识的情况，合理应用数据、信息与知识的情况，并举例说明。根据访谈情境适当追问。

9. 追问学生创新性数字化学习能力发展情况（访谈内容可参考各个学段学生数字化学习能力评价标准）。

（1）自我评价数字化学习中主动学习能力情况，如，主动制定学习目标情况，主动选择学习内容情况，主动制定学习策略情况，主动构建学习环境情况，主动寻求评价反馈情况，并举例说明。根据访谈情境适当追问。

（2）自我评价数字化学习中交流与合作能力情况，如，选择恰当的交流合作工具情况，清晰有效地进行交流的情况，根据需求选择适宜的合作对象的情况，在合作中胜任不同任务角色的情况，并举例说明。根据访谈情境适当追问。

（3）自我评价数字化学习中问题解决能力情况，如，发现并选择有意义真实问题情况，以批判视角分析问题情况，提出并持续优化问题解决方案情况，并举例说明。根据访谈情境适当追问。

（4）自我评价数字化学习中创新创造能力情况，如，主动进行创新的意识，勇于尝试的创新品质，在知识建构中提出新观点的情况，提出新颖的问题解决方案的情况，将新想法创作为作品的情况，并举例说明。根据访谈情境适当追问。

10. 追问学生数字化学习道德与法律的情况（访谈内容可参考各个学段学生数字化学习能力评价标准）。

（1）自我评价数字化学习中价值观与道德规范情况，如，公平、正义和善良的价值观情况，爱国主义的价值观情况，遵守社会道德规范情况，维护个人数字声誉情况，健康的技术使用习惯情况，并举例说明。根据访谈情境适当追问。

（2）自我评价数字化学习中法律法规与安全情况，如，遵守国家法律法规情况，维护社会信息安全情况，维护个人信息安全情况，尊重知识产权情况，并举例说明。根据访谈情境适当追问。

11. 请学生综合评价自身数字化学习能力水平，引导学生讲述自己有趣的数字化学习经历。

12. 请简要介绍什么因素影响学生数字化学习能力提升，并作解释。
13. 在学生数字化学习能力等方面，访谈对象认为重要的其他内容。

附录九　中小学生数字化学习能力访谈提纲（教师版）

1. 请简要介绍学校信息化基础设施建设情况，包括学校网络接入情况及教师备课计算机、多媒体教室、学生计算机教室、创客实验室、STEAM教室等的建设情况。

2. 请简要介绍学校信息化教学资源建设情况，包括学校网络教学平台、教师使用的信息化教学资源、学生使用的信息化学习资源等。

3. 请简要介绍学校信息化应用能力发展情况，包括校长信息化领导力、教师信息技术应用能力、学生信息技术应用能力等。

4. 请简要介绍教师授课班级学生家庭成员信息素养大致情况。

5. 请简要介绍学校信息化教学开展情况。

6. 请简要介绍学校信息技术课程教学情况，讲授什么教学内容，每周上几节课，学生信息技术课程掌握情况等。

7. 请简要介绍学生数字化学习情况，包括学生数字化课内学习和课外学习。

8. 追问教师授课班级学生基础性数字化学习能力发展情况（访谈内容可参考各个学段学生数字化学习能力评价标准）。

（1）评价学生在数字化学习中信息技术操作类知识与技能掌握情况，如，信息技术基础知识掌握情况，信息技术工具掌握情况，并举例说明。根据访谈情境适当追问。

（2）评价学生在数字化学习中信息与数据素养发展情况，如，准确搜索数据、信息与知识的情况，科学评估数据、信息与知识的情况，有效管理数据、信息与知识的情况，合理应用数据、信息与知识的情况，并举例说明。根据访谈情境适当追问。

9. 追问教师授课班级学生创新性数字化学习能力发展情况（访谈内容可参考各个学段学生数字化学习能力评价标准）。

（1）评价学生在数字化学习中的主动学习能力发展情况，如，主动制定学习目标情况，主动选择学习内容情况，主动制定学习策略情况，主动构建学习环境情况，主动寻求评价反馈情况，并举例说明。根据访谈情境适当追问。

（2）评价学生在数字化学习中的交流与合作能力发展情况，如，选择恰当的交流合作工具情况，清晰有效地进行交流的情况，根据需求选择适宜的合作对象的情况，在合作中胜任不同任务角色的情况，并举例说明。根据访谈情境适当追问。

（3）评价学生在数字化学习中的问题解决能力发展情况，如，发现并选择有意义真实问题情况，以批判视角分析问题情况，提出并持续优化问题解决方案情况，并举例说明。根据访谈情境适当追问。

（4）评价学生在数字化学习中的创新创造能力发展情况，如，主动进行创新的意识，勇于尝试的创新品质，在知识建构中提出新观点的情况，提出新颖的问题解决方案的情况，将新想法创作为作品的情况，并举例说明。根据访谈情境适当追问。

10. 追问教师授课班级学生数字化学习道德与法律的情况（访谈内容可参考各个学段学生数字化学习能力评价标准）。

（1）评价学生在数字化学习中价值观与道德规范情况，如，公平、正义和善良的价值观情况，爱国主义的价值观情况，遵守社会道德规范情况，维护个人数字声誉情况，健康的技术使用习惯情况，并举例说明。根据访谈情境适当追问。

（2）评价学生在数字化学习中法律法规与安全情况，如，遵守国家法律法规情况，维护社会信息安全情况，维护个人信息安全情况，尊重知识产权情况，并举例说明。根据访谈情境适当追问。

11. 请教师综合评价授课班级学生数字化学习能力发展情况，引导教师讲述有趣的班级数字化学习经历或故事。
12. 请简要介绍学生数字化学习能力发展的影响因素，为什么有些学生水平高，有些学生水平低。
13. 在学生数字化学习能力等方面，访谈对象认为重要的其他内容。

附录十 中小学生数字化学习能力评价标准
（小学低年级学生）

小学低年级（1—3年级）学生数字化学习能力评价标准（教师评价版）

评价指标		评价标准
1.1.1 掌握信息技术基础知识	优秀	学生充分认识到电脑等电子设备也是重要的学习工具，充分掌握利用电脑等电子设备进行学习所需的基础知识。如，了解正确开机和关机的方法，如何正确使用视频软件等。
	良好	学生较好地认识到电脑等电子设备也是重要的学习工具，较好地掌握利用电脑等进行学习的基础知识。
	一般	学生基本认识到电脑等电子设备也是重要的学习工具，基本掌握利用电脑等进行学习的基础知识。
	较差	学生认识不到电脑等电子设备是重要的学习工具，不具备使用电脑正确开机、关机及浏览视频等基础知识。
1.1.2 会使用基础性技术工具	优秀	学生能够熟练完成电脑等设备的开机、关机，及在电脑等设备上观看直播或点播视频等基础操作。如，学生可以熟练使用在线教学软件参与在线学习活动。
	良好	学生能够较好地完成电脑等设备的开机、关机，及在电脑等设备上观看直播或点播视频等基础操作。
	一般	学生基本能够完成电脑等设备的开机、关机，及在电脑等设备上观看直播或点播视频等基础操作。
	较差	学生无法独立完成电脑等设备的开机、关机，及在电脑等设备上观看直播或点播视频等基础操作，需要教师、家长等的协助。
1.2.1 准确搜索数据、信息与知识	优秀	学生能够熟练地借助电脑、网站或App等途径查找到动画、视频等学习资源。如，从平板电脑的儿童版爱奇艺App中找到指定的益智类动画片进行观看。
	良好	学生能够较好地借助电脑、网站或App等途径查找到动画、视频等学习资源。
	一般	学生基本能够借助电脑、网站或App等途径查找到动画、视频等学习资源。
	较差	学生无法独立地借助电脑、网站或App等途径查找到动画、视频等学习资源，需要教师、家长等的协助。

(续表)

评价指标		评价标准
1.2.2 科学评估数据、信息与知识	优秀	学生能够熟练辨认哪些App、网站或电脑中的资源是适合小学生学习或观看的学习资源。
	良好	学生能够较好地辨认哪些App、网站或电脑中的资源是适合小学生学习或观看的学习资源。
	一般	学生基本能够辨认哪些App、网站或电脑中的资源是适合小学生学习或观看的学习资源。
	较差	学生不清楚哪些App、网站或电脑中的资源是适合小学生学习或观看的学习资源。
1.2.3 有效管理数据、信息与知识	优秀	学生能够熟练地记忆自己在App、网站或电脑中的学习情况，并从未学习的地方开始学习。如，学生清楚自己在儿童版爱奇艺App中的观看记录，并从未学习的地方开始学习。
	良好	学生能较清晰地记忆自己在App、网站或电脑中的学习情况，并从未学习的地方开始学习。
	一般	学生基本能够识记自己在App、网站或电脑中的学习情况，基本能够从未学习的地方开始学习。
	较差	学生无法准确识记自己在App、网站或电脑中的学习情况，常常重复观看已学过的内容。
1.2.4 合理应用数据、信息与知识	优秀	学生能够熟练地应用自己在动画片等途径中学习到的知识解释生活中遇到的问题。如，利用从电视节目、动画片等途径中获取的知识解释燕子捉害虫，是益鸟，应该保护燕子。
	良好	学生能够较好地应用自己在动画片等途径中学习到的知识解释生活中遇到的问题。
	一般	学生基本能够应用自己在动画片等途径中学习到的知识解释生活中遇到的问题。
	较差	学生不会利用从动画片等途径中学习到的知识解释生活中遇到的问题，只能找他人帮忙解释。
2.1.1 主动制定学习目标	优秀	在数字化学习活动中，学生清晰地知道学习目标，并解释给他人。
	良好	在数字化学习活动中，学生能够较为清晰地知道学习目标，并解释给他人。
	一般	在数字化学习活动中，学生基本能够知道学习目标，但不能给他人清晰地解释。
	较差	在数字化学习活动中，学生不知道学习目标，只能被动听从教师等的安排。

（续表）

评价指标	评价标准	
2.1.2 主动选择学习内容	优秀	在数字化学习活动中，学生能够娴熟地从教师提供的学习内容中选择适合自己学习风格的学习内容。如，从教师提供的多种学习内容中，选择适合自己的图片形式的学习内容。
	良好	在数字化学习活动中，学生能够较为熟练地从教师提供的学习内容中选择适合自己学习风格的学习内容。
	一般	在数字化学习活动中，学生基本能够从教师提供的学习内容中选择适合自己的学习内容。
	较差	在数字化学习活动中，学生不善于从教师提供的学习内容中选择适合自己的学习内容。
2.1.3 主动制定学习策略	优秀	在数字化学习中，在教师指导下，学生能够熟练制定适合学习目标的学习策略。如，和同伴合作学习，共同解决学习难题。
	良好	在数字化学习中，在教师指导下，学生能够较为熟练地制定适合学习目标的学习策略。
	一般	在数字化学习中，在教师指导下，学生基本能够制定适合学习目标的学习策略。
	较差	在数字化学习中，即使在教师指导下，学生也不能较好地制定适合学习目标的学习策略。
2.1.4 主动构建学习环境	优秀	在数字化学习中，学生善于使用技术工具主动构建学习环境。如，遇到不懂的问题，善于使用语音通话等功能寻求他人的帮助。
	良好	在数字化学习中，学生多数情况下能够使用技术工具主动构建学习环境。
	一般	在数字化学习中，学生有时能够使用技术工具主动构建学习环境。
	较差	在数字化学习中，学生不善于主动构建学习环境，只能被动听从教师等的安排。
2.1.5 主动寻求评价反馈	优秀	在数字化学习中，在教师帮助下，学生善于使用实物投影仪、电子白板等设备主动展示学习成果，寻求他人的反馈信息。
	良好	在数字化学习中，在教师帮助下，学生多数情况下能够使用实物投影仪、电子白板等设备主动展示学习成果，寻求他人的反馈信息。
	一般	在数字化学习中，在教师帮助下，学生有时能够使用实物投影仪、电子白板等设备主动展示学习成果，寻求他人的反馈信息。
	较差	在数字化学习中，即使在教师帮助下，学生也不能使用实物投影仪、电子白板等设备主动展示学习成果，只能由教师等代为展示。

（续表）

评价指标		评价标准
2.2.1 选择恰当的交流合作工具	优秀	在数字化学习中，学生与他人交流合作时，总是善于选择适合自己的交流工具进行交流。如，学生在家长帮助下，在课外合作学习中，使用微信语音和其他同学进行交流。
	良好	在数字化学习中，学生与他人交流合作时，多数情况下能够选择适合自己的交流工具进行交流。
	一般	在数字化学习中，学生与他人交流合作时，有时能够选择适合自己的交流工具进行交流。
	较差	在数字化学习中，学生与他人交流合作时，不会选择适合自己的交流工具，只能被动听从家长等的安排。
2.2.2 清晰有效地进行交流	优秀	在合作交流中，学生善于借助家长帮忙打印的图片等清晰有效地表达自己的观点。
	良好	在合作交流中，学生能够较好地借助家长帮忙打印的图片等清楚地表达自己的观点。
	一般	在合作交流中，学生基本能够借助家长帮忙打印的图片等表达自己的观点。
	较差	在合作交流中，学生不会借助图片等工具表达自己的观点。
2.2.3 根据需求选择适宜的合作对象	优秀	在数字化合作学习中，学生善于选择自己喜欢的合作伙伴。如，学生在参观科技展览中，选择自己喜欢的合作伙伴一起学习和参观科技展。
	良好	在数字化合作学习中，学生多数情况下能够选择自己喜欢的合作伙伴。
	一般	在数字化合作学习中，学生有时能够选择自己喜欢的合作伙伴。
	较差	在数字化合作学习中，学生不善于选择合作伙伴，总是被动听从教师等的安排。
2.2.4 在合作中胜任不同任务角色	优秀	在基于技术的项目式学习活动中，学生善于与同伴合作完成项目任务。如，学生在乐高积木学习活动中，善于与同伴合作完成项目任务。
	良好	在基于技术的项目式学习活动中，学生多数情况下能够与同伴合作完成项目任务。
	一般	在基于技术的项目式学习活动中，学生有时能够与同伴合作完成项目任务。
	较差	在基于技术的项目式学习活动中，学生不善于与同伴合作完成项目任务。
2.3.1 发现并选择有意义真实问题	优秀	在项目式学习中，学生总是善于使用技术工具发现并选择生活中有趣的问题进行探究。如，学生希望记录自己生活中有趣的事情，并使用手机等设备的拍照功能进行记录。
	良好	在项目式学习中，学生多数情况下善于发现并选择生活中有趣的问题进行探究。
	一般	在项目式学习中，学生有时善于发现并选择生活中有趣的问题进行探究。
	较差	在项目式学习中，学生不善于发现并选择生活中有趣的问题进行探究，只能被动听从教师等的安排。

(续表)

评价指标		评价标准
2.3.2 以批判视角分析问题	优秀	在数字化学习中,学生善于主动分析提出的问题是否具备解决的可行性。如,学生准备使用乐高积木搭建房子,会分析和思考是否具备实施的可行性。
	良好	在数字化学习中,多数情况下学生能主动分析和判断提出的问题是否具备解决的可行性。
	一般	在数字化学习中,有时学生能主动分析和判断提出的问题是否具备解决的可行性。
	较差	在数字化学习中,学生不能主动分析和判断提出的问题是否具备解决的可行性,只能被动听从教师等的安排。
2.3.3 提出并持续优化问题解决方案	优秀	在项目式学习中,学生善于独立或合作提出问题解决方案,并在实践中测试问题解决方案,在总结经验中优化问题解决方案。如,学生合作使用乐高积木搭建房子,会先集体构思房子搭建方案,并在搭建房子的实践中不断改进方案,最终搭建大家满意的房子。
	良好	在项目式学习中,学生能够较好地独立或合作提出问题解决方案,并在实践中测试问题解决方案,在总结经验中优化问题解决方案。
	一般	在项目式学习中,学生基本能够独立或合作提出问题解决方案,并在实践中不断测试问题解决方案,在总结经验中优化问题解决方案。
	较差	在项目式学习中,学生不善于提出问题解决方案,只能被动听从教师等的安排。
2.4.1 具备主动创新意识	优秀	在数字化学习中,学生总是具备主动创新的意识。如,学生使用手机等设备拍照记录创作的作品时,会有意识地主动采用与众不同的方式记录作品内容。
	良好	在数字化学习中,学生多数情况下具备主动创新的意识。
	一般	在数字化学习中,学生有时具备主动创新的意识。
	较差	在数字化学习中,学生缺乏主动创新意识,不主动追求用与众不同的内容或表现方式去获得更优异的成绩。
2.4.2 具备勇于尝试的创新品质	优秀	学生在创作作品等创新活动中,总是能够不断尝试,坚持不懈地完成任务,直到满意为止。如,学生在搭建乐高积木时,能够坚持不懈地尝试,直到满意为止。
	良好	学生在创作作品等创新活动中,多数情况下能够不断尝试,坚持不懈地完成任务,直到满意为止。
	一般	学生在创作作品等创新活动中,有时能够不断尝试,坚持不懈地完成任务,直到满意为止。
	较差	学生在创作作品等创新活动中,不愿意不断尝试,坚持度不够,常常半途而废,不能做到坚持不懈地完成任务。

（续表）

评价指标		评价标准
2.4.3 在知识建构中提出新观点	优秀	在数字化学习中，学生总是善于在知识建构中提出新观点或新想法。如，学生在观看动画片等学习资源后，能够结合自己的生活经历，提出与众不同的新观点或新看法。
	良好	在数字化学习中，学生多数情况下能够在知识建构中提出新观点或新想法。
	一般	在数字化学习中，学生有时能够在知识建构中提出新观点或新想法。
	较差	在数字化学习中，学生很少能够在知识建构中提出新观点或新想法。
2.4.4 提出新颖的问题解决方案	优秀	在数字化学习中解决问题时，学生善于提出不同于传统方式的解决问题的新思路。如，学生在计算鱼缸中鱼的数量时，会想到用手机等设备拍照，然后计算照片中鱼的数量。
	良好	在数字化学习中解决问题时，学生多数情况下能提出不同于传统方式的解决问题的新思路。
	一般	在数字化学习中解决问题时，学生有时能够提出解决问题的新思路。
	较差	在数字化学习中解决问题时，学生很少能够提出解决问题的新思路。
2.4.5 将新想法创作为作品	优秀	学生善于使用技术工具将自己的想法记录或创作成信息化作品等。如，在家长的协助下，学生使用手机等设备的录像功能录制个人绘画作品的解说等。再如，学生使用手机等设备的录像功能，记录蜗牛的爬行过程。
	良好	学生多数情况下能够使用技术工具将自己的想法记录或创作成信息化作品等。
	一般	学生有时能够使用技术工具将自己的想法记录或创作成信息化作品等。
	较差	学生很少有意识地使用技术工具将自己的想法记录或创作成信息化作品等。
3.1.1 公平、正义和善良的价值观	优秀	在数字化学习活动中，学生总是能够秉承公平、正义和善良的价值取向。如，乐于在学习中帮助其他同学。
	良好	在数字化学习活动中，学生多数情况下能够秉承公平、正义和善良的价值取向。
	一般	在数字化学习活动中，学生有时能够秉承公平、正义和善良的价值取向。
	较差	在数字化学习活动中，学生不能有意识地秉承公平、正义和善良的价值取向。

（续表）

评价指标		评价标准
3.1.2 爱国主义的价值观	优秀	在数字化学习活动中，学生具备爱国主义思想，爱国意识浓厚。如，学生喜欢观看反映爱国主义思想的电视节目等。
	良好	在数字化学习活动中，学生具备爱国主义思想，爱国主义思想较为浓厚。
	一般	在数字化学习活动中，学生基本具备爱国主义思想，基本能够认识到爱国的重要性。
	较差	在数字化学习活动中，学生爱国主义意识淡薄，对热爱祖国的重要性认识不足。
3.1.3 遵守社会道德规范	优秀	在数字化学习活动中，学生主动积极地遵守数字世界的道德规范。如，学生在班级家长群等网络空间中发言时，能够文明发言，不说脏话。
	良好	在数字化学习活动中，学生能够遵守数字世界的道德规范。
	一般	在数字化学习活动中，学生有时能够遵守数字世界的道德规范。
	较差	在数字化学习活动中，学生缺乏社会道德规范意识，不能做到有意识地约束自己的行为。
3.1.4 维护个人数字声誉	优秀	学生在意自己在网络空间中的个人声誉，主动塑造积极正面的个人形象，为他人留下好的印象。如，家长拍摄视频在网络空间中对其进行介绍或记录时，学生有意识地展示个人生活中积极向上的一面。
	良好	学生认识到自己在网络世界中的活动行为会给他人留下印象，多数情况下会主动塑造自己积极正面的个人形象。
	一般	学生认识到自己在网络世界中的活动行为会给他人留下印象，有时会主动塑造自己积极正面的个人形象。
	较差	学生不在意自己在网络空间中的个人声誉，缺乏主动维护个人形象的意识，不会主动塑造自己在网络空间中积极正面的个人形象。
3.1.5 健康的技术使用习惯	优秀	学生善于积极抵制网络世界中的不良信息。如，学生不会随意浏览教师等认定的不健康的视频资源等。
	良好	学生多数情况下能够积极抵制网络世界中的不良信息。
	一般	学生有时能够积极抵制网络世界中的不良信息。
	较差	学生很少能够积极抵制网络世界中的不良信息。
3.2.1 遵守国家法律法规	优秀	在数字化学习中，学生总是主动遵守国家法律法规。如，学生认识到自己在网络世界中不能传播谣言或辱骂他人。
	良好	在数字化学习中，学生多数情况下能够做到遵守国家法律法规。
	一般	在数字化学习中，学生有时能够做到遵守国家法律法规。
	较差	在数字化学习中，学生认识不到国家法律法规的威严和重要性，遵守法律法规的意识淡薄。

(续表)

评价指标		评价标准
3.2.2 维护社会信息安全	优秀	在数字化学习中，学生能够认识到班集体信息安全的重要性，不向陌生人透露班集体成员的个人信息。
	良好	在数字化学习中，学生多数情况下能够认识到班集体信息安全的重要性，不向陌生人透露班集体成员的个人信息。
	一般	在数字化学习中，学生有时能够认识到班集体信息安全的重要性，不向陌生人透露班集体成员的个人信息。
	较差	在数字化学习中，学生认识不到班集体信息安全的重要性，会无意识地向陌生人透露班集体成员的个人信息。
3.2.3 维护个人信息安全	优秀	在数字化学习中，学生认识到个人信息可能会被坏人利用，能够有意识地保护个人信息安全。如，遇到陌生人无理索要其姓名和联系方式时，不会透露给陌生人。
	良好	在数字化学习中，学生多数情况下能够认识到个人信息可能会被坏人利用，能够有意识地保护个人信息安全。
	一般	在数字化学习中，学生有时能够认识到个人信息可能会被坏人利用，有时能够做到有意识地保护个人信息安全。
	较差	在数字化学习中，学生认识不到个人信息安全的重要性，保护个人信息安全意识淡薄。
3.2.4 尊重知识产权	优秀	在数字化学习中，学生在教师指导下，充分认识到知识产权的重要性。如，不使用山寨电子产品。
	良好	在数字化学习中，学生在教师指导下，较好地认识到知识产权的重要性。
	一般	在数字化学习中，学生在教师指导下，基本能认识到知识产权的重要性。
	较差	在数字化学习中，学生知识产权意识淡薄，即使在教师指导下，也认识不到知识产权的重要性。

附录十一　中小学生数字化学习能力评价标准（小学高年级学生）

小学高年级（4—6年级）学生数字化学习能力评价标准（教师评价版）

评价指标		评价标准
1.1.1 掌握信息技术基础知识	优秀	学生熟练掌握电脑等设备的基础知识。如，知道电脑的硬件组成部分、操作系统的常见功能、常见办公软件基础知识等。
	良好	学生能够较好地掌握电脑等设备的基础知识。如，知道电脑的硬件组成部分、操作系统的常见功能，但对于常见办公软件的基础知识掌握较为欠缺。
	一般	学生掌握了电脑等设备的部分基础知识，但认识有模糊、不准确之处。如，对于操作系统的认识模糊，不知道文件夹和文件的区别。
	较差	学生基本不具备电脑等设备的基础知识，只能模糊地表达电脑、鼠标、软件等概念。
1.1.2 会使用基础性技术工具	优秀	学生熟练掌握电脑等设备的基础操作技能。如，使用网页浏览器、制作简单的PPT、制作简单的WORD文档、下载网络资源等。
	良好	学生能够较好地掌握电脑等设备的常见基础操作技能，但操作不熟练。如，学生会制作PPT，但是，只能制作含少量页面的简单PPT。
	一般	学生基本能够操作电脑等设备，但是会有错误操作。如，不能准确在WORD的指定位置插入图片等。
	较差	学生不能够完成操作电脑的简单任务。如，学生不会在WORD中输入成段文字等。
1.2.1 准确搜索数据、信息与知识	优秀	学生能够自主通过搜索引擎等手段准确熟练地查找到感兴趣的学习资源。
	良好	学生能够自主通过搜索引擎等手段查找到感兴趣的学习资源，但查找过程不熟练。
	一般	学生可以通过搜索引擎等手段查找到感兴趣的学习资源，但查找结果不准确。
	较差	学生不具备自主查找学习资源的能力，只能寻求他人的帮助。

(续表)

评价指标		评价标准
1.2.2 科学评估数据、信息与知识	优秀	学生熟练掌握教师等推荐的官方网站等权威学习途径。如经过认证的权威学科学习网站。
	良好	学生较好地掌握教师等推荐的官方网站等权威学习途径。
	一般	学生基本知道教师等推荐的官方网站等权威学习途径。
	较差	学生不了解教师等推荐的官方网站等权威学习途径,浏览网站比较盲目,浏览的网站质量良莠不齐。
1.2.3 有效管理数据、信息与知识	优秀	学生能够熟练地在电脑中建立文件夹分类存放平时浏览的学习资源。
	良好	学生能较为熟练地在电脑中建立文件夹存放平时浏览的学习资源,但是,还不会有意识地分类存放学习资源。
	一般	学生基本能够在电脑中建立文件夹存放平时浏览的学习资源,但是,不会为了防止文件夹丢失而有意识地在非C盘下存放学习资源。
	较差	学生不会在电脑中存放平时浏览的学习资源,只能寻求教师等的帮助。
1.2.4 合理应用数据、信息与知识	优秀	学生能够熟练应用查找到的知识解答疑问。如,利用从网络上查找到的知识解释冰雹等自然现象。
	良好	学生多数情况下能够应用查找到的知识解答疑问。
	一般	学生基本上能够应用查找到的知识解答疑问,但是,解答不准确,有时会有错误。
	较差	学生不会利用查找到的知识解答疑问,只能被动找他人帮忙解答。
2.1.1 主动制定学习目标	优秀	在数字化学习中,在教师指导下,学生善于主动选择并制定学习目标。如,在教师指导下,主动确立有信息技术参与的综合实践课的学习目标。
	良好	在数字化学习中,在教师指导下,学生多数情况下能够主动选择并制定学习目标。
	一般	在数字化学习中,在教师指导下,学生有时能够主动选择并制定学习目标。
	较差	在数字化学习中,学生缺乏主动学习意识,即使在教师指导下,也不会主动制定学习目标,只能被动完成教师给出的学习目标。
2.1.2 主动选择学习内容	优秀	在数字化学习中,在教师指导下,学生善于主动选择适合自己的学习内容。如,主动选择短视频或文本等形式的学习内容。
	良好	在数字化学习中,在教师指导下,学生多数情况下能够主动选择适合自己的学习内容。
	一般	在数字化学习中,在教师指导下,学生有时能够主动选择适合自己的学习内容。
	较差	在数字化学习中,学生缺乏主动学习意识,即使在教师指导下,也不会主动选择学习内容,只能被动听从教师等的安排。

（续表）

评价指标		评价标准
2.1.3 主动制定学习策略	优秀	在数字化学习中，在教师指导下，学生善于根据学习目标等主动制定学习策略。如，选择小组合作学习。
	良好	在数字化学习中，在教师指导下，学生多数情况下能根据学习目标等主动制定学习策略。
	一般	在数字化学习中，在教师指导下，学生有时能根据学习目标等主动制定学习策略。
	较差	在数字化学习中，学生缺乏主动学习意识，即使在教师指导下，也不会主动制定学习策略，只能被动听从教师等的安排。
2.1.4 主动构建学习环境	优秀	在数字化学习中，在教师指导下，学生善于根据学习目标等，使用技术工具主动构建学习环境。如，通过网络寻找同伴结成学习伙伴。
	良好	在数字化学习中，在教师指导下，学生多数情况下能够根据学习目标等，使用技术工具主动构建学习环境。
	一般	在数字化学习中，在教师指导下，学生有时能够根据学习目标等，使用技术工具主动构建学习环境。
	较差	在数字化学习中，学生缺乏主动学习意识，即使在教师指导下，也不会主动构建学习环境，只能被动听从教师等的安排。
2.1.5 主动寻求评价反馈	优秀	在数字化学习中，在教师指导下，学生善于主动展示学习成果，寻求他人的评价信息，以改进学习。如，学生将自己仿写的诗歌通过网络展示给教师、学生、家长和网友，听取他人的点评建议，然后修改诗歌。
	良好	在数字化学习中，在教师指导下，学生多数情况下能够主动展示学习成果，寻求他人的评价信息，以改进学习。
	一般	在数字化学习中，在教师指导下，学生有时能够主动展示学习成果，寻求他人的评价信息，以改进学习。
	较差	在数字化学习中，学生缺乏主动学习意识，不善于主动向他人展示学习成果，寻求改进建议，只能被动从教师等获取反馈信息。
2.2.1 选择恰当的交流合作工具	优秀	在数字化学习中，在教师指导下，学生总是能够根据沟通交流和合作的需要，选择恰当的技术工具进行交流与合作。如，在与同学交流时，选择学校提供的安全有效的沟通工具。
	良好	在数字化学习中，在教师指导下，学生多数情况下能够根据沟通交流和合作的需要，选择恰当的技术工具进行交流与合作。
	一般	在数字化学习中，在教师指导下，学生有时能够根据沟通交流和合作的需要，选择恰当的技术工具进行交流与合作。
	较差	在数字化学习中，与他人交流或合作时，学生不善于主动选择适合自己的交流合作工具，只能被动听从教师等的安排。

(续表)

评价指标		评价标准
2.2.2 清晰有效地进行交流	优秀	在合作交流中，学生善于使用图片等技术工具清晰有效地表达自己的观点。
	良好	在合作交流中，学生多数情况下能使用图片等技术工具清楚地表达自己的观点。
	一般	在合作交流中，学生能借助图片等技术工具表达自己的观点。
	较差	在合作交流中，学生不善于使用多样化的技术工具表达自己的观点。
2.2.3 根据需求选择适宜的合作对象	优秀	在数字化学习中，学生善于根据任务需求及自身特长，选择适宜的对象进行合作。如，学生在综合实践活动课中，能够根据学习内容及自身特长，选择合适的合作成员。
	良好	在数字化学习中，学生多数情况下能根据任务需求及自身特长，选择适宜的对象进行合作。
	一般	在数字化学习中，学生有时能根据任务需求及自身特长，选择适宜的对象进行合作。
	较差	在数字化学习中，学生不善于主动选择合作对象，总是被动听从教师等的安排。
2.2.4 在合作中胜任不同任务角色	优秀	在基于技术的项目式学习中，学生能够出色地完成小组分配的合作任务，并协助他人完成合作学习任务。如，在"家乡特产"综合实践活动中，学生上网收集家乡特产资料，并协助他人制作WORD文档整理资料、制作PPT展示小组成果等。
	良好	在基于技术的项目式学习中，学生能够较好地完成小组分配的合作任务，并协助他人完成合作学习任务。
	一般	在基于技术的项目式学习中，学生基本能够完成小组分配的合作任务，并尝试协助他人完成合作学习任务。
	较差	在基于技术的项目式学习中，学生完成小组分配的合作任务比较吃力，需要寻求他人的帮助才能完成任务。
2.3.1 发现并选择有意义真实问题	优秀	在项目式学习中，学生善于发现并选择生活中有意义的问题进行探究学习。如，选择调查小学生对使用手机现象的看法。
	良好	在项目式学习中，学生多数情况下能够发现并选择生活中有意义的问题进行探究学习。
	一般	在项目式学习中，学生能够发现并选择生活中有意义的问题进行探究学习，但是，有时选择的问题不够典型，和学生生活的联系不够紧密。
	较差	在项目式学习中，学生不善于发现和选择生活中有意义的问题进行探究学习，只能被动听从教师等的安排。

（续表）

评价指标	评价标准	
2.3.2 以批判视角分析问题	优秀	在数字化学习中，学生能够科学审视项目式学习中提出的问题是否具备研究可行性。如，在调查小学生对使用手机现象的看法时，学生会审视该研究问题是否具备研究可行性。如，小组成员是否具备设计调查工具的能力，学校是否有足够的研究样本供其研究等。
	良好	在数字化学习中，学生多数情况下能够科学审视项目式学习中提出的问题是否具备研究可行性。
	一般	在数字化学习中，学生有时能够科学审视项目式学习中提出的问题是否具备研究可行性。
	较差	在数字化学习中，学生不能主动判断项目式学习中提出的问题是否具备研究可行性，只能被动听从教师等的安排。
2.3.3 提出并持续优化问题解决方案	优秀	在项目式数字化学习中，学生善于通过独立或合作的方式提出切实可行的问题解决方案，并在实践中不断改进问题解决方案。如，在调查小学生对使用手机现象的看法时，学生在团队合作中设计调查方案，并在实践中根据反馈意见及时调整调查方案。
	良好	在项目式数字化学习中，学生多数情况下能够提出切实可行的问题解决方案，并尝试在实践中不断调整改进问题解决方案。
	一般	在项目式数字化学习中，学生有时能够提出问题解决方案，但是在实践中使用时缺乏调整和改进。
	较差	在项目式数字化学习中，学生不善于提出问题解决方案，只能被动听从教师等的安排。
2.4.1 具备主动创新意识	优秀	在数字化学习中，学生总是具备主动创新的意识，积极尝试提出新观点、新方案或新思路等。如，学生在仿写诗歌时，能够结合生活实际，主动仿写结合个人生活经历的诗歌。
	良好	在数字化学习中，学生多数情况下具备主动创新的意识，愿意尝试提出与他人不同的观点、方案或问题解决思路等。
	一般	在数字化学习中，学生有时具备主动创新的意识，愿意尝试提出与他人不同的观点、方案或问题解决思路等。
	较差	在数字化学习中，学生不具备主动创新的意识，不愿意尝试提出与他人不同的观点、方案或问题解决思路等。
2.4.2 具备勇于尝试的创新品质	优秀	在创新活动中，学生总是能够做到不断尝试，直到解决问题为止。如，学生在给班级活动设计宣传标语时，愿意不断尝试不同标语，并根据反馈意见不断修改，直到班集体满意为止。
	良好	在创新活动中，学生多数情况下具备勇于尝试的创新品质，能够做到不断尝试，直到问题解决为止。
	一般	在创新活动中，学生有时具备勇于尝试的创新品质，愿意在创新中进行多次尝试。
	较差	学生不具备勇于尝试的创新品质，在创新活动中坚持度不够，不愿意多次尝试。

(续表)

评价指标		评价标准
2.4.3 在知识建构中提出新观点	优秀	在数字化学习中,学生总是能够主动使用技术工具建构和记录新知识或新想法。如,学生在学习中善于反思知识,并尝试使用WORD等工具把自己的学习心得整理记录下来。
	良好	在数字化学习中,学生多数情况下能够主动使用技术工具建构和记录新知识或新想法。
	一般	在数字化学习中,学生有时能够使用技术工具建构和记录新知识或新想法。
	较差	在数字化学习中,学生很少能够使用技术工具建构和记录新知识或新想法。
2.4.4 提出新颖的问题解决方案	优秀	在数字化活动中解决问题时,学生总是能够结合生活实际提出解决问题的新思路。如,在思考生活中如何做到节约用水时,学生能够查阅资料,结合生活实际,提出与众不同的节约用水方案。
	良好	在数字化活动中解决问题时,学生多数情况下能够结合生活实际提出解决问题的新思路。
	一般	在数字化活动中解决问题时,学生有时能够结合生活实际提出解决问题的新思路。
	较差	在数字化活动中解决问题时,学生很少能够结合生活实际提出解决问题的新思路。
2.4.5 将新想法创作为作品	优秀	学生总是能够将自己的新想法设计和制作成信息化作品等。如,学生可以设想未来手机的样子,并用画图程序设计和制作未来手机的图像。
	良好	学生多数情况下能够将自己的新想法设计和制作成信息化作品等。
	一般	学生有时能够将自己的新想法设计和制作成信息化作品等。
	较差	学生很少能够将自己的新想法设计和制作成信息化作品等。
3.1.1 公平、正义和善良的价值观	优秀	在数字化学习中,学生总是坚持公平、正义和善良的价值观。如,在数字化学习中,当他人不会使用技术工具时,学生总是乐于教授他人如何使用技术工具。
	良好	在数字化学习中,学生多数情况下能坚持公平、正义和善良的价值观。
	一般	在数字化学习中,学生有时能坚持公平、正义和善良的价值观。
	较差	在数字化学习中,学生友善意识缺乏,很少能够坚持公平、正义和善良的价值观。
3.1.2 爱国主义的价值观	优秀	在数字化学习中,学生总是能够坚持爱国主义的价值观。如,学生在网络上积极抵制诋毁国家的错误言论。
	良好	在数字化学习中,学生多数情况下能够坚持爱国主义的价值观。
	一般	在数字化学习中,学生有时能够坚持爱国主义的价值观。
	较差	在数字化学习中,学生爱国主义意识淡薄。如,学生在网络上不能积极抵制诋毁国家的错误言论。

（续表）

评价指标		评价标准
3.1.3 遵守社会道德规范	优秀	在数字化学习中，学生总是积极遵守数字世界的道德规范。如，学生在网络世界中文明发言，不说脏话。
	良好	在数字化学习中，学生多数情况下能够遵守数字世界的道德规范。
	一般	在数字化学习中，学生有时能够遵守数字世界的道德规范。
	较差	在数字化学习中，学生道德规范意识缺乏，很少能够做到有意识地遵守数字世界中的道德规范。
3.1.4 维护个人数字声誉	优秀	在数字化学习中，学生意识到他人会评价自己在数字世界中的个人形象，能够注意自己的行为方式，主动展示正面的个人形象。如，学生在网络空间中介绍自己时，积极展示自己的优点，给别人留下好印象。
	良好	学生认识到自己在网络世界中的活动会给他人留下印象，多数情况下会注意自己的行为方式，尝试为他人留下好印象。
	一般	学生开始意识到自己在网络世界中的活动反映了自己的个人形象，但是，认识不深刻，在实践中也较少主动维护个人数字形象。
	较差	学生认识不到网络世界中个人形象的重要性，在网络世界中我行我素，很少展现积极向上的一面。
3.1.5 健康的技术使用习惯	优秀	学生总是能够积极抵制网络世界中的不良信息。如，不玩不适合小学生的暴力游戏等。
	良好	学生多数情况下能积极抵制网络世界中的不良信息。
	一般	学生有时能积极抵制网络世界中的不良信息。
	较差	学生很少能够抵制网络世界中的不良信息，技术使用习惯差，需要家长经常督促。
3.2.1 遵守国家法律法规	优秀	在数字化学习中，学生总是主动遵守国家法律法规。如，学生不会在网络中随意篡改他人的数据或信息等。
	良好	在数字化学习中，学生多数情况下能够做到遵守国家法律法规。
	一般	在数字化学习中，学生有时能够做到遵守国家法律法规。
	较差	在数字化学习中，学生被动遵守国家法律法规，法律意识淡薄。
3.2.2 维护社会信息安全	优秀	在数字化学习中，学生总是积极主动地维护社会信息安全。如，学生在使用公用电脑时，不会随意删除他人提交的作业。
	良好	在数字化学习中，学生多数情况下能够主动维护社会信息安全。
	一般	在数字化学习中，学生有时能够主动维护社会信息安全。
	较差	在数字化学习中，学生保护他人信息意识淡薄，有时会出于恶作剧等原因故意删除他人提交的作业等。

（续表）

评价指标		评价标准
3.2.3 维护个人信息安全	优秀	在数字化学习中，学生认识到个人信息安全的重要性，能够做到主动维护个人信息安全。如，学生在使用网络时，及时更换学校分配的默认密码，保护个人信息安全。
	良好	在数字化学习中，学生多数情况下能够主动维护个人信息安全。
	一般	在数字化学习中，学生有时能够主动维护个人信息安全。
	较差	在数字化学习中，学生维护个人信息安全的意识淡薄，不注意保护个人信息安全。
3.2.4 尊重知识产权	优秀	在数字化学习中，学生总是能够做到尊重知识产权。如，学生在完成数字化作品作业时，不会盗用他人作品充当自己的作品。
	良好	在数字化学习中，学生多数情况下能够做到尊重知识产权。
	一般	在数字化学习中，学生有时能够做到尊重知识产权。
	较差	在数字化学习中，学生尊重知识产权意识淡薄，在创作作品时随意使用他人作品充当自己的作品。

附录十二 中小学生数字化学习能力评价标准（初中生）

初中生数字化学习能力评价标准（教师评价版）

评价指标		评价标准
1.1.1 掌握信息技术基础知识	优秀	学生熟练掌握电脑等设备的硬件和操作系统知识，熟练掌握PPT、WORD、网页浏览器等数字化学习中常见软件的知识。
	良好	学生较好地掌握电脑等设备的硬件和操作系统知识，较好掌握PPT、WORD、网页浏览器等数字化学习中常见软件的知识。
	一般	学生基本掌握电脑等设备的硬件和操作系统知识，基本掌握PPT、WORD、网页浏览器等数字化学习中常用软件的知识。
	较差	学生基本掌握电脑等设备的硬件和操作系统知识，勉强掌握PPT、WORD、网页浏览器等数字化学习中常用软件的知识，相关知识掌握不牢靠、理解不准确。
1.1.2 会使用基础性技术工具	优秀	学生熟练掌握电脑等设备硬件和操作系统的基础操作技能，熟练使用网页浏览器、OFFICE软件等数字化学习中的常用软件，熟练安装和卸载常见应用软件。
	良好	学生较好地掌握电脑等设备硬件和操作系统的基础操作技能，较好地使用网页浏览器、OFFICE软件等数字化学习中的常用软件，能够安装和卸载常见应用软件。
	一般	学生基本掌握电脑等设备硬件、操作系统和常见软件操作的基础技能，但是，常用软件操作技能较为简单。
	较差	学生对于电脑等设备的基础硬件和软件操作不熟练，不能满足基本的数字化学习操作需求。
1.2.1 准确搜索数据、信息与知识	优秀	学生善于利用搜索引擎、学科资源库、学习平台等熟练准确地查找感兴趣的学习资源。如，使用学校提供的学科资源库查找需要的学习资源。
	良好	学生能够较好地利用搜索引擎、学科资源库、学习平台等查找感兴趣的学习资源。
	一般	学生能利用搜索引擎、学科资源库、学习平台等查找感兴趣的学习资源，但是查找不熟练。
	较差	学生不能自主使用搜索引擎、学科资源库、学习平台等查找感兴趣的学习资源，需要寻求他人的帮助。

(续表)

评价指标		评价标准
1.2.2 科学评估数据、信息与知识	优秀	学生能够自主判断查找学习资源的途径是否权威可靠。如，学生浏览的网站是否是学校、官方机构等推荐的权威学习类网站。
	良好	学生多数情况下能够自主判断查找学习资源的途径是否权威可靠。
	一般	学生有时能够自主判断查找学习资源的途径是否权威可靠。
	较差	学生不能自主判断查找学习资源的网站等学习途径是否权威可靠，只能被动听从教师等的安排。
1.2.3 有效管理数据、信息与知识	优秀	学生能够熟练地使用电脑等信息化手段存储收集的学习资源等，并能根据学习资源特性分类存储，方便查找和使用。如，学生在非C盘下边，建立软件专用文件夹，用于存放学习中需要的各类应用软件。
	良好	学生能够较好地使用电脑等信息化手段存储收集的学习资源等，并能较好地根据学习资源特性分类存储，方便查找和使用。
	一般	学生基本能使用电脑等信息化手段分类管理和存放数字化学习资源，方便查找和使用。
	较差	学生在电脑等设备中存放学习资源时，缺乏对学习资源的整理和分类，存放的学习资源随意凌乱，如常常放置到C盘下，甚至不知道放在了哪个位置。
1.2.4 合理应用数据、信息与知识	优秀	学生能够熟练使用查找到的数据、信息和知识解答疑问。如，学生借助信息化工具或手段收集中国传统节日方面的数据、信息和知识，了解中国的传统节日。
	良好	学生多数情况下能够使用查找到的数据、信息和知识解答疑问。
	一般	学生有时能够使用查找到的数据、信息和知识解答疑问。
	较差	学生不善于使用查找到的数据、信息和知识解答疑问，在解答疑问时不准确、存在偏差或错误观点等。
2.1.1 主动制定学习目标	优秀	在数字化学习中，学生善于主动选择并制定学习目标。如，学生在使用技术的综合实践活动中，善于主动选择并制定综合实践活动目标，同时在教师指导下细化学习目标。
	良好	在数字化学习中，学生多数情况下能够主动选择并制定学习目标。
	一般	在数字化学习中，学生有时可以主动选择并制定学习目标，但是学习目标不够明确具体。
	较差	在数字化学习中，学生不会主动制定学习目标，只能被动听从教师等的安排。

(续表)

评价指标		评价标准
2.1.2 主动选择学习内容	优秀	在数字化学习中，学生善于根据学习目标和学习风格主动选择学习内容。如，主动选择视频形式的学习资源进行学习。
	良好	在数字化学习中，学生多数情况下能够根据学习目标和学习风格主动选择学习内容。
	一般	在数字化学习中，学生有时能够根据学习目标和学习风格主动选择学习内容。
	较差	在数字化学习中，学生不善于主动选择学习内容，只能被动地听从教师等的安排。
2.1.3 主动制定学习策略	优秀	在数字化学习中，学生善于根据学习目标等主动制定学习策略，如，选择小组合作学习。
	良好	在数字化学习中，学生多数情况下能够根据学习目标等主动制定学习策略。
	一般	在数字化学习中，学生基本可以根据学习目标等主动制定学习策略，但是不够明确具体，可操作性差。
	较差	在数字化学习中，学生不会主动制定学习策略，只能被动听从教师等的安排。
2.1.4 主动构建学习环境	优秀	在数字化学习中，学生善于使用技术工具主动构建学习环境。如，通过网络结成合作学习小组等。
	良好	在数字化学习中，学生多数情况下能够使用技术工具主动构建学习环境。
	一般	在数字化学习中，学生有时能够使用技术工具主动构建学习环境。
	较差	在数字化学习中，学生不善于主动构建学习环境，只能被动听从教师等的安排。
2.1.5 主动寻求评价反馈	优秀	在数字化学习中，学生善于主动展示学习成果，寻求他人的反馈信息。如，学生将自己创作的作文通过网络等途径展示给教师、同学、网友等，听取他人的点评信息。
	良好	在数字化学习中，学生多数情况下能够主动展示学习成果，寻求他人的反馈信息。
	一般	在数字化学习中，学生有时能够主动展示学习成果，寻求他人的反馈信息。
	较差	在数字化学习中，学生不善于主动展示学习成果，只能被动获取教师等的评价信息。

（续表）

评价指标		评价标准
2.2.1 选择恰当的交流合作工具	优秀	在数字化学习中，学生与他人交流合作时，总是能够选择恰当的沟通工具。如，学生在与他人交流或合作时，选择 QQ 或学校提供的学习平台等常用的工具进行交流与合作。
	良好	在数字化学习中，学生与他人交流合作时，多数情况下能够选择恰当的沟通工具。
	一般	在数字化学习中，学生与他人交流合作时，能够选择技术工具实现沟通和交流的目的，但是，沟通工具的选用比较随意，缺乏针对性。
	较差	在数字化学习中，学生与他人交流合作时，不会主动选择交流合作工具，只能被动听从教师等的安排。
2.2.2 清晰有效地进行交流	优秀	在合作交流中，学生善于使用视频、动画等复杂的、多样化的技术工具清晰有效地表达自己的观点。
	良好	在合作交流中，学生能使用图片等较为简单的技术工具清楚地表达自己的观点。
	一般	在合作交流中，学生能使用图片等技术工具表达自己的观点，但是，表达不准确。
	较差	在合作交流中，学生不会使用图片等多样化的技术工具清楚地表达自己的观点。
2.2.3 根据需求选择适宜的合作对象	优秀	在数字化学习中，学生总是善于选择适宜的合作对象进行合作。如，合作学习中，根据任务的性质和需求等选择适宜的合作对象。
	良好	在数字化学习中，学生多数情况下能够选择适宜的合作对象进行合作。
	一般	在数字化学习中，学生有时能够选择适宜的合作对象进行合作。
	较差	在数字化学习中，学生不善于主动选择合作对象，总是被动听从教师等的安排。
2.2.4 在合作中胜任不同任务角色	优秀	在基于技术的项目式学习中，学生善于根据项目需求担任不同的角色，并完成其任务。如，学生能够根据需要，在项目式学习中承担数据收集、成果展示等不同任务。
	良好	在基于技术的项目式学习中，学生基本能够根据项目需求担任不同的角色，并完成其任务，但是完成任务的质量一般。
	一般	在基于技术的项目式学习中，学生只能担任很少的角色，且完成的角色任务质量得不到保障，存在失误等。
	较差	在基于技术的项目式学习中，学生只能担任特定的任务角色，且完成任务的质量较差。

（续表）

评价指标		评价标准
2.3.1 发现并选择有意义真实问题	优秀	在项目式学习中，学生善于发现并选择生活中有意义的问题进行探究。如，调查当地居民日常生活消费支出情况。
	良好	在项目式学习中，学生多数情况下能够发现并选择生活中有意义的问题进行探究。
	一般	在项目式学习中，学生能够发现并选择生活中有意义的问题进行探究，但是，问题不够具体明确。
	较差	在项目式学习中，学生不善于发现生活中有意义的问题进行探究，只能被动听从教师等的安排。
2.3.2 以批判视角分析问题	优秀	在数字化学习中，学生能够科学审视提出的问题是否具备研究可行性，并在教师指导下分解和细化研究问题，方便后续解决该问题。
	良好	在数字化学习中，学生多数情况下能够科学审视提出的问题是否具备研究可行性，并在教师指导下尝试分解和细化研究问题。
	一般	在数字化学习中，学生有时能够科学审视提出的问题是否具备研究可行性，并寻求他人帮助细化研究问题。
	较差	在数字化学习中，学生不能自主判断提出的问题是否具备研究可行性，只能被动听从教师等的安排。
2.3.3 提出并持续优化问题解决方案	优秀	在项目式数字化学习中，学生善于通过独立或合作的方式提出切实可行的问题解决方案，并在实践中优化问题解决方案。如，学生在合作中，通过查阅资料、访谈等，给学校食堂设计一份早餐食谱，并在实践中不断改进早餐食谱。
	良好	在项目式数字化学习中，学生能够通过独立或合作的方式提出问题解决方案，并尝试在实践中优化问题解决方案。
	一般	在项目式数字化学习中，学生能够通过独立或合作的方式提出问题解决方案，但是，缺乏在实践中优化和改进。
	较差	在项目式数字化学习中，学生不会主动提出问题解决方案，只能被动听从教师等的安排。
2.4.1 具备主动创新意识	优秀	在数字化学习中，学生总是具备主动创新的意识。如，学生在数字化学习中，总是有意识地结合生活经历提出新观点、新见解。
	良好	在数字化学习中，学生多数情况下具备主动创新的意识。
	一般	在数字化学习中，学生有时具备主动创新的意识。
	较差	在数字化学习中，学生缺乏主动创新的意识，不愿意在学习中主动创新。

（续表）

评价指标		评价标准
2.4.2 具备勇于尝试的创新品质	优秀	在数字化学习中，学生在提出新观点、创作新作品、提出新思路、提出新方案等创新活动中总是勇于尝试、积极探索。
	良好	在数字化创新活动中，学生多数情况下能够做到勇于尝试、积极探索。
	一般	在数字化创新活动中，学生有时能够做到勇于尝试、积极探索。
	较差	在数字化创新活动中，学生缺乏勇于尝试的创新品质，不愿意积极尝试和探索。
2.4.3 在知识建构中提出新观点	优秀	在数字化学习中，学生总是能够主动建构新观点或新想法。比如，学生在学习网络课程或视频资源时，总是反思总结，结合生活经历提出新观点、新见解，并把自己的新想法用WORD等技术工具记录下来。
	良好	在数字化学习中，学生多数情况下能够主动建构新知识或新想法。
	一般	在数字化学习中，学生有时能够主动建构新知识或新想法。
	较差	在数字化学习中，学生很少能够主动建构新知识或新想法。
2.4.4 提出新颖的问题解决方案	优秀	在数字化活动中解决问题时，学生总是能够提出新颖的问题解决方案。如，学生在调查当地水资源污染的项目式学习中，能够查阅资料，突破常规，找到问题的本质，结合当地实际，提出新颖的切合实际的问题解决方案。
	良好	在数字化活动中解决问题时，学生多数情况下能提出新颖的问题解决方案。
	一般	在数字化活动中解决问题时，学生有时能提出新颖的问题解决方案。
	较差	在数字化活动中解决问题时，学生思路狭窄，不善于灵活变通，不能结合实际情况提出新颖的问题解决方案。
2.4.5 将新想法创作为作品	优秀	学生总是能够使用技术工具将自己的新想法设计和制作成信息化作品等。如，学生使用电脑软件设计海报或版画等，表达自己的观点或想法。
	良好	学生多数情况下能够使用技术工具将自己的新想法设计和制作成信息化作品等。
	一般	学生有时能够使用技术工具将自己的新想法设计和制作成信息化作品等。
	较差	学生很少能够使用技术工具将自己的新想法设计和制作成信息化作品等。

（续表）

评价指标		评价标准
3.1.1 公平、正义和善良的价值观	优秀	在数字化学习活动中，学生总是能够坚持公平、正义和善良的价值观。如，在数字化学习时，当他人遇到技术问题，会积极帮忙解决。再如，在网络世界中与他人交流时，不会歧视他人。
	良好	在数字化学习活动中，学生多数情况下能够坚持公平、正义和善良的价值观。
	一般	在数字化学习活动中，学生有时能够坚持公平、正义和善良的价值观。
	较差	在数字化学习活动中，学生公平公正意识淡薄，对特定对象存有偏见；学生乐于助人意识淡薄，不会主动帮助他人。
3.1.2 爱国主义的价值观	优秀	在数字化学习活动中，学生总是秉持爱国主义思想。如，学生平常积极通过网络等途径浏览和学习爱国主义教育专题资源。
	良好	在数字化学习活动中，学生多数情况下能够秉持爱国主义思想。
	一般	在数字化学习活动中，学生有时能够秉持爱国主义思想。
	较差	在数字化学习活动中，学生爱国主义意识淡薄，对维护国家利益不积极。
3.1.3 遵守社会道德规范	优秀	在数字化学习活动中，学生总是能够遵守数字世界的道德规范。如，学生在网络世界中与他人沟通交流时，能够尊重他人观点，文明发言，不说脏话。
	良好	在数字化学习活动中，学生多数情况下能够遵守数字世界的道德规范。
	一般	在数字化学习活动中，学生有时能够遵守数字世界的道德规范。
	较差	在数字化学习活动中，学生道德规范意识淡薄，很少能够主动遵守数字世界的道德规范。
3.1.4 维护个人数字声誉	优秀	学生在意和注重自己在网络世界中的个人形象，主动维护自己的网络空间，给他人留下好的印象。如，学生会刻意装饰或排布自己的网络空间页面，给他人留下好的印象。
	良好	学生多数情况下会注重自己在网络世界中的个人形象，能较好地维护个人网络空间页面。
	一般	学生虽然认识到网络形象也代表了个人形象，但是不会主动维护个人网络空间页面。
	较差	学生认识不到自己在网络世界中的行为也代表了个人形象，不会主动维护个人网络空间页面。

（续表）

评价指标		评价标准
3.1.5 健康的技术使用习惯	优秀	学生善于积极抵制网络世界中的不良信息或无关信息，养成健康的技术使用习惯。如，学生会刻意避免长时间使用信息化设备，合理控制每天的上网时间。再如，学生会积极抵制网络中的暴力、色情等不良信息。
	良好	学生多数情况下能够积极抵制网络世界中的不良信息或无关信息，有较好的技术使用习惯。
	一般	学生有时能够抵制网络世界中的不良信息或无关信息，技术使用习惯有待进一步改进。
	较差	学生很少能够积极抵制网络世界中的不良信息或无关信息，技术使用习惯较差。
3.2.1 遵守国家法律法规	优秀	在数字化学习中，学生总是能够主动遵守国家法律法规。如，学生在网络世界中，积极抵制危害社会安全的违法行为，在力所能及的情况下进行制止。
	良好	在数字化学习中，学生多数情况下能够主动遵守国家法律法规。
	一般	在数字化学习中，学生有时能够主动遵守国家法律法规。
	较差	在数字化学习中，学生被动遵守国家法律法规，法律意识淡薄。
3.2.2 维护社会信息安全	优秀	在数字化学习中，学生总是积极主动地维护社会信息安全。如，学生在使用公用电脑时，不会随意传播他人的数据或信息。
	良好	在数字化学习中，学生多数情况下能够主动维护社会信息安全。
	一般	在数字化学习中，学生有时能够主动维护社会信息安全。
	较差	在数字化学习中，学生信息安全意识淡薄，不注重维护社会或他人的信息安全。
3.2.3 维护个人信息安全	优秀	在数字化学习中，学生总是主动维护个人信息安全。如，学生在网络世界中，不会向陌生人分享个人隐私信息。再如，学生在注册账号时，会认真阅读注册事项，谨防勾选可能透露个人数据或隐私的选项。
	良好	在数字化学习中，学生多数情况下能够主动维护个人信息安全。
	一般	在数字化学习中，学生有时能够主动维护个人信息安全。
	较差	在数字化学习中，学生对个人数据泄露防范意识淡薄，不注意保护个人信息安全。
3.2.4 尊重知识产权	优秀	在数字化学习中，学生总是能够做到尊重知识产权。如，学生积极抵制盗版软件，不经他人同意不随意使用他人作品，在自己的作品中添加专属 logo 等。
	良好	在数字化学习中，学生多数情况下能够做到尊重知识产权。
	一般	在数字化学习中，学生有时能够做到尊重知识产权。
	较差	在数字化学习中，学生缺乏知识产权意识，不尊重他人知识产权或不注重保护个人的知识产权。

附录十三 中小学生数字化学习能力评价标准（高中生）

高中生数字化学习能力评价标准（教师评价版）

评价指标		评价标准
1.1.1 掌握信息技术基础知识	优秀	学生熟练掌握数字化学习中所需要的电脑和网络基础知识，以及相关的软件类知识。如，电脑和网络的工作原理，信息技术的基础知识，学习中常用软件的基础知识等。
	良好	学生较好地掌握数字化学习中所需要的电脑和网络基础知识，以及相关的软件类知识。
	一般	学生基本掌握数字化学习中所需要的电脑和网络基础知识，以及相关的软件类知识。
	较差	学生基本掌握数字化学习中所需要的电脑和网络基础知识，但对于相关的软件类知识掌握不牢靠、理解不准确。
1.1.2 会使用基础性技术工具	优秀	学生熟练使用电脑等信息化硬件设备和软件工具，能够充分满足自己的数字化学习需求。如，学生能够熟练使用PPT、WORD、EXCEL、视频编辑、图片处理、动画制作、学习平台等软件或平台。
	良好	学生较好地掌握信息化硬件和软件工具的操作技能，能够较好地满足自己的数字化学习需求。
	一般	学生基本掌握信息化硬件和软件工具的操作技能，能够基本满足自己的数字化学习需求。
	较差	学生基本掌握信息化硬件和操作系统的操作技能，但是，对于相关软件的操作不熟练，会有误操作，不能满足基本的数字化学习需求。
1.2.1 准确搜索数据、信息与知识	优秀	学生善于利用搜索引擎、学科资源库、学习平台、专业数据库等熟练准确地查找感兴趣的数据、信息和学习资源。
	良好	学生能够较好地利用搜索引擎、学科资源库、学习平台、专业数据库等查找感兴趣的数据、信息和学习资源。
	一般	学生能利用搜索引擎、学科资源库、学习平台、专业数据库等查找感兴趣的数据、信息和学习资源，但是查找不熟练。
	较差	学生利用搜索引擎、学科资源库、学习平台、专业数据库等查找数据、信息和学习资源的技能较差，操作不熟练，查找结果有偏差。

(续表)

评价指标		评价标准
1.2.2 科学评估数据、信息与知识	优秀	学生能够自主判断查找到的学习资源是否权威可信。学生可以从查找学习资源的出处、网友评论点赞情况、学习资源内在逻辑性等方面自主判断学习资源的权威可信程度。
	良好	学生多数情况下能够自主判断查找到的学习资源是否权威可信。
	一般	学生有时能够自主判断查找到的学习资源是否权威可信。
	较差	学生不能自主判断查找到的学习资源是否权威可信,只能被动听从教师等的安排。
1.2.3 有效管理数据、信息与知识	优秀	学生熟练地在电脑或网络空间中分类存放和管理平时浏览的学习资源,方便后续检索与应用。如,学生可以建立不同的文件夹,分类存放相应的学习资源。
	良好	学生能够较好地在电脑或网络空间中分类存放和管理平时浏览的学习资源。
	一般	学生基本能够在电脑或网络空间中分类存放和管理平时浏览的学习资源。
	较差	学生在电脑中存放学习资源随意凌乱,不善于建立不同的文件夹分类存放学习资源。
1.2.4 合理应用数据、信息与知识	优秀	学生能够熟练地应用自己查找到的知识解答疑问。如,利用从网络上查找到的知识处理平时作业中不会做的难题。
	良好	学生多数情况下能够应用查找到的知识解答疑问。
	一般	学生基本能够应用查找到的知识解答疑问,但是,解答不准确,有时会有错误。
	较差	学生不会利用查找到的知识解答疑问,只能找他人帮忙解答。
2.1.1 主动制定学习目标	优秀	在数字化学习中,学生善于主动选择并制定学习目标,并将学习目标细化,以便于实现。
	良好	在数字化学习中,学生多数情况下能够主动选择并制定学习目标,并将学习目标细化。
	一般	在数字化学习中,学生基本可以做到主动选择并制定学习目标,但是学习目标不够明确具体。
	较差	在数字化学习中,学生缺乏主动制定学习目标的意识,只能被动听从教师等的安排。
2.1.2 主动选择学习内容	优秀	在数字化学习中,学生善于主动选择学习内容。如,主动选择网课课程进行学习。
	良好	在数字化学习中,学生多数情况下能够主动选择学习内容。
	一般	在数字化学习中,学生有时能够主动选择学习内容。
	较差	在数字化学习中,学生缺乏主动选择学习内容的意识,只能被动听从教师等的安排。

（续表）

评价指标		评价标准
2.1.3 主动制定学习策略	优秀	在数字化学习中，学生善于根据学习目标等主动制定学习策略。如，选择小组合作学习。
	良好	在数字化学习中，学生多数情况下能够根据学习目标等主动制定学习策略。
	一般	在数字化学习中，学生基本可以主动制定学习策略，但是不够明确具体，可操作性差。
	较差	在数字化学习中，学生缺乏主动制定学习策略的意识，只能被动听从教师等的安排。
2.1.4 主动构建学习环境	优秀	在数字化学习中，学生善于使用技术工具主动构建学习环境。如，通过网络结成合作学习小组等。
	良好	在数字化学习中，学生多数情况下能够使用技术工具主动构建学习环境。
	一般	在数字化学习中，学生有时能够使用技术工具主动构建学习环境。
	较差	在数字化学习中，学生缺乏主动构建学习环境的意识，只能被动听从教师等的安排。
2.1.5 主动寻求评价反馈	优秀	在数字化学习中，学生善于主动展示学习成果，寻求他人的反馈信息，或利用在线测试自动评分功能等寻求反馈信息以改进学习。
	良好	在数字化学习中，学生多数情况下能够主动展示学习成果，寻求他人的反馈信息，或利用在线测试自动评分功能等寻求反馈信息以改进学习。
	一般	在数字化学习中，学生有时能够主动展示学习成果，寻求他人的反馈信息，或利用在线测试自动评分功能等寻求反馈信息以改进学习。
	较差	在数字化学习中，学生缺乏利用在线测试自动评分功能、主动向他人展示学习成果等途径寻求反馈信息以改进学习的意识。
2.2.1 选择恰当的交流合作工具	优秀	在数字化学习中，学生与他人交流合作时，总是能够选择恰当的技术工具实现交流与合作的目的。如，使用学校提供的沟通交流工具等。
	良好	在数字化学习中，学生与他人交流合作时，多数情况下能够选择恰当的技术工具实现交流与合作的目的。
	一般	在数字化学习中，学生与他人交流合作时，能够选择技术工具实现沟通和交流的目的，但是，沟通工具的选用比较随意，缺乏针对性。
	较差	在数字化学习中，学生在与他人合作交流时，不会主动选择恰当的交流合作工具，只能被动听从教师等的安排。

（续表）

评价指标		评价标准
2.2.2 清晰有效地进行交流	优秀	在合作交流中，学生善于使用动画、图表等复杂的技术工具清晰有效地表达观点。
	良好	在合作交流中，学生能使用图片等较为简单的技术工具清楚地表达自己的观点。
	一般	在合作交流中，学生能使用图片等技术工具表达自己的观点，但是，表达不准确。
	较差	在合作交流中，学生不会使用图片等多样化的技术工具清楚地表达自己的观点。
2.2.3 根据需求选择适宜的合作对象	优秀	在数字化学习中，学生总是善于选择适宜的合作对象进行合作。如，合作学习中，根据任务的性质和需求等选择适宜的合作对象。
	良好	在数字化学习中，学生多数情况下能够选择适宜的合作对象进行合作。
	一般	在数字化学习中，学生有时能够选择适宜的合作对象进行合作。
	较差	在数字化学习中，学生不善于主动选择合作对象，总是被动听从教师等的安排。
2.2.4 在合作中胜任不同任务角色	优秀	在基于技术的项目式学习中，学生善于根据项目需求担任不同的角色，并完成其角色任务。如，学生能够根据需要，在项目式学习中承担数据收集、成果展示等不同任务。
	良好	在基于技术的项目式学习中，学生基本能够根据项目需求担任不同的角色，并完成其角色任务，但是完成任务的质量一般。
	一般	在基于技术的项目式学习中，学生只能担任很少的任务角色，且完成的角色任务质量得不到保障，存在失误等。
	较差	在基于技术的项目式学习中，学生只能担任特定的任务角色，且完成任务的质量较差。
2.3.1 发现并选择有意义真实问题	优秀	在项目式学习中，学生善于发现并选择生活中有意义有价值的问题进行探究。如，调查当地空气污染情况。
	良好	在项目式学习中，学生多数情况下能够发现并选择生活中有意义有价值的问题进行探究。
	一般	在项目式学习中，学生能够发现并选择生活中有意义有价值的问题进行探究，但是，问题不够具体明确，可研究性差。
	较差	在项目式学习中，学生不善于发现生活中有意义有价值的问题进行探究，只能被动听从教师等的安排。

（续表）

评价指标		评价标准
2.3.2 以批判视角分析问题	优秀	在数字化学习中，学生能够科学审视提出的问题是否具备研究可行性，并善于分解和细化研究问题，方便后续解决该问题。
	良好	在数字化学习中，学生多数情况下能够科学审视提出的问题是否具备研究可行性，并尝试分解和细化研究问题。
	一般	在数字化学习中，学生有时能够科学审视提出的问题是否具备研究可行性，但缺乏对问题的分解和细化操作。
	较差	在数字化学习中，学生不能主动判断提出的问题是否具备研究可行性，只能被动听从教师等的安排。
2.3.3 提出并持续优化问题解决方案	优秀	在项目式数字化学习中，学生善于通过独立或合作的方式提出切实可行的问题解决方案，并在实践中不断测试问题解决方案，总结经验并持续优化问题解决方案。
	良好	在项目式数字化学习中，学生能够通过独立或合作的方式提出问题解决方案，并尝试在实践中测试问题解决方案，但是，缺乏对问题解决方案的持续改进。
	一般	在项目式数字化学习中，学生能够通过独立或合作的方式提出问题解决方案，但是，提出的问题解决方案缺乏在实践中的测试和改进。
	较差	在项目式数字化学习中，学生较少能够通过独立或合作的方式提出问题解决方案，只能被动听从教师等的安排。
2.4.1 具备主动创新意识	优秀	在数字化学习中，学生总是具备主动创新的意识。
	良好	在数字化学习中，学生多数情况下具备主动创新的意识。
	一般	在数字化学习中，学生有时具备主动创新的意识。
	较差	在数字化学习中，学生缺乏主动创新的意识。
2.4.2 具备勇于尝试的创新品质	优秀	在数字化创新活动中，学生总是具备勇于尝试的创新品质，能够容忍不确定性，善于解决开放性问题。
	良好	在数字化创新活动中，学生多数情况下具备勇于尝试的创新品质，能够容忍不确定性，善于解决开放性问题。
	一般	在数字化创新活动中，学生有时具备勇于尝试的创新品质，能够容忍不确定性，善于解决开放性问题。
	较差	在数字化创新活动中，学生缺乏勇于尝试的创新品质，对不确定性容忍差，不善于解决开放性问题。

(续表)

评价指标		评价标准
2.4.3 在知识建构中提出新观点	优秀	在数字化学习中，学生总是能够主动使用技术工具建构新观点或新想法。比如，学生在使用技术学习时，善于反思知识，把自己的想法记录下来。
	良好	在数字化学习中，学生多数情况下能够使用技术工具建构新知识或新想法。
	一般	在数字化学习中，学生有时能够使用技术工具建构新知识或新想法。
	较差	在数字化学习中，学生很少能够使用技术工具建构新知识或新想法。
2.4.4 提出新颖的问题解决方案	优秀	在数字化活动中解决问题时，学生总是能够使用技术工具提出不同于传统方式的解决问题的新思路。
	良好	在数字化活动中解决问题时，学生多数情况下能够使用技术工具提出不同于传统方式的解决问题的新思路。
	一般	在数字化活动中解决问题时，学生有时能够使用技术工具提出解决问题的新思路。
	较差	在数字化活动中解决问题时，学生很少能够借助技术工具提出解决问题的新思路。
2.4.5 将新想法创作为作品	优秀	学生总是能够使用技术工具将自己的新想法设计和制作成信息化作品等。
	良好	学生多数情况下能够使用技术工具将自己的新想法设计和制作成信息化作品等。
	一般	学生有时能够使用技术工具将自己的新想法设计和制作成信息化作品等。
	较差	学生很少能够使用技术工具将自己的新想法设计和制作成信息化作品等。
3.1.1 公平、正义和善良的价值观	优秀	在数字化学习活动中，学生总是能够坚持公平、正义和善良的价值取向。如，学生能够积极抵制网络世界中的不公平现象，在数字化学习中遇到不公平的现象时，能够积极反映给教师等。
	良好	在数字化学习活动中，学生多数情况下能够坚持公平、正义和善良的价值取向。
	一般	在数字化学习活动中，学生有时能够坚持公平、正义和善良的价值取向。
	较差	在数字化学习活动中，学生很少能够坚持公平、正义和善良的价值取向。

(续表)

评价指标		评价标准
3.1.2 爱国主义的价值观	优秀	在数字化学习活动中，学生总是秉持爱国主义思想，坚定维护国家利益。如，学生平常积极通过网络等途径浏览和学习爱国主义专题资源。
	良好	在数字化学习活动中，学生多数情况下能够秉持爱国主义思想，坚定维护国家利益。
	一般	在数字化学习活动中，学生有时能够秉持爱国主义思想，坚定维护国家利益。
	较差	在数字化学习活动中，学生爱国主义意识淡薄，对维护国家利益不积极。
3.1.3 遵守社会道德规范	优秀	在数字化学习活动中，学生总是能够遵守数字世界的道德规范，以合乎伦理道德的方式参与数字化学习活动。如，学生在网络世界中文明发言，不说脏话。
	良好	在数字化学习活动中，学生多数情况下能够遵守数字世界的道德规范，以合乎伦理道德的方式参与数字化学习活动。
	一般	在数字化学习活动中，学生有时能够遵守数字世界的道德规范，以合乎伦理道德的方式参与数字化学习活动。
	较差	在数字化学习活动中，学生很少有道德规范意识，很少能够做到合乎伦理道德地参与数字化学习活动。
3.1.4 维护个人数字声誉	优秀	学生认识到别人会注意自己在数字世界中的发言等数字活动，总是主动塑造自己积极向上的个人形象，为他人留下好的印象。
	良好	学生认识到自己在网络世界中的活动行为会给他人留下印象，多数情况下会注意个人在网络世界中的行为方式。
	一般	学生认识到自己在网络世界中的活动行为会给他人留下印象，有时会注意个人在网络世界中的行为方式。
	较差	学生认识不到自己在网络世界中的活动行为会给他人留下印象，不会主动维护个人在网络世界中的数字形象。
3.1.5 健康的技术使用习惯	优秀	学生善于积极抵制网络世界中的不良信息或无关信息，养成健康的技术使用习惯。
	良好	学生多数情况下能够积极抵制网络世界中的不良信息或无关信息。
	一般	学生有时能够积极抵制网络世界中的不良信息或无关信息。
	较差	学生很少能够积极抵制网络世界中的不良信息或无关信息，技术使用习惯不够健康。

（续表）

评价指标		评价标准
3.2.1 遵守国家法律法规	优秀	在数字化学习中，学生总是能够主动遵守国家法律法规。
	良好	在数字化学习中，学生多数情况下能够主动遵守国家法律法规。
	一般	在数字化学习中，学生有时能够主动遵守国家法律法规。
	较差	在数字化学习中，学生被动遵守国家法律法规，法律意识淡薄。
3.2.2 维护社会信息安全	优秀	在数字化学习中，学生总是积极主动地维护社会信息安全。如，学生在网络空间中遇到危害社会信息安全的行为，在力所能及的范围内，能够积极制止。
	良好	在数字化学习中，学生多数情况下能够主动维护社会信息安全。
	一般	在数字化学习中，学生有时能够主动维护社会信息安全。
	较差	在数字化学习中，学生不能做到主动维护社会信息安全。
3.2.3 维护个人信息安全	优秀	在数字化学习中，学生总是主动维护个人信息安全。学生在使用信息化设备时，会认真浏览设备安全和隐私设置功能，并选用指纹识别、人脸识别等安全性较高的设备登录方式。
	良好	在数字化学习中，学生多数情况下能够主动维护个人信息安全。
	一般	在数字化学习中，学生有时能够主动维护个人信息安全。
	较差	在数字化学习中，学生信息安全意识淡薄，很少主动维护个人信息安全。
3.2.4 尊重知识产权	优秀	在数字化学习中，学生总是能够做到尊重知识产权。如，学生在创作信息化作品时，如果使用了他人的知识或作品，会注明出处。
	良好	在数字化学习中，学生多数情况下能够做到尊重知识产权。
	一般	在数字化学习中，学生有时能够做到尊重知识产权。
	较差	在数字化学习中，学生尊重知识产权意识淡薄。如，学生在创作电子作品中使用他人作品或知识时，不会标注出处。

后　　记

本专著和课题研究的完成，凝聚了太多人的心血，有太多的人需要感谢。

首先要感谢我的父母、爱人和孩子一直以来对我的支持、鼓励与陪伴。尤其是爱人陈妮女士，作为课题组成员，全面负责课题日常事务管理和协调工作，并主动承担家庭责任，让我能够腾出时间和精力，专注于专著撰写工作。

感谢课题组成员和我的学生努力参与课题研究和专著撰写工作，尤其是文水县第二高级中学王英华老师、晋中市榆社县北城学校司艳会老师、西安市长安区第一中学吴晨光老师及研究生任怡静、陈露露、郭妙、郭宏璐、孟新月等在课题研究和专著撰写过程中给予的支持与帮助。

感谢我的研究生王莎、张园园、李亭亭等在课题研究初期所做的大量探索性研究工作，为课题后续研究奠定了扎实的基础，特别感谢王莎在课题研究过程中持续的支持与帮助。

感谢山西师范大学杨芳、杨丽勤和郝媛媛老师，山西师范大学实验小学赵毅副校长，临汾市五一路学校赵艳玲老师，临汾市第四中学柳菲老师在课题调研协调与联系方面给予的支持与帮助。

感谢天津师范大学刘哲雨、东北师范大学徐鹏、安徽师范大学杨滨、西南大学胡航和龚朝花、山西师范大学白清玉和姚海莹、山西大同大学王永花、西北师范大学郝建江、运城市教育局段燕青、《中小学数字化教学》杂志社牟艳娜、太原市外国语学校延晋锋、临汾市乡贤街小学张珮、运城师范学校附属小学杨文娟、太原市聋人学校刘宇晟、祁县教育科技局申慧青、平顺县青少年活动中心刘建霞、运城市盐湖区实验小学史传云、侯马市浍滨学校郭建旺、寿阳县第一中学王建文、武汉市育才汉口小学戈永鑫、临汾市第四中学王梦梦等专家或老师在数据收集方面给予的指导、支持与帮助。

感谢山西师范大学教育技术学专业 18150601 班和 19150601 班学生、学前教育专业学生陈欣然和王虹蕊、小学教育专业学生张维维等参与专著中评价标准开发审阅工作。

感谢我的本科生宋霖、刘爽、郭标、张继中、白佳蕾、严红星、孙心怡、翟馨怡等参与调研数据的收集与整理工作。

感谢课题研究和专著撰写中填写和提供调研数据的所有教师和学生，他们的参与和支持让课题研究和专著撰写成为可能。

感谢专著撰写过程中所引用的参考文献的各位作者，让课题研究和专著撰写站在更高的起点，让专著质量有质的提升。

感谢北京大学出版社对本专著的支持。

王永军

2021 年 8 月于临汾市山西师范大学